100대 한글 문화유산 — 3
(재)한국어세계화재단

홍무정운역훈

김무림 지음

신구문화사

발간사

21세기는 흔히 정보화시대, 인터넷시대라고 합니다. 정보와 인터넷은 빨라야 한다는 점에서 공통점이 있습니다. 이러한 시대 상황에 따라 사회가 점점 더 빠르게 변화하고 또 이처럼 빠르게 변화하는 세태를 반영하듯 새로운 신조어들도 예전에 비해 많이 만들어지고 있습니다. 이러한 분위기에서 요즘은 국어의 역사에 대한 관심이 덜해지는 것 같습니다. 그러나 국어는 우리 민족의 근간이고, 한국문화의 기초이며, 역사의 전승 도구라는 점에서 관심을 새롭게 해야 한다고 생각합니다.

문화관광부에서는 2002년에 학계 및 관계 기관으로부터 한글 문화유산 목록을 추천 받아 그 중에서 주요한 한글 문화유산 100종을 '100대 한글 문화유산'으로 선정하였습니다. 한국어세계화재단에서는 2003년부터 문화관광부로부터 국고보조금을 지원 받아 '100대 한글 문화유산'을 일반인들이 이해하기 쉽도록 해설하는 사업을 해왔습니다. 선정된 자료들은 주로 문자・언어, 유학서, 종교서, 역학서, 기술서, 문학서, 생활사 자료 등 영역별로 중요하다고 선정된 서적들입니다. 이 선정된 자료들을 영구히 보존하기 위하여 우선 디지털화하고 해당 분야 전문가들에게 위촉하여 역주와 해설하는 작업을 해왔습니다. 이제 그 사업의 결과가 책자로도 출판되어 나오게 되었습니다. 따라서 독자들은 온라인으로도 원전을 보고, 역주와 해설을 볼 수 있으며, 인쇄된 책으로도 볼 수 있게 된 것입니다.

그동안 다른 기관들에서도 국어 고전 자료에 대한 많은 책자들을 발간한 바 있으나 일반인들이 쉽게 읽기가 어려운 경우가 많았습니다. 이번에

재단에서 출판하는 책자들은 국어 전공자가 아닌 일반인이나 중・고등학생들도 어려움 없이 읽을 수 있도록 쉽게 설명하고 해제하였습니다.

특히 이러한 책자들은 해외에도 적극적으로 보급하여 재외동포나 해외에서 한국어나 한국학에 관심을 가진 외국인들이 한국어를 이해하고 한국어에 더욱 높은 관심과 애정을 가질 수 있게 되기를 기대합니다. 특히 최근 한류로 하여 모처럼 일고 있는 한국에 대한 관심을 확산하고, 지속되도록 하기 위해서는 실제로 한국어를 학습하고, 한국학을 전공하겠다는 재외동포나 외국인이 많이 나와야 할 것입니다. "100대 한글 문화유산 정비사업"의 일환으로 이루어지는 이들 책자들이 안으로는 선조들이 남기신 소중한 문화유산을 후손들이 쉽게 접할 수 있도록 하고, 밖으로는 한국어의 세계화에도 기여하게 될 것이라 확신하며 이러한 사업에 기꺼이 뜻을 같이 하고 땀흘려주신 필자들에게 깊은 감사의 말씀을 드립니다.

재단에서는 앞으로도 국어 고전 자료뿐만 아니라 현대의 주요 국어 자료들도 세계화하기 위한 다양한 사업들을 계획할 것입니다. 아무쪼록 이러한 노력들이 앞으로 국내뿐만 아니라 해외에서도 한국어에 관심을 가질 수 있도록 하는 데 좋은 계기가 되기를 바랍니다. 마지막으로 이러한 사업을 할 수 있도록 지원해주신 문화관광부와 국립국어원에 감사드립니다.

2006년 2월 20일

한국어세계화재단 이사장　박영순

머리말

문화와 문명의 진보는 문자 기록의 축적으로부터 가능하다. 우리 민족은 이미 고려 시대에 세계 최초로 금속활자를 발명하여 문헌을 간행하였고, 조선 시대에는 훈민정음이라는 음소 문자를 창제하여 국어 표기에 사용하였으며, 아울러 팔만대장경이나 왕조실록과 같은 방대한 기록 유산을 남겼다. 이러한 역사적 업적은 문자에 의한 기록의 가치를 남달리 인식하였던 우리 민족의 문화적 우수성을 잘 보여주는 것이라 하겠다.

우리 민족의 역사에서 15세기의 의미는 각별하다. 이것은 한자와 한문을 이용하여 국어를 표기하던 그동안의 관습으로부터 벗어나, 훈민정음의 창제(1443년)에 의한 과학적이면서도 실용적인 새로운 표기 체계로의 전환을 이룩하였기 때문이다. 훈민정음의 창제는 민족의 언어와 사상, 그리고 정서에 대한 주체적 인식이 없이는 이루어질 수 없는 일이다. 세계의 모든 언어는 각각 닫힌 체계를 지니고 있으며, 이것은 각각의 언어가 다른 언어에 의해 대체될 수 없는 고유한 구조와 의미를 지니고 있다는 말과 같다. 한어(漢語)의 표기에 쓰이는 한자와 한문이 우리 민족의 언어를 적절하게 표현할 수 없다는 것은 자명한 이치이다. 이러한 의미에서 훈민정음의 창제는 우리의 것과 남의 것을 구별하는 능력, 그리고 그 차이를 주체적으로 극복할 수 있는 문화적 역량의 선명한 본보기가 아닐 수 없다.

훈민정음 창제의 배경에는 한어(漢語)와 국어의 차이를 실감하면서, 이 차이를 언어학적으로 파악하여 문자의 창제에 적용하였다는 점이 가장 큰 특징이다. 훈민정음의 창제 이후에 한어(漢語)와 국어의 두 언어의 구조적 차이를 실감하면서, 대조언어학적 성과에 다다른 것이 바로『홍무정운역훈』이다.『홍무정운역훈』의 간행이 성공할 수 있었던 것은 한어(漢語)와 국어의 서로 다른 음운 체계를 구조적으로 파악하고, 적용할 수 있었던 당시의 탁월한 언어학적 능력이 있었기 때문이다. 반절로만 표기되어 선명한 음상(音相)을 얻을 수 없었던 당시의 중국 운서를 표음 문자인 훈민정음에 의해 변별적으로 대역하여 문헌 간행에 성공했다는 것은『홍무정운역훈』에 대한 연구자인 저자에게는 한없이 경탄스러운 일이다.

『홍무정운역훈』을 해당 부문의 전문인이 아닌 일반인이 접하기는 쉽지 않을 것이다. 그러나 일별해도 짐작할 수 있는 바와 같이 이러한 대조언어학적 작업이 현대도 아닌 15세기에 우리나라에서 이루어졌고, 그 대조언어학적 성과가 지금의 학자들에게도 여전히 지침이 되고 있음에 주목할 필요가 있다. 문화관광부에서 2002년에 선정한 '100대 한글 문화유산'을 역주 및 해설하는 것은 우리 민족 문화의 우수성을 스스로 자각하여 이를 세계에 알리고, 나아가 더 나은 민족 문화의 창달을 꾀하려는 데에 그 목적이 있을 것이다. 온고지신(溫故知新)의 문구는 낡은 듯하지만, 앞으로만 내달리는 현대 사회에서 이에 대한 참뜻을 새기고 이를 실천하는 것이 어느 때보다 절실하지 않은가 생각된다.

2006년 2월

저자 씀

차 례

서 론

15세기의 조선에서는 언어에 관련된 세종의 창의적인 구상이 단계적으로 실현되고 있었다. 이 창의적인 구상의 실천은 한민족의 역사 이래 가장 괄목할 만한 인문학의 성과라고 할 수 있으며, 지금의 시점에서도 이 성과에 대한 평가는 민족의 역사에서 전무하고 후무하다고 하여 그렇게 과장된 것이 아니다. 세종은 훈민정음(지금의 한글)을 창제하면서 훈민정음에 의한 여러 사업을 동시에 구상하여 실천에 옮겼다. 훈민정음 창제라는 핵심 구상이 성공적으로 마무리됨에 따라 한자음 정리와 정음 문헌의 간행 등이 착착 진행되었으며, 이 중에서도 명(明)의 관찬(官撰) 운서 『홍무정운』(홍무 8년, 1375)에 대한 대역서(對譯書)라 할 수 있는 『홍무정운역훈』은 세종조(세종 재위 1419~1450)에 착수하여 단종 3년(1455)에야 간행되는 매우 어려운 사업이었다.

본서는 『홍무정운역훈』에 대한 역주서이다. 그러나 『홍무정운역훈』은 일반적인 산문이나 운문이 아닌, 운서(韻書)라는 점에서 역주에 대한 방법이 새롭게 모색될 필요가 있다. 따라서 본서의 체제는 먼저 운서의 성격에 대한 개관과 함께 『홍무정운역훈』에 대한 해제를 진행하고, 이어서 『홍무정운역훈』의 서문과 범례를 번역하고 해설하게 된다. 본서의 중심이 되는 대역(對譯)의 해석에 있어서는 『홍무정운역훈』의 반절상자를 계련(系連)하여 성류의 귀납에 따른 음가의 대응을 밝히고, 운류에 있어서는 본문을 운목(韻目)에 따라 일목요연하게 도표로 재구성하여, 여기에 대역 과정에 대한 음운론적 대응 관계의 해설을 첨가하게 된다.『홍무정운역훈』의 권별 운목의 실제 배열은 부록으로 보이기로 하겠다. 이러한 역주 과정을 통하여 세종조의 대외적인 언어 정책과 언어 교육이 막연한 관념에 그치지 않고, 치밀한 언어학적 성과 위에서 면밀하게 준비되고 진행되었다는 것을 보여 줄 수 있을 것으로 기대된다.

제1장 총 론

1.1. 운서(韻書)란 무엇인가

표의 문자인 한자(漢字)는 그 하나하나가 형(形), 음(音), 의(義)의 세 측면이 있다. 형(形)은 한자의 모양인 형태를 말하는 것이고, 음(音)은 그 형태를 발화할 수 있는 소리이며, 의(義)는 그러한 소리와 형태가 지니고 있는 의미이다. 표의 문자로서의 한자가 표음 문자와 다른 것은 음성 형태와 문자 형태가 일치되지 않는다는 점에 있다. 즉 표음 문자인 한글의 경우 음성 형태인 'sa'에 대한 문자는 '사'일 수밖에 없지만, 한자의 경우는 한국 한자음을 기준으로 한다면 '事, 思, 査, 四, 士, 師, 死 …' 등으로 수없이 많다. 그러므로 수많은 한자를 분류하기 위해 한자의 형태, 소리, 의미의 셋을 기준으로 삼게 되면, 형태와 소리가 서로 대응되지 않는 이와 같은 측면이 문제가 되는 것이다.

일반적인 문자의 학습을 위해서는 먼저 한자의 형태를 보고, 그에 대한 소리와 의미를 익히는 것이 순서이다. 따라서 한자의 형태를 기준으로 한자를 배열한 자전(字典)이 한자 학습을 위한 기본 사전이 되는 것은 당연하다. 그러나 한자의 형태를 분류의 기준으로 하지 않고, 한자의 음을 분류의 기준으로 삼는 경우가 있다. 먼저 하나의 음절을 이루는 한자음의 구조를 보이면 다음과 같다.

(1) 한자음의 구조: 年[njan]/양평성: IMVE/T

가. n	I(initial)	성모(聲母)
나. j	M(medial)	운두(韻頭)/개모(介母)/개음(介音)
다. a	V(vowel)	운복(韻腹)/핵모(核母)
라. n	E(ending)	운미(韻尾)
마. 양평성	T(tone)	성조(聲調)

단어의 음을 기준으로 하게 되면 일반적으로 처음에서 끝으로 향하는 분절음의 순서가 일차적이지만, 한어(漢語)에서 한자의 음에 의한 전통적인 분류는 한자의 운(韻, rhyme)을 기준으로 한다는 점에서 특이하다. 한자의 운은 성모를 제외한 나머지를 일컫는 것이므로, 운두-운복-운미, 그리고 여기에 초분절음으로 얹히는 성조가 운을 이루는 구성 요소가 된다. 한어(漢語)에서 한자의 운이 분류의 기준이 되는 것은 정형시의 발달에 따른 운문(韻文)의 성립과 관계된다. 한시(漢詩)의 작법에서 가장 기본이 되는 것은 압운(押韻)과 평측(平仄)을 맞추는 것이기 때문이다. 한시 오언율시(五言律詩)의 평측과 압운을 보이면 다음과 같다.

(2) 한시 오언율시의 평측과 압운 구조(◎: 압운자)[1)]

가. 기구(起句): 측측/평평측 // 평평/측측◎
나. 승구(承句): 평평/평측측 // 측측/측평◎
다. 전구(轉句): 측측/평평측 // 평평/측측◎
라. 결구(結句): 평평/평측측 // 측측/측평◎

운은 (1)에서 성모를 제외한 모든 부분이 해당되므로, '(운두)-운복-운미/성조'의 네 요소, 또는 운두를 제외한 세 요소가 같으면 압운자가 될

1) '평'은 평성자를, '측'은 상성, 거성, 입성자를 말한다. 압운자는 일반적으로 평성자에서 취하는 것이 원칙이나, 측성자인 경우도 있다. 압운자는 운이 같은 자를 맞추는 것이므로, 성모의 다름은 당연히 상관치 않으며, 운의 요소가 되는 운두, 운복, 운미, 성조 중에서도 운두(또는 개모)의 일치 여부는 따지지 않는다.

수 있다. 압운의 개념이 작문이나 작시의 중요한 요소가 되면서 중국에서는 일찍부터 운서(韻書)가 편찬되었다. 특히 운서의 편찬은 넓은 지역에 다양하게 분포하는 한어(漢語) 방언을 토대로 표준적인 정운(正韻)의 필요성에서 말미암게 되므로, 운서는 대체로 표준적인 정음(正音)을 염두에 두고 편찬되는 것이 일반적이다.

한자음 준거의 수단으로서의 운서의 핵심은 한자음 분류의 기준이 표면에 드러나게 되는 운목(韻目)의 설정에 있으며,[2] 운목의 설정이 해당 운서의 성격을 규정하게 된다. 그러나 중국에서 간행된 운서의 운목은 단지 분류만 되었을 따름이며, 구체적인 음가는 표음 문자가 아닌 반절(反切)로 표시되어 있다.[3] 그러므로 각 운목에 대한 구체적인 음가는 재구(再構)의 절차를 거쳐야 비로소 알 수 있으므로, 운서에 대한 이해에는 음운학에 대한 전문적인 지식이 요구되는 것이다. 세종대에 조선의 한자음을 정리하고 바로잡기 위하여 편찬된『동국정운』(1448)이 운서의 체계를 따르고 있는 것도 한자음의 심음(審音) 역할을 운서가 담당했던 이러한 중국의 사정과 무관하지 않다.

운목(韻目)의 성격은 변별성에 기준한 분류에 있다. 즉 하나의 운목은 여타의 운목과의 관계에서 성모, 운, 성조의 어느 하나라도 반드시 다르지 않으면 안 되기 때문이다. 그러므로 운서에서 운목의 설정은 해당 언어의 음운 체계와 음절 구조가 바탕이 되지 않을 수 없는 것인데, 이로부터 해당 운서에 설정된 운목으로부터 해당 언어의 음운 체계가 재구될 수

2) '운목'은 같은 운에 속한 여러 한자에서 뽑은 운의 대표자를 말한다. 운의 대표자는 해당 운의 머릿자가 되는 것이 정칙이다. 예를 들어 운목으로서 '동운(東韻)'이라 하면 '東'과 같은 운에 속한 모든 한자를 말하는 것이며, '東'이 바로 운목, 또는 운목자가 된다. 운목 설정의 구체적인 실례는 본서의 해제에서 다루게 될 것이다.

3) 반절(反切)은 예를 들어 '冬'의 주음으로 '都宗切'이라고 하는 방법을 말한다. '都'에서 성모를 취하고, '宗'에서 운 및 성조를 취하여 '冬'의 음가를 완성하는 방법이다.

있는 것이다. 운목을 설정하여 배열하는 방법은 성조를 제외한 분절음적 요소(운두, 운복, 운미)와 초분절음적 요소인 성조(聲調) 중에서 어느 것을 먼저 기준으로 하는가에 달려 있다. 한자를 먼저 성조에 따라 분류한 다음에 다시 분절음적 요소인 운두, 운목, 운미를 기준으로 배열하기도 하고, 분절음적 요소를 기준으로 분류한 다음, 다시 그것들을 성조에 따라 분류하는 방법도 있다. 운서로서의 『홍무정운』은 성조에 의한 분류가 먼저인 전자의 체제로 편찬되었으므로, 자연히 『홍무정운역훈』도 성조의 분류가 우선된 체제로 되어 있다.

1.2. 『홍무정운역훈』 해제

조선의 세종은 정치, 경제, 문화 등의 제 방면에서 빛나는 업적을 남겼다. 문화 부문에 남긴 세종의 업적을 총괄적으로 요약하면 국제적 객관성을 바탕으로 민족 문화의 주체성을 인식하고 실천하였다는 것이 그것이다. 이것은 특히 학술적 업적이라고 할 수 있는 훈민정음의 창제에서 잘 드러난다. 훈민정음 창제의 이론적 바탕이 된 것은 인도 및 중국에서 닦여진 음운학과 성리학이라 하겠는데, 세종은 이러한 이론의 단순한 이해와 답습에서 벗어나, 국어의 특질에 맞는 창조적인 이론으로 체계화하여 훈민정음을 창제하였다. 표음 문자로서의 훈민정음이 국어의 전면적 표기에 성공하여 오늘의 한글 문화에 이르게 된 것은 객관성을 놓치지 않으면서도, 민족어인 국어의 체계를 우리의 실정에 맞게 주체적으로 이해하고 분석할 수 있었기 때문이다.

훈민정음의 창제 외에도 세종대의 치세로는 다음과 같은 두드러진 업적을 열거할 수 있다.

(1) 세종조의 업적

가. 고제(古制)의 연구를 통한 법령의 정비
나. 육진(六鎭)의 개척에 의한 국토의 확장
다. 고려사의 편찬에 의한 민족사의 정립
라. 지리지 및 지도의 제작에 의한 국토의 활용
마. 전제(田制)의 정비에 의한 경제의 재건
바. 측우기 및 각종 시계 등의 설치에 의한 생활 및 농업의 과학화
사. 아악(雅樂)의 제정에 의한 수준 높은 문화의 향수
아. 갑인자, 병진자 등 정교한 금속 활자의 주조에 의한 출판 문화의 부흥

이와 같은 치적이 성공적으로 수행될 수 있었던 것은 우리의 국토와 사회, 그리고 우리 민족의 고유한 것에 대한 주체적 인식과 애정으로부터 가능한 사업이었다는 점에서, 세종의 치세는 단순히 성공한 지도자이기에 앞서서, 우리 민족의 주체적 역량을 최대한 발휘하게 하였다는 평가를 하게 된다. 특히 세종 2년에 확대 개편된 집현전은 학술 연구 및 문헌 편찬의 두뇌 역할을 담당하여 이와 같은 사업을 뒷받침하였다. 집현전 관원은 다른 부서로의 전직이 제한되어 평생 연구에만 전념토록 하였으며, 축적된 연구 역량의 증대로 세종대의 각종 과학 및 문화 사업이 차질 없이 수행되는 데에 중요한 역할을 하였다.

훈민정음의 창제가 핵심이 되고, 『홍무정운역훈』의 편찬이 주요 사업의 하나가 된 세종조의 어문 정책은 다음과 같이 그 대강을 요약할 수 있다.

(2) 세종조의 어문 정책

가. 새로운 문자의 제정: 『훈민정음』의 창제
나. 전승된 조선 한자음의 정리: 『동국정운』의 편찬
다. 중국 표준 한어의 제시: 『홍무정운역훈』의 편찬
라. 외국어 학습의 장려: 사학(四學: 漢語, 蒙語, 淸語, 倭語)의 정비

이와 같은 어문 정책은 일련의 유기적 연관성 속에서 계획되고 실행되었다. 표음 문자인 훈민정음의 창제가 성공함에 따라 『동국정운』과 『홍무정운역훈』의 편찬이 수행될 수 있었으며, 표준 발음에 의한 외국어 학습 및 교재의 편찬도 효율적으로 진행될 수 있었다.

훈민정음을 창제하게 된 첫째의 목적이 배우기 쉽고, 쓰기 편한 문자로서 백성의 나타내고자 하는 바를 곡진하게 표기할 수 있도록 하는 데에 있었음은 주지의 사실이다. 좀 더 천착하여 훈민정음 창제의 이면에 흐르는 사상은 성리학의 예악 사상(禮樂思想)이라 할 수 있다. 예악 사상은 유교적 덕치주의의 실현을 위한 것으로서, 올바른 규범의 조화로운 적용을 위한 것이었다. 『예기(禮記)』의 권37 '악기(樂記)'에는 다음과 같은 예악(禮樂)과 음(音)에 대한 내용이 있어 참고가 된다(姜信沆 1990: 10~12).

(3) 『예기』 권37 '악기'에서

가. 樂者 天地之和也 禮者天地之序也 / 악(樂)은 천지의 조화이며, 예(禮)는 천지의 질서이다.

나. 凡音者 生於人心者也 樂者 通倫理者也 是故知聲而不知音者 禽獸是也 知音而不知樂者 衆庶是也 唯君子爲能知樂 / 대개 음(音)이란 것은 사람의 마음에서 생겨나는 것이고, 악(樂)이란 것은 윤리에 통한 것이다. 그러므로 성(聲)을 알고 음(音)을 모르는 것은 금수가 이것이고, 음(音)은 알되 악(樂)을 모르는 이는 대중들이 이런 무리이니, 오직 군자라야 능히 악(樂)을 안다.

이러한 내용에 나오는 음(音)이란 것이 '훈민정음'의 '음'에 관련된다는 것은 오음(五音: 아음, 설음, 순음, 치음, 후음)을 오행(五行)과 궁상각치우(宮商角徵羽)의 오음계(五音階)에 연결시키고 있는 『훈민정음』 해례(解例)의 다음과 같은 기술로부터 충분히 짐작할 수 있다.

(4) 오음(五音)에 대한 기술

가.『훈민정음』 해례(解例)에서

維喉爲水冬與羽 목소리는 물이 되고, 겨울이며, 우음이며
牙迺春木其音角 어금닛소리는 봄과 나무이고, 그 음은 각음이며
徵音夏火是舌聲 치음(徵音)은 여름과 불이고, 혓소리이며
齒則商秋又是金 잇소리는 상음에 가을이고, 쇠이며
脣於位數本無定 입술소리는 자리나 수에 정함이 없어도
土而夏季爲宮音 흙으로서 늦여름이라 궁음이 된다.

나. 오음(五音)-오행(五行)-오음계(五音階)

아음(牙音)-목(木)-각(角)
설음(舌音)-화(火)-치(徵)
순음(脣音)-토(土)-궁(宮)
치음(齒音)-금(金)-상(商)
후음(喉音)-수(水)-우(羽)

'오음(五音)-오행(五行)-오음계(五音階)'의 상관관계는 과학적이라기보다는 관념적인 것임은 분명한 일이다. 그러나 음(音)에 대한 이와 같은 철학적인 조화적 사유를 바탕으로 하여, 치국의 요체로서 정음(正音)의 제정이 필요하였다고 생각된다. 세종은 성리학적 세계관으로부터 해석될 수 있는 음(音)에 대한 생각을 단지 관념에 그치지 않고, 가장 과학적이고 객관적인 문자의 창제로 실현시켰으며, 그 실현에 있어서도 민족적 주체성을 십분 발휘하였던 것이다. 세종에 의해 계획된『홍무정운역훈』의 편찬은 이와 같은 종합적인 치국의 정책과 관련되는 것임은 물론이며, 예악 사상과 결부된 정음 사상의 일단을 어문 정책에 투영한 결과라고 하겠다.

『홍무정운역훈(洪武正韻譯訓)』은 명(明)의 홍무 8년(1375)에 편찬된『홍무정운(洪武正韻)』의 운목에 훈민정음으로 주음(注音)하고, 필요한 경우 주석을 덧붙여 편찬한 것이다. 그러므로 '역훈(譯訓)'의 주된 내용은『홍

무정운』의 운목자 표음에 사용된 반절의 용법을 대신하여 표음 문자인 훈민정음을 직접 적용했다는 점에 있다. 훈민정음을 창제한 첫 번째의 목적이 훈민정음 서문에서 밝힌 바와 같이, 글자를 모르는 백성에게 쉽고도 편리한 문자를 제공함으로써 생활의 편의를 도모하게 하려는 것에 있었다는 것은 전술한 바와 같다. 그러나 세종은 여기에서 그치지 않고 표음 문자인 훈민정음을 한자음의 표음에도 사용함으로써, 정확한 한자음을 보여줄 수 있다는 점을 충분히 활용하고자 하였다.

한자음에 대한 표음은 대내적 용법과 대외적 용법의 둘로 나누어서 진행하였는데, 대내적 용법의 사업은 그 결과가 『동국정운』(1448)의 편찬으로 나타났으며, 대외적 용법으로서의 사업은 『홍무정운역훈』을 편찬하는 것이었다. 그러므로 조선 한자음을 위한 『동국정운』과 외국어로서의 한어 한자음을 위한 『홍무정운역훈』은 한자음 관련 사업이라는 측면에서 표리의 관계가 있는 것이며, 아울러 『홍무정운』과 『동국정운』의 '정운(正韻)'이라는 표제 역시 표준적 규범음을 천명한 관찬으로서의 위상을 보여준다는 점에서도 이 둘은 맥락을 함께 하고 있다.

중국은 지리적으로 넓은 공간을 차지하고 있어서, 각 지역간의 방언의 차이도 심하다. 문자로서 표현되는 경우는 의사소통에 별 문제가 되지 않겠으나, 음성 언어에 있어서는 남북과 동서의 언어가 서로 불통되는 것이 일반적이었다. 특히 운문(韻文)에 있어서는 음성 언어를 바탕으로 한 압운과 평측의 기법에 의해 창작되기 때문에, 운문의 규범적 교육과 향유에 있어서는 더욱 음성 언어의 통일적 기준이 필요하게 되었다고 하겠다. 수대(隋代, 581~618)에 편찬된 『절운(切韻)』이 남북(南北)과 고금(古今)의 언어를 아우르고자 한 것도 바로 이와 같은 언어의 통일에 대한 필요성을 보여 주는 것이다.

『홍무정운(洪武正韻)』은 명(明) 태조(太祖, 재위 1368~1398) 8년(洪武 8년, 1375)에 악소봉(樂韶鳳), 송렴(宋濂) 등이 칙명(勅命)을 받아 편찬하

였다. 『홍무정운』 이전의 운서로는 『광운(廣韻)』(1008), 『예부운략(禮部韻略)』(1037), 『집운(集韻)』(1039) 등이 널리 소용되었으나, 이들 운서는 한결같이 절운계(切韻系)의 운목을 그대로 이어받고 있어서 당시의 현실음을 보여 주지 못하였다. 이후에는 현실음에 대한 욕구를 어느 정도 반영하여 『신간운략(新刊韻略)』(1227)이나 『임자신간예부운략(壬子新刊禮部韻略)』(1252) 등이 편찬되었는데, 이들 운서는 106운목이나 107운목으로서, 『절운(切韻)』을 이어받은 『광운』의 206운목과 비교하여 대폭 삭감된 체계였다. 몽고족에 의한 원대(元代, 1271~1368)에는 북방이 정치의 중심지가 되면서, 이에 따라 북방 사곡(詞曲)의 현실적 표준이 될 운서의 편찬이 요구되었다. 주덕청(周德淸)이 편찬한 『중원음운(中原音韻)』(1324)은 바로 이와 같은 필요성에 의해 북방의 현실음을 반영한 운서라고 할 수 있다.

한족(漢族)에 의해 명(明)이 성립되면서, 명의 태조는 즉위 후에 바로 북방음에만 치우치지 않고, 남방음도 고려한 통일음을 목표로 운서를 편찬케 하였는데, 이것이 『홍무정운』이다. 그러나 남북의 언어를 절충한다는 것은 인위적인 언어의 교정을 목표로 하고 있다는 점에서 그 실효성에는 한계가 따를 수밖에 없는 것이었다. 『홍무정운』의 편찬 의도와 거의 같다고 할 수 있는 조선의 『동국정운』이 현실음화하지 못하고, 결국 반세기 만에 전래의 현실 한자음으로 되돌아 간 것도 인위적인 언어 교정이 언어 현실을 넘기 어렵다는 것을 잘 보여 준다.

『홍무정운역훈』의 간행은 단종 3년(1455)이지만, 편찬 작업의 시작이 언제인지는 정확히 알 수 없다. 그러나 『홍무정운역훈』 서문의 다음과 같은 기록으로 유추하면 그 편찬 과정의 대략을 짐작할 수 있다.

(5) 『홍무정운역훈』의 서문에서

… 무릇 십여 차례 원고를 정리하면서 고된 작업을 반복하여 8년의 긴

시간을 넘기고서야 … / … 凡謄十餘藁 辛勤反復 竟八載之久 …

편찬 완료의 시점에서 편찬 시작을 되돌아보는 위의 내용은 8년의 시간이 걸렸다는 것을 말해주는 것인데, 8년이란 기간은 원고 작성이 완료된 문종(文宗, 재위 1450~1452)대가 그 기준이므로, 1455년의 간행까지 걸린 시간을 다시 염두에 두면 약 2~3년을 추가할 수 있다. 이렇게 되면 간행 1455년에서 약 10년 전으로 그 편찬의 시작을 추정하여 무리가 없을 것이다. 훈민정음의 창제가 1443년이고, 반포가 1446년인 점을 감안하면, 『홍무정운역훈』의 편찬 시작은 훈민정음의 창제와 더불어 바로 시작되었다는 것을 알 수 있다. 한어(漢語)라는 외국 한자음에 대한 주음(注音)이면서, 『홍무정운』이 운목의 변별성을 기반으로 한 운서라는 점에서 『홍무정운역훈』의 편찬 작업이 매우 어려웠음을 충분히 짐작할 수 있는 것이다.

신숙주(申叔舟, 1417~1475)의 문집인 『보한재집(保閑齋集)』에 『홍무정운역훈』의 서문이 실려 있다. 이 서문에 의하면 『홍무정운역훈』은 그 간행 시기가 '경태6년중춘기망(景泰六年仲春旣望)'이므로, 경태(景泰) 6년인 단종(端宗) 3년(1455)이 간행 연도가 된다. 『홍무정운역훈』의 편찬에 관여한 인물은 다음과 같다.

(6) 『홍무정운역훈』 편찬 관여 인물
가. 감장자: 수양대군, 계양군
나. 편찬자: 신숙주, 성삼문, 조변안, 김증, 손수산
다. 수교자: 노삼, 권인, 임원준

『홍무정운역훈』의 인출에는 목활자와 금속활자가 함께 사용되었다. 한글자(큰 자, 작은 자)와 한자 큰 자에는 목활자를 사용하였고, 한자 작은 자에는 기존의 갑인소자를 사용하였다.[4] 『홍무정운역훈』의 인출에 사용

한 목활자는 『홍무정운역훈』 외에는 사용되지 않았기 때문에, 한자 큰 자를 '홍무정운자'라고 하고, 한글의 큰 자와 작은 자를 '홍무정운 한글자'라고 부르고 있다. 『홍무정운역훈』에 사용된 한글 서체는 그동안의 고딕체에서 벗어나 부드러운 필서체로 되어 있어서 서체의 측면에서도 그 변화가 주목된다.

『홍무정운역훈』은 간행되었다는 기록과 함께 『보한재집』에 서문만 남기고 그 행방이 묘연하여 인멸된 것으로 여겨졌으나, 화산서방(華山書房)의 주인인 고 이성의(李聖儀) 씨에 의해서 초간본이 발견되어 이숭녕(1959)의 '홍무정운역훈의 연구'라는 논문을 통해 학계에 그 존재가 알려졌고, 마침내 1974년 고려대학교 중앙도서관에 기증되어 세상의 빛을 다시 보게 되었다. 『홍무정운역훈』은 보물 제417호(1965. 4. 1.)로 지정되어 있다. 권3을 기준으로 그 판본을 소개하면 다음과 같다.

(7) 『홍무정운역훈』의 판본 서지 사항
가. 수제: 洪武正韻, 판심제: 正韻
나. 전 16권 8책(권1, 2의 1책 결본, 현존 14권 7책)
다. 한자 대자: 홍무정운자(목활자)
　　한자 소자: 초주 갑인자(동활자)
　　한글 대자 및 소자: 홍무정운 한글자(목활자)
라. 권3 기준: 반엽 31.5cm × 21cm, 반엽 광곽(半葉匡郭): 22.1cm × 15.5cm
마. 판심: 상하 내향 흑어미
바. 사주단변, 유계, 반엽 8행, 대자 11자, 소자 쌍행 15자

『홍무정운역훈』은 전 16권 8책으로 간행되었으나, 서문 및 범례, 목차 등이 수록되어 책의 핵심이 되었을 권1, 2의 1책이 낙질(落帙)이며, 권3,

---

4) 갑인자는 세종 16년(1434)에 주조한 동활자이다. 갑인자는 대자(大字)와 소자(小字)로 나누어 주조하였고, 천문기기 제작에 참여하였던 일류 과학 기술자들을 동원하였기 때문에 활자의 모양이 자못 정교하다.

7, 8의 훈민정음 대역의 많은 부분이 절제(切除)와 압인(押印) 등의 방법으로 말소되어 있다. 그러므로 『홍무정운역훈』에 대한 첫 번째의 연구과제는 결손 부분에 대한 복원 작업이었다. 다행히 『사성통해』(1517)에서 『홍무정운역훈』의 정음과 속음에 대한 정보를 얻을 수 있고, 『속첨홍무정운』(16세기 전후)을 통해서도 결손 부분에 대한 내용을 참조할 수 있어서, 박병채(1974)의 복원 작업은 매우 신뢰할 수 있는 수준이 될 수 있었다.[5)]

『홍무정운』에 대한 역훈으로서 『홍무정운역훈』의 편찬 방식의 실제는 이 두 운서를 비교함으로써 쉽게 알 수 있다. 상성 제14 가운(哿韻)의 내용에서 발췌하여 비교해 보이면 다음과 같다.

(8) 『홍무정운』과 『홍무정운역훈』의 상성 제14 가운(哿韻)에서[6)]
  가. 소운목 가(哿)
    ① 哿 嘉我切 可也 嘉也 詩哿矣富人
    ② 見:거哿 嘉我切 韻內諸字中聲 若直讀以ㅓ 則不合於時音 特以口不變而讀如ㅓㅡ之間 故其聲近於ㅗ ㅝ之字亦同 ○可也 嘉也 詩哿矣富人
  나. 소운목 아(妸)
    ① 妸 烏可切 妸娜 『광운』亦作婀 又歌
    ② 影:허妸 烏可切 俗音:하 妸娜 『광운』亦作婀 又歌韻

『홍무정운』의 체제에 덧붙인 사항은 위의 비교로서 명백하게 알 수 있다. (8-가-①, 8-나-①)은 『홍무정운』의 내용이고, (8-가-②)와 (8-나-②)는 각각 『홍무정운』을 역훈한 『홍무정운역훈』의 내용이다. 먼저 (8-가)에

---

5) 복원 작업에 의해 되살린 부분을 포함한 『홍무정운역훈』의 영인본이 1974년 고려대학교출판부에서 발행되었다.

6) 운목에는 대운목과 소운목이 있다. 대운목은 성조를 포함한 운이 같은 자를 대표하는 글자이고, 소운목은 대운목 속에서 성모(초성)까지 같은 글자의 대표자를 말한다. 그러므로 (5)의 '상성 제14 가(哿)'는 대운목이고, (5-가-①)의 '가(哿)'는 소운목이다. 운목의 주석에 대한 띄어쓰기는 필자가 하였다.

서는 음자(陰字)로써 성모의 소속(여기서는 見母)을 보이고, 이어서 훈민정음 대역 ':거'와 이에 대한 발음 주석을 붙였다. 훈민정음에 의한 대역 ':거'는 '哿'의 반절 '嘉我切'을 대신할 수 있는 표음법이기 때문에 『홍무정운역훈』의 '역훈'에서 가장 핵심이 되는 항목이다. 발음 주석은 당시의 한어음과 훈민정음 사이에 나타나는 음가의 미묘한 차이를 설명한 것이다. 특히 발음 주석은 운목의 대역에 대한 일반적 주석이므로 해당 운의 모든 글자에 적용되며, 한어음과 국어음을 대조하여 기술한 귀중한 기록으로서 주목된다. 발음 주석은 필요한 운목에만 부연되므로 모든 운목에 빠짐없이 나타나는 것은 아니다.

(8-나)의 소운목 '아(婀)'에 대한 대역에서는 '俗音:하'의 기록이 눈에 띈다. 이 속음 기록은 소운목 '아(婀)'에만 한정되는 것이기 때문에 (8-가)의 발음 주석보다는 개별적인 성격을 지닌다고 할 수 있다. 이와 같은 속음 기록 외에도 비슷한 성격의 '우음(又音)' 주석도 있는데, 속음이나 우음의 성격은 정음(正音)에 대한 속음(俗音) 외에도, 일자 다음(一字多音)이나 잔존하는 고음(古音) 등의 개념으로 이해될 수 있다.

복원되어 영인 출판된 『홍무정운역훈』(고려대학교 영인총서 제2집, 1974)을 통하여 『홍무정운역훈』의 한 면을 영인으로 보이고, 운목의 배열의 목차를 보이면 다음과 같다.

(9) 권12, 거성 제9 한운(翰韻)의 첫 면

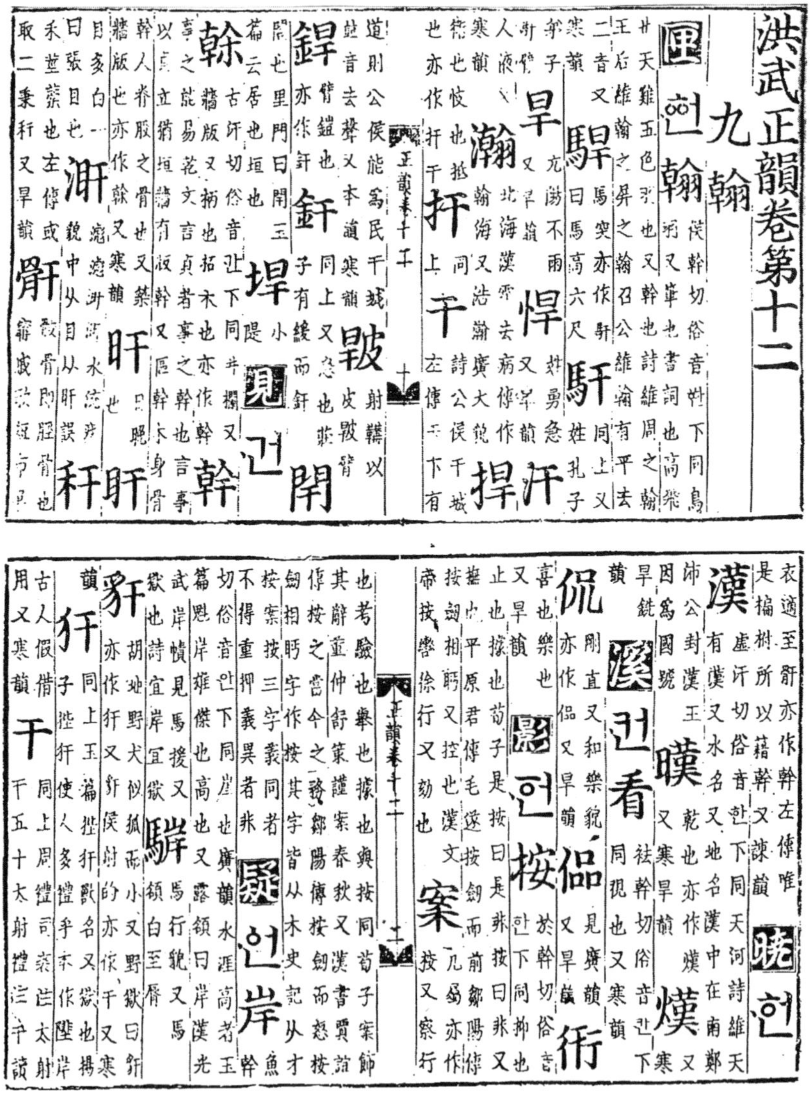
洪武正韻卷第十二

九翰

(10) 『홍무정운(역훈)』의 운목 목록

가. 평성(22)	나. 상성(22)	다. 거성(22)	라. 입성(10)
01東	01董	01送	01屋
02支	02紙	02寘	
03齊	03薺	03霽	
04魚	04語	04御	
05模	05姥	05暮	
06皆	06解	06泰	
07灰	07賄	07隊	
08眞	08軫	08震	02質
09寒	09旱	09翰	03曷
10刪	10産	10諫	04轄
11先	11銑	11霰	05屑
12蕭	12篠	12嘯	
13爻	13巧	13效	
14歌	14哿	14箇	
15麻	15馬	15禡	
16遮	16者	16蔗	
17陽	17養	17漾	06藥
18庚	18梗	18敬	07陌
19尤	19有	19宥	
20侵	20寢	20沁	08緝
21覃	21感	21勘	09合
22鹽	22琰	22豔	10葉

『홍무정운역훈』의 운목은 평성, 상성, 거성, 입성을 합하여 모두 76운목으로 구성되어 있다. 배열은 성조의 순서에 의하여, 권1에서 권6까지 평성 운목, 권7에서 권9까지 상성 운목, 권10에서 권13까지 거성 운목, 권14

에서 마지막인 권16까지 입성 운목이 배열되어 있다. 성조를 제외한다면 평성, 상성, 거성의 짝이 되는 22운목의 분절음적 요소는 동일하며, 입성운은 양성 운미 '-m/ㅁ, -n/ㄴ, -ŋ/ㆁ'의 짝이 되는 '-p/ㅂ, -t/ㄷ, -k/ㄱ'을 운미로 가진 운을 말하는 것이다.

제2장 홍무정운역훈의 성모와 운모 체계

운서에서 각 소운목자에 대한 표음은 전통적으로 반절법이 이용되었다. 반절법은 한자 '동(東)'의 표음을 '德紅切'과 같이 나타내는 방법으로서, 반절상자(反切上字)인 '덕(德)'에서 초성인 성모(聲母)를 취하고, 반절하자(反切下字)인 '홍(紅)'에서 초성을 제외한 나머지 요소인 운모(韻母, 개모+핵모+운미/성조)를 취하여 '東'의 표음을 완성시키게 된다. 그러므로 한 운서의 전체에서 사용된 반절을 귀납하여 분석하면, 그 운서가 바탕으로 하고 있는 언어의 음운 체계를 알 수 있게 된다. 음운 체계는 다시 자음 체계와 모음 체계, 그리고 초분절 음운 체계로 나뉘는 것인데, 반절상자로부터는 초성 체계를 귀납할 수 있고, 반절하자로부터는 반모음을 포함한 모음 체계, 그리고 초분절적인 성조 체계를 얻을 수 있다. 그러나 성조의 분류에 의한 분운(分韻)으로부터 이미 성조 체계는 제시되어 있으므로, 귀납의 관건은 분절음적인 성모와 운모 체계에 있다고 할 수 있다.

2.1. 『홍무정운역훈』의 성모 체계

『홍무정운역훈』의 저본이 되는 『홍무정운』에는 성모 체계에 대한 귀납이 정리되어 있지 않다. 그러므로 『홍무정운역훈』의 편찬을 위해서는 먼저 성모 체계의 귀납이 선행되어야 할 필요가 있다. 하나의 운(韻)을 하위의 소운(小韻)으로 분류하는 기준은 성모의 차이에 있으므로, 소운목의 분운을 기준으로 성모 체계를 귀납할 수 있게 된다. 『홍무정운역훈』의 편찬자들은 소운목의 변별적 분류를 기준으로 반절상자를 모두 간추려 『홍무정운』의 성모 체계를 다음과 같이 일목요연하게 귀납하였다.

(1) 홍무운 31자모지도(洪武韻三十一字母之圖)[1)]

五音	五行	七音	全淸	次淸	全濁	淸濁	全淸	全濁
角	木	牙音	見·견ㄱ	溪키ㅋ	群뀬ㄲ	疑이ㆁ		
徵	火	舌頭音	端된ㄷ	透틍ㅌ	定·띵ㄸ	泥니ㄴ		
羽	水	脣音重	幫방ㅂ	滂팡ㅍ	並:뺑ㅃ	明밍ㅁ		
		脣音輕	非비ㅸ		奉:뽕ㅹ			
商	金	齒頭音	精징ㅈ	淸칭ㅊ	從쭝ㅉ		心심ㅅ	邪쎠ㅆ
		正齒音	照·쟣ㅈ	穿춴ㅊ	牀쫭ㅉ		審:심ㅅ	禪·쎤ㅆ
宮	土	喉音	影:힝ㆆ	曉:향ㅎ	匣·향ㆅ	喩·유ㅇ		
半徵	半火	半舌音				來래ㄹ		
半商	半金	半齒音				日·싱△		

이와 같은 31성모 체계는 한자에 의한 자모(字母)를 훈민정음이라는 표음 자모에 의해 표기하게 되었다는 것이 요점이다. 즉 (1)에서 보는 바와 같이 중국에서 쓰이던 전래의 한자에 의한 자모(字母) '見, 溪, 群, 疑…' 등을 'ㄱ, ㅋ, ㄲ, ㆁ…' 등으로 교체하면서, 자모의 음가를 선명하게 나타낼 수 있게 되었다.

『홍무정운』의 자모 체계를 훈민정음으로 옮기는 데에 있어서는 몇 가지 문제를 해결하지 않으면 안 되었다. 이것은 『홍무정운』이 한어(漢語)의 음운 체계를 반영하고 있는 반면에, 훈민정음은 국어의 음운 체계를

1) '홍무운 31자모지도'는 운래 『사성통해(四聲通解)』 권두에 실려 있다. 『사성통해(四聲通解)』의 권두에는 이 밖에도 『광운(廣韻)』 36자모지도와 『고금운회거요(韻會)』 35자모지도가 함께 실려 있다.

바탕으로 창제된 문자로서, 두 언어 사이의 근본적인 불일치에 따른 다음과 같은 문제점이 있었기 때문이다.

(2) 『홍무정운』의 자모 체계와 훈민정음 대역 사이의 문제점
  가. 음가의 불일치: 전탁음 및 치음과 관련하여
  나. 음절 구조의 불일치 문제

한어(漢語)에서의 전탁음은 유성 장애음(有聲障碍音)이다. 유성 장애음은 국제음성부호로 나타내면 'g, d, b, z, ɦ, dz' 등과 같은 음이다. 이들 유성 장애음의 짝이 되는 무성 장애음은 'k, t, p, s, h, ʦ' 등이며, 유성 장애음의 짝이 되는 평음(무성 장애음)은 한어 자모 체계의 술어에 의하면 전청음(全淸音)이다. 당시의 국어(15세기 중세 국어)에는 현대 국어와 마찬가지로 장애음 계열에서 평음, 격음, 경음의 분화가 이루어져 있었던 반면에, 『홍무정운』의 자모 체계는 같은 장애음 계열에서 전청음(평음), 차청음(격음), 전탁음(유성음)으로 나뉘어진다. 이와 같은 삼분 체계를 바탕으로 하였기 때문에, 한어의 전탁음과 국어의 경음은 그 음가가 같지 않은 것임에도 불구하고, 국어의 경음 계열을 한어의 자모 체계에 맞추어 전탁음으로 분류하게 된 것이다. 그러므로 전탁음에 대한 두 언어의 개념은 비록 구조적 동일성은 있다고 하더라도, 내용에 있어서는 서로 차이가 있는 것이다.

훈민정음의 치음은 'ㅈ, (ㅉ), ㅊ, ㅅ, (ㅆ)'으로 단일 계열이지만, 『홍무정운역훈』의 성모 체계는 (1)에서 보는 바와 같이 치두음과 정치음의 두 계열로 나뉘어 있으며, 이들을 표기하기 위하여 치두음 계열은 'ᅎ, (ᅏ), ᅔ, ᄼ, (ᄽ)' 등으로, 정치음 계열은 'ᅐ, (ᅑ), ᅕ, ᄾ, (ᄿ)' 등으로 자모를 변형시켰다.[2] 그러므로 『홍무정운역훈』에서는 국어의 구조에 얹힌 훈민

2) 병서자(竝書字) 'ㅉ, ㅆ, ᄽ, ᄿ, ᅏ, ᅑ' 등은 단독 자모가 아니지만, 단일 음성이다. 그러므로 한자음의 전탁자를 위한 단일 자모(字母) 역할을 하게 되는 것이다.

정음 체계와 구조적으로 다른 한어(漢語)의 음운 체계 사이에서 불일치를 인식하고, 이를 해소하기 위해서 색다른 노력을 기울였다는 것을 알 수 있다. 한어(漢語)의 치두음은 치경음이며, 정치음은 경구개음이므로 조음 위치에서 이 둘은 서로 변별된다. 그러므로 치음에 있어서 15세기 중세 국어와 한어를 대조하면, 정치음 계열에 있어서만이 국어가 체계적 공백을 갖는다고 할 수 있다. 『홍무정운』을 역훈함에 있어서 이 문제를 해결하기 위해서는 훈민정음의 치음자를 그대로 두고 정치음을 위한 글자만을 따로 만드는 것이 우선 생각할 수 있는 방법이었겠으나, 『홍무정운역훈』에서는 훈민정음의 치음자를 좌우로 모양을 변형시켜 하나는 치두음자에, 다른 하나는 정치음자에 사용하는 균형 잡힌 체계를 선택한 것이다.

중세 국어의 음절 구성은 현대 국어보다 복잡하였다. 즉 'ᄡᆞᆯ(米), ᄣᅢ(時)' 등과 같이 어두에 자음군이 올 수 있으며, '새(新), 어제(昨)' 등의 'ㅐ, ㅔ'는 각각 'aj, əj'로 발음되어 반모음 '-j'가 단모음에 후행할 수 있다는 것이 현대 국어와 비교하여 크게 다른 점이었다. 그러나 반모음 'w(오/우)'는 단모음에 선행할 수 있을 뿐이어서, 이 점은 중세 국어와 현대 국어가 차이가 없었다. 그러므로 중세 국어에 기반한 훈민정음의 표기 체계에 있어서는 반모음 'w(오/우)'가 단모음에 후행하는 '아ᇢ, 어ᇢ' 등과 같은 표기 방법이 고려되지 않았다.

훈민정음의 표기 체계는 하나의 음절을 삼분하여 '초성+중성+종성'으로 나누고, 초성 자모로 17자, 중성 자모로 11자를 만들었으며, 종성자는 따로 만들지 않고, 다만 '종성부용초성(終聲復用初聲)'이라고 하여 종성에는 초성자를 다시 쓰도록 하였다. 그러므로 국어의 받침인 종성에는 반드시 초성자를 사용하는 것이 훈민정음의 체계에 맞는다. 그런데 『홍무정운』이 기반한 한어의 음절 구성에서는 반모음 'w(오/우)'가 후행할 수 있기

각자 병서자가 단독 자모 역할을 하는 것은 『동국정운』에서도 마찬가지이다.

때문에, 『홍무정운역훈』에서는 이 점을 고려할 필요가 있었다. 『홍무정운역훈』의 편찬에 있어서는 '트ᇢ, 갸ᇦ, 야ᇦ' 등의 표기에서 보는 바와 같이 'ㅱ, ㅸ' 등이 종성의 자리에 오는 경우가 있다.[3] 이 경우의 'ㅱ'과 'ㅸ'은 모음에 후행하는 반모음 'w(오/우)'를 나타낸 것으로서, 그 음가에 차이가 없다.

2.2. 『홍무정운역훈』의 운모 체계

『홍무정운』의 운목은 성조를 제외하면 22운목이다. 평성 운목을 대표로 하여 『홍무정운역훈』의 운모 체계를 보이면 다음과 같다. 입성자가 있는 경우는 양성 운미(-ㅁ, -ㄴ, -ㅇ)와 짝지어 보이도록 하겠다.

(3) 『홍무정운역훈』의 운모 대역 체계

01東 웅/욱-융/육
02支 으-이
03齊 예
04魚 유
05模 우
06皆 애-얘-왜
07灰 위
08眞 은/읃-인/읻-운/욷-윤/윧
09寒 언/얻-원/웓
10刪 안/앋-얀/얃-완/왇
11先 연/엳-ᄋᆑᆫ/ᄋᆑᆮ
12蕭 여ᇢ
13爻 아ᇢ-야ᇢ
14歌 어-워

3) '야ᇦ'은 운목 '藥'의 속음 표기에 나타난다.

15麻 아-야-와
16遮 여-ᄋᆑ
17陽 앙/악-양/약-왕/왁
18庚 읭/읙-잉/익-윙/윅-ᄋᆑᆼ/ᄋᆑᆨ
19尤 ᄋᆖᇢ-이ᇢ
20侵 음/읍-임/입
21覃 암/압-얌/얍
22鹽 염/엽

이와 같은 운모의 전개 과정은 최대로 4단계까지 확장된다는 것이 가장 큰 특징이다. 예를 들어 진운(08眞)의 '은/읃-인/읻-운/욷-윤/윧'과 경운(18庚)의 '읭/읙-잉/익-윙/윅-ᄋᆑᆼ/ᄋᆑᆨ'이 최대로 확장되는 운모 전개에 속한다. 나머지 운목들도 4단계의 전개에서 단지 어느 단계가 공백인 것들이므로, 운모의 체계적 전개는 4단계의 틀 속에서 모두 이루어지고 있다고 말할 수 있다. 이러한 4단계의 전개를 전문적인 술어로 사호(四呼)라고 하며, 사호는 '개구호(開口呼)-제치호(齊齒呼)-합구호(合口呼)-촬구호(撮口呼)'를 함께 지칭하는 개념이다. 개구호는 아무런 반모음이 붙지 않은 것을, 제치호는 반모음 '이(j)'가 선행하는 것을, 합구호는 반모음 '오/우(w)'가 선행하는 것을, 촬구호는 복합 반모음인 '이(j)+오/우(w)'가 선행하는 것을 말한다. 이러한 전개 과정을 알기 쉽게 하기 위하여 사호를 (3)에 적용하여 운미에 따라 나누어 보이면 다음과 같다.

(4)『홍무정운역훈』의 운모 결합과 사호 전개

가. 운모 결합

	<으>	<어>	<아>	<의>	(운미)
	으.ᄋᆖᇢ	어	아.애.아ᇢ		음(ø j w)
개(ø)	은.음	언	앙.안.암	읭	양(ŋ m n)
	읃.읍	얻	악.앋.압	읙	입(k t p)

	이.이ᇢ	여.예.여ᇢ	야.얘.야ᇢ		
제(j)	인.임	연.염	양.얀.얌	잉	
	읻.입	엳.엽	약.얃.얍	익	
	우.위	워	와.왜		
합(w)		웅.운	원	왕.완	웡
	욱.욷	웓	왁.왇	웍	
	유	ᄋᆑ			
촬(jw)		융.윤	ᄋᆑᆫ	ᄋᆑᆼ	
	육.윧	ᄋᆑᆮ	ᄋᆑᆨ		
(계)	23	16	24	8 = 71	

나. 사호 전개(--은 공백, 입성은 생략)

<운목>	개	제	합	촬
01東	--	--	웅	융
02支	으	이	--	--
03齊	--	예	--	--
04魚	--	--	--	유
05模	--	--	우	--
06皆	애	얘	왜	--
07灰	--	--	위	--
08眞	은	인	운	윤
09寒	언	--	원	--
10刪	안	얀	완	--
11先	--	연	--	ᄋᆑᆫ
12蕭	--	여ᇢ	--	--
13爻	아ᇢ	야ᇢ	--	--
14歌	어	--	워	--
15麻	아	야	와	--
16遮	--	여	--	ᄋᆑ
17陽	앙	양	왕	--

18庚	으ᇰ	이ᇰ	위ᇰ	ᄋᆑᇰ
19尤	으ᇢ	이ᇢ	--	--
20侵	음	임	--	--
21覃	암	얌	--	--
22鹽	--	염	--	--

<총 실현 운모 46(+입성 25 = 71)>

위의 운모 전개에서 가장 주목되는 것은 기본 모음이 ‘으’인 경우이다. ‘으’에 반모음 ‘이(j)’가 결합하면 기본 모음인 ‘으’가 탈락하여 ‘이’가 되고, 반모음 ‘우/오(w)’가 결합하면 역시 기본 모음이 탈락하여 ‘우’가 되는 것이 특징이다. 운모 전개에서 반드시 주목해야 할 것은 하나의 음절 단위가 되는 구체적인 운(韻)은 전체의 체계에서 오직 한 번 출현한다는 것이다. 이것은 성조를 포함한 운(韻)의 개념이 다른 운과 구별되어야 하는 변별성에 기반하고 있기 때문이다.

제3장 홍무정운역훈의 범례 역주

3.0. 개관

『홍무정운역훈』의 범례는 『홍무정운역훈』의 권1과 권2가 전하지 않기 때문에 원본으로부터 확인되지는 않는다. 그러나 『홍무정운역훈』의 범례는 『사성통고(四聲通攷)』의 범례와 같은 것으로 확인되면서 그 전모의 실상을 알 수 있게 되었다. 『사성통고』의 범례는 최세진(崔世珍, ?~1542)이 1517년(중종 12)에 편찬한 『사성통해(四聲通解)』의 권말에 수록되어 있다. 『사성통해』는 역학자 최세진이 한어 자음(漢語 字音)을 훈민정음으로 표음한 운서(韻書)로서, 한어 학습을 위한 한어 발음자전(發音字典)이라 할 수 있다. 『사성통고』는 현존하지 않기 때문에 그 전모를 알 수는 없으나, 다음과 같은 『사성통해』의 서문이나 범례를 통해서 그 편찬 취지와 형식 등에 대한 요점을 간추릴 수 있다.

(1) 『사성통해』의 서문과 범례에서

가. 세종장헌대왕께서 (중략) 홍무정운을 번역하도록 명하셨는데, 다시 그것이 지나치게 번잡하여 열람하기가 어려움을 염려하시어, 이에 고령부원군 신숙주에게 명하여 글자들을 간추려 한데 모아 따로 책을 만들도록 하셨다. 매 운목의 글자에 언음을 붙이고, 사성, 청탁, 자모 등을 기준으로 하여 배열케 하고, 사성통고라고 책을 이름하셨다. (중략) 사성통고의

글자들에는 음만 있고 풀이가 없다. 世宗莊憲大王 (중략) 命譯『홍무정운』 又慮其浩穰難閱 而覽者病焉 乃命高靈府院君申叔舟 類粹諸字 會爲一書 冠以諺音 序以四聲 諧之以淸濁 系之以字母 賜名曰四聲通攷 (중략) 通攷諸字 有音無釋(『사성통해』 序에서)

나. 사성통고의 각 운의 자들은 매 자모 밑에 사성의 글자를 모두 모으고, 언음을 붙였다. 평성은 방점이 없고, 상성은 두 점이며, 거성과 입성은 방점이 하나이다. 이제 사성통해를 편찬함에 있어서 단지 평성자에만 언음을 붙일 뿐이니, 상성, 거성은 그 음이 본래 같고 단지 평측만이 본래의 성조를 따르면 되기 때문이다. 따라서 언음 및 방점을 붙이지 않고 상성 및 거성이라고 써 놓았을 뿐이다. 四聲通攷 各韻諸字 一母四聲 各著諺音 平聲無點 上聲二點 去聲入聲一點 今撰通解 只於平聲 著其諺音 上聲去聲則其音自同 而平仄之呼 可從本聲 故更不著其諺音及加點 而只書上聲去聲也(『사성통해』 凡例에서)

이러한 기술을 토대로 하면 『사성통고』는 (1-나)에서 보인 차이점과 의미 설명이라 할 수 있는 자석(字釋)이 없다는 것을 제외한다면 『사성통해』와 그 체제에 있어서는 일치한다는 것을 알 수 있다. 그러므로 『사성통고』는 『홍무정운역훈』의 글자들을 다시 간추려 평성, 상성, 거성, 입성의 자들을 한데 모아 자모의 순서에 따라 배열하면서, 각 글자들의 풀이를 붙이지 않았다는 것을 알 수 있다. 한자에 대한 표음인 자음(字音)에 있어서는 『사성통고』가 『홍무정운역훈』의 음을 그대로 취하였기 때문에 음계에는 전혀 변함이 없었다. 『사성통해』의 서문과 범례를 통해서 알 수 있는 바와 같이 『사성통고』는 『홍무정운역훈』의 음계를 그대로 취하면서, 단지 표음만을 위한 열람의 편의를 위하여 자(字)의 배열을 달리하고 자석(字釋)을 제외시켰기 때문에 『사성통고』의 범례가 바로 『홍무정운역훈』의 범례로 이해되고 있다.

3.1. 제1조[1)]

條 文 以圖韻諸書及今中國人所用 定其字音 又以中國時音 所廣用 而不合圖韻者 逐字書俗音於反切之下

새 김 여러 운도와 운서에 나타난 한자음 및 중국인이 사용하는 한자음으로써 (훈민정음으로써 표음할) 자음(字音)을 정하되, 중국의 현실음으로서 넓게 사용되나, 운도와 운서에 맞지 않는 음(音)은 해당 자(字)의 반절 밑에 속음으로써 표음한다.

여기에서는 표음할 대상으로서의 정음(正音)과 속음(俗音)의 대강의 한계를 밝힌 것이다.[2)] 정음은 물론『홍무정운』을 체계적으로 분석한 자음(字音)이 일차적으로 기준이 되었을 것임은 자명하다. 그러므로 운서인『홍무정운』을 체계적으로 분석함에 필수적인 참고 자료로서 중국에서 편찬된 여러가지 운도와 운서가 소용되었음을 의미하는 것이다.『홍무정운』은 조선의『동국정운』의 편찬 취지와 마찬가지로 당시 명대(明代)의 현실음을 그대로 반영시키지는 않고, 주로 성모에 있어서는 남음(南音)을 반영하고 운모에 있어서는 북음(北音)을 반영하였으며, 아울러 당시의 현실음과 함께 전통적인 고음(古音)을 반영하기도 하여 인위적인 절충음 체계를 이룬 것이 그 특색이다. 그러므로 전통적인 한자음과 아울러 현실적으로는 중국의 북방음에 익숙한『홍무정운역훈』의 편찬자에게 있어서는『홍무정운』에서 제시한 표준음이 현실에 맞지 않는 경우도 있다고 여겼던

1) 범례 각론에서는 먼저 범례의 조문과 새김을 제시하고 이어서 논의를 진행한다. 조문의 띄어쓰기와 새김은 필자의 나름에 의한 것이다.

2) 본고에서 '정음(正音)'은『홍무정운역훈』에 있어서의 자(字)에 대한 표준음을 의미하므로 '속음(俗音)'에 대한 상대 개념으로도 이해할 수 있다.

것 같다.

그러나 운서는 변별적인 분운에 의해 체계적인 통일성을 이루어야 하므로 정음을 정함에 있어서는 『홍무정운』의 체계성을 존중하고, 『홍무정운』의 체계에 맞지 않는 음으로서 제시할 필요가 있는 것은 속음으로 표음한 것이라 할 수 있다. 다음은 『홍무정운역훈』에 나타난 구체적인 속음 표기의 예를 유형에 따라 간략히 보인 것이다.

(2) 속음 표기의 용례

	성조	운목	정음	자	반절	속음
가.	평성	八眞	은	垠	五根	은
나.	입성	七陌	익	逆	宜戟	잉
다.	입성	七陌	삑	闢	毗亦	핑
라.	평성	十八庚	믱	盲	眉庚	믕

(2-가)는 당시의 북방음에서 의모(疑母/ŋ)의 유모(喩母/ø, 무음가)화를 반영한 것으로서, 즉 초성에서 아음 [ŋ]의 탈락을 보여주는 것이다. 그러므로 (2-가)에 보인 속음은 정음에 상대되는 속음으로서의 전형적인 경우라 할 수 있다.

(2-나)는 성모의 속음에 있어서는 (2-가)의 경우와 반대되는 것으로서, 오히려 고음을 반영한 것이라 할 수 있다. 『광운(廣韻)』이나 『고금운회거요(古今韻會擧要)』에는 '逆' 자가 의모(疑母)로 처리되어 있으므로, 속음에 의한 고음의 반영이라 할 만한 것이다. 이러한 해석과 결부하여 『홍무정운역훈』의 본문에는 다음과 같은 고운주기(古韻注記)가 있음도 아울러 참조해야 한다.

(3) 六皆 애 涯 宜皆切 古韻ㆁ母下同

(3)에 보인 고운주기(古韻注記)는 현실음에서 소멸의 과정에 있는 고음을 보여주는 것임에 틀림없다. 그렇다면 (2-나)에 표기된 속음은 이미 소멸의 과정을 밟고 있으면서도, 어느 정도 현실에 잔존한 고음으로 해석하는 것이 바람직할 것 같다. 한편, 입성운미(入聲韻尾) '-ㄱ'에 대한 속음 '-ㆆ'은 한어의 입성운미가 북방에서 '-k, t, p > ʔ > ø(zero)'의 소실 과정을 거친 것을 나타낸 것으로서, 『홍무정운역훈』의 속음 입성운미 '-ㆆ '은 소실의 중간 단계인 [ʔ]을 반영한 것이다.

(2-다)는 (2-가, 나)의 경우와는 달리 '闢' 자가 '僻' 자와 통용되어 성모에 있어서 방모(滂母/ph)와 병모(竝母/b)의 양음을 갖고 있으므로, 이를 속음으로 나타낸 것이다.

(2-라)는 운모에 대한 속음으로서 해당하는 운목의 모든 글자에 대해 일률적으로 속음주기(俗音注記)가 되어 있다. (2-라)의 속음에 대한 이해를 위해서는 제18 경운(庚韻)에 대한 『홍무정운역훈』의 정음 대역에 대한 이해가 선행되어야 한다. 제18 경운(庚韻)은 『홍무정운역훈』에서 핵모(核母)를 이중모음으로 처리한 유일하면서도 특수한 경우이다. 음성적 유사성을 우선하여 핵모(核母)를 '으'로 대역하면 제1 동운(東韻)의 합구음 및 촬구음과 꼭 같은 대역이 초래되어 운서에 있어서의 운목 분운의 변별성이 확립되지 못하는 모순을 야기하게 된다. 따라서 부득이하게 제18 경운의 핵모를 '의'로 대역하여 변별성을 유지시키는 한편 음성적 유사성은 속음주기를 통하여 보완한 것이다.[3)]

---

3) 姜信沆(1973: 98~100)에서는 제18 경운의 핵모에 대한 특이한 정음 대역 'ㅢ, ㆌ'를 조선 한자음의 영향 및 중국 자음(字音)에 대한 음성적 대역의 과정에서 야기된 것으로 보았으며, 姜信沆(1989)에서는 河野六郞(1968)의 견해에 따라 운미 -ŋ의 구개성을 'i' 삽입의 근거로 제시하였다. 그렇다면 여타의 운목에서도 이와 같은 조선 한자음의 영향 관계나 음성적인 고려가 일정하게 귀납되어야 할 것이나 사정은 그렇지 못하다. 운서는 분운의 변별성과 음성적 현실성이라는 두 명제를 충족시켜야 하는 것이지만, 『홍무정운역훈』의 경우는 이미 분운된 『홍무정운』에 대한 대역이었으므로, 변별적 대역을 위해 음성적 현실성이 최대한 고려

그러므로 (2-라)의 속음은 체계적인 음운적 대역에 의해 정밀을 담보하지 못한 음성적 대역인 셈이므로, 오히려 현실성에 있어서는 정음의 위치를 갖는 경우라 할 수 있다. 지금까지 보인 속음의 유형별 예에 의해서 속음의 성격을 열거하면 다음과 같다.

(4) 『홍무정운역훈』의 속음의 성격
　가. 정음에 상대되는 통속음으로서의 속음
　나. 정음의 위치를 잃은 고음으로서의 속음
　다. 일자다음을 표시하기 위한 수단으로서의 속음
　라. 체계적 대역에서 놓친 음성적 대역으로서의 속음

이와 같이 요약되는 속음의 성격은 『사성통고』 범례의 문면(文面)만을 통한 연역적 추리를 통해서는 얻을 수 없는 것이며, 오직 『홍무정운역훈』의 대역 구조 분석을 통한 귀납적 결과에 의해 추출된다는 것을 상기할 필요가 있다. 한편, 『홍무정운역훈』의 본문을 검토하면 정음 외에 속음만 있는 것이 아니라, 우음(又音)이라는 것도 있다. 우음은 속음 표기의 출현 빈도에 비교하면 단지 몇 예에 불과하고 그 내용을 검토하면 (4)에 열거한 속음의 성격에서 벗어나는 것이 아니므로, 속음의 범주에 넣어 함께 처리하는 것이 무방하다.

3.2. 제2조

條文 全濁上去入三聲之字 今漢人所用 初聲與淸聲相近 而各有淸濁之別 獨平聲之字 初聲與次淸相近 然次淸則其聲淸 故音終直低 濁聲則其聲濁 故

되지는 못하였다는 것을 전제할 필요가 있다.

音終稍厲

새 김 전탁의 상성, 거성, 입성의 자(字)는 지금 한인(漢人)이 사용하는 바로는 초성에 있어서는 청성(전청음)과 서로 가까우나, (아직은) 각각 청탁의 분별이 있으며, 오직 평성의 자(字)는 초성에 있어서 차청에 가깝다. 그러나 차청은 그 소리가 맑은 까닭에 음이 결국 곧고 낮으며, 탁성은 그 소리가 흐린 까닭에 그 음이 결국 조금 세다.

제2조의 내용은 북방의 근대 한어에서 전탁음의 소실과 연관된다. 본 범례에 대한 이해를 위해서는 당시 조선 학자들의 전탁음에 대한 개념 파악의 실상이 어떠한 것이었는지 살펴볼 필요가 있다. 전탁음에 대한 기록은 본 범례 외에 다음과 같은 2종의 기술을 대표적인 것으로 들 수 있다.

(5) 전탁음에 대한 기록

가. ㄱ木之成質 ㅋ木之盛長 ㄲ木之老壯…全淸之聲 凝則爲全濁也(훈민정음)

나. 我國語音 其淸濁之辨 中國無異 而於字音獨無濁聲 豈有此理 此淸濁之變也(동국정운 序)

(5-가)는 국어의 각자병서의 음가를 추상적으로 나타낸 것으로서, '노장(老壯)'이란 표현과 '응(凝)'이란 표현이 등가의 관계에 있음을 알 수 있다. 그러므로 (5-가)에 의한 전탁음의 음성적 성질은 '굳고 강하다'(hard, strong)로 요약할 수 있을 것이다.

(5-나)는 국어음에 청탁의 변별이 있으나, 전승 한자음에는 탁음(즉 전탁음)이 없다는 것을 말하고 있다. 15세기 국어의 장애음 계열에서 유성과 무성의 대립은 없었으므로, 『동국정운』에서 파악한 전탁음이 한어 성운학에서 갖는 전탁음 자질인 [+장애성, +유성성]을 나타낸다고는 할 수 없다. 그러므로 당시의 조선의 음운학자들에게 있어서 전탁음이란 것은 국어의 장애음 계열에서 변별적 음운으로 존재하였던 경음을 의미하는

것이라 할 수 있다.[4)]

한어에서 근대음 이후 원래의 전탁음은 몇 개의 방언(吳語, 湘語 등)을 제외하고는 모두 전청음과 차청음으로 변하여 분절음인 성모 자체로서는 변별성을 잃었으나, 원래의 전탁자는 청음으로 변하면서 다음과 같이 일정한 성조류에 해당되어 역사적 원형을 귀납할 수 있다는 것이 특징이다.

(6) 한어에서 전탁음의 변화

가. 북방 관화의 성조의 유래(중고음에서 현대음)

조건	평	상	거	입
전청	음평	상	거	평, 상 거
차탁	양평	상	거	거
전탁	양평	거	거	양평, 거

나. 전탁음의 변화(중고음에서 현대음)

요컨대, 『홍무정운역훈』의 범례 제2조는 당시의 북방 한어에서 변별성을 잃고 성조치에 의해 전청음과 차청음으로 분화한 전탁음에 대한 음성적 해석을 기술한 것이다. 그러나 당시 조선의 학자들은 한어의 전탁음을 국어의 변별적 음운 계열이었던 경음과 동일시하여 이미 변별성을 상실한 한어의 전탁음을 변별적 요소로 파악하려 하였던 상황을 감안한다면, 범례 제2조의 기술은 그 음성적인 정밀성과 현실성에도 불구하고, 음운론적으로는 본질적인 결함을 내포한 기술이라고 할 수밖에 없다.

---

4) 한어에서 전탁음이 유성음이라는 사실로부터 훈민정음의 각자병서가 유성음의 음가를 지닌 것이라는 견해가 몇몇 학자들에 의하여 제기되었지만, 이는 『동국정운』 서문의 내용만을 검토함으로써도 그 타당성을 잃게 된다. 왜냐하면 각자병서가 유성음이라면 15세기 국어의 장애음 계열에서 유성음이 변별적 음운 계열을 이루어야 하기 때문이다.

3.3. 제3조

條 文 凡舌上聲以舌腰點齶 故其聲難 而自歸於正齒 故韻會以知徹澄孃歸照穿牀禪 而中國時音 獨以孃歸泥 且本韻混泥孃而不別 今以知徹澄歸照穿牀 以孃歸泥

새 김 무릇 설상음은 (발음할 때) 혀의 허리를 잇몸에 대므로, 그 소리가 어려워 스스로 정치음에 귀속되었다. 그러므로 운회에서는 (원래 설상음인) 知, 徹, 澄, *孃母*를 (정치음인) 照, 穿, 牀, *禪母*에 귀속시켰는데, 중국의 현재의 음은 (이 중에서) 오직 *孃母*만은 *泥母*에 귀속되고 있으며, 아울러 본운에서도 *泥母*와 *孃母*가 섞여 분별되지 않으므로, 이제 (여기에서는) 知, 徹, *澄母*를 照, 穿, *牀母*에 귀속시키고 *孃母*는 *泥母*에 귀속시킨다.

본 조항의 내용은 『홍무정운』의 31성모 체계의 성립에 대한 통시적 과정과 함께 관련지어 해명되어야 할 대목이다. 『홍무정운』 31성모 체계의 역사적 전후를 보면, 『홍무정운』의 31성모는 『중원음운(中原音韻)』이나 북경어와는 그 계통이 다르지만 남방어인 소주어(蘇州語)와는 상당히 근사하다. 그래서 흔히 『홍무정운』의 성모 계통을 남방계라 하는 것이지만, 오히려 이것은 전통적인 자모(字母) 체계를 유지하려는 노력으로 이해하는 것이 바람직할 것이다.

『홍무정운』의 정치음은 중고음의 설상음 계열(舌上音 系列, 知系), 정치음 설면전음 계열(正齒音 舌面前音 系列, 照系), 정치음 설첨후음 계열(正齒音 舌尖後音 系列, 莊系)의 세 음계로부터 발달한 것으로서, 이들의 합류는 이미 송대(宋代)부터 나타난 현상이었다고 한다(藤堂明保 1957: 167~172). 다만 36자모(송대에 확립된 규범적 자모 체계)를 기준으로 할 때, 조계(照系)와 장계(莊系)의 합류는 36자모의 성립 이전에 이미 일어났으며, 그 이후 지계(知系)의 파찰음화에 의하여 지계(知系)와 조계(照系)의 합류가 있었음을 알 수 있다. 제3조의 범례는 바로 이러한 성모 체계를 반영한 『홍무정운』의 실상을 설명한 것임은 물론이다. 그리고 양모(孃母, 위의 표에서는 娘母에 해당)의 니모(泥母)화는 특히 북방음 계열에서 확인되는 음운 변화이다. 성모에 있어서 남방계로 분류되는 『고금운회거요』가 낭모(娘母)를 유지한 것은 이로써 해명될 것이지만, 『홍무정운』의 이 부분에 있어서는 북방음의 요소로서 이해될 부분이다. 아울러 설상음은 원래 설두음과의 차이에 있어서 설두음의 경구개화음으로 이해되는 것이므로, 범례의 '舌上聲以舌腰點齶'이란 표현은 이러한 조음상의 차이를 나타낸 것이다.

3.4. 제4조

條 文 脣輕聲非敷二母之字 本韻及蒙古韻混而一之 且中國時音亦無別 今以敷歸非

새 김 순경음인 非母, 敷母는 본운(홍무정운)과 몽고운에서 변별시키지 않았으며, 또 지금의 중국음에서도 역시 변별되지 않으므로, 이제 敷母를 非母에 귀속시킨다.

이 조항 역시 제3조와 마찬가지로 『홍무정운』의 성류 체계의 역사적 성립과 관련된다. 이것은 근대음 이후 한어의 순경음에서 전청음(非母)과 차청음(敷母)의 변별이 소멸된 것이 『홍무정운』에 반영된 것을 나타낸 것이다. 즉 『홍무정운』의 성모 체계에서 순치유기마찰음(f^h)이 순치마찰음(f)에 통합되어 처리된 것을 말하는 것이다. 이러한 변화를 수용한 최초의 운서로서는 본 조항에 언급된 바와 같이 '몽고운(蒙古韻)'이었을 것으로 생각되며, 몽고운은 원대의 『몽고운략(蒙古韻略)』을 지칭하는 것으로 추정된다. 『몽고운략』은 서명만 전할 뿐이므로 그 정확한 음계는 알 수 없으나 『고금운회거요』와 함께 조선의 학자들이 많이 참조하였던 운서였던 것으로 생각된다.

3.5. 제5조

條文 凡齒音 齒頭則擧舌點齒 故其聲淺 整齒則卷舌點齶 故其聲深 我國齒聲 ㅅㅈㅊ在齒頭整齒之間 於訓民正音 無齒頭整齒之別 今以齒頭爲ᄼᅎᅔ 以整齒爲ᄾᅐᅕ 以別之

새 김 무릇 치음에 있어서 치두음은 혀를 들어 윗니에 대므로 그 소리가 얕고, 정치음은 혀를 말아서 잇몸에 대므로 그 소리가 깊다. 우리나라의 치음인 'ㅅㅈㅊ'은 치두음과 정치음의 사이에서 나는 음이므로, 훈민정음에 있어서는 치두음과 정치음의 분별이 없다. 이제 (홍무정운을 역훈함에 있어서) 치두음에는 ᄼᅎᅔ를 이용하고, 정치음에는 ᄾᅐᅕ를 사용하여 분별한다.

여기의 내용은 한어(漢語)의 치두음과 정치음에 대한 조음적 및 음향적 해석과 함께 『홍무정운』을 역훈함에 있어서, 우리 국어에 없는 치두음과 정치음의 표기를 위해 기존의 문자를 변형시켜 사용한 사실을 밝힌 것이다. 소리의 심천(深淺)에 대한 개념은 『훈민정음』에서 특히 중성에 대한 다음과 같은 설명에서 그 요점을 파악할 수 있다.

(7) ・ 舌縮而聲深
　 ㅡ 舌小縮而聲不深不淺

ㅣ 舌不縮而聲淺

성(聲)의 심천(深淺)은 혀의 수축도와 비례 관계에 있으므로, 조음점의 구강 내 위치와 관련된다. 본 조항의 범례에서도 치두음보다 정치음의 조음점이 구강의 안쪽에 있으므로, 성천(聲淺) 대 성심(聲深)의 관계로 기술한 것이라 할 수 있다. 그러나 이러한 심천(深淺)의 개념은 절대치로서가 아니라, 어느 일정한 음의 부류를 기준으로 상대적인 가치를 갖는 것이다. 즉, (7)에 기술된 바와 마찬가지로 경구개모음인 'ㅣ'가 성천(聲淺)으로 정의된 것은 '·'와 'ㅡ'의 관련에서만이 의미를 갖는 것이며, 'ㅣ'와 조음 위치가 비슷한 경구개자음의 정치음이 성심(聲深)으로 정의된 것은 단지 치두음과의 관련에서만 그 의미를 갖기 때문이다.

본 범례에서는 훈민정음의 치음(ㅅ, ㅈ, ㅊ)을 한어의 치두음과 정치음 사이에서 조음되는 것이라고 하였다. 그러므로 범례의 이러한 기술을 그대로 받아들여 조음 위치에 있어서 한어의 치두음을 치음(또는 치간음, dental)이라 하고, 정치음을 경구개음(palatal)이라고 한다면, 훈민정음의 치음은 치경음(alveolar) 정도로 조음 위치를 지정할 수 있을 것이다.

3.6. 제6조

條 文 本韻 疑喩母諸字多相雜 今於逐字下 從古韻 喩則只書ㅇ母 疑則只書ㆁ母 以別之

새 김 본운(홍무정운)에서 疑母와 喩母의 여러 자(字)는 서로 섞이는 것이 많다. 이제 해당 자(字)의 아래에 (전통적인) 옛 운(韻)을 좇아서 喩母인 경우는 단지 ㅇ母라 쓰고, 疑母인 경우는 단지 ㆁ母라 써서 분별시킨다.

이것은 흔히 『홍무정운역훈』의 ‘고운주기(古韻注記)’라고 알려져 있는 대목이다. 그러나 『홍무정운역훈』의 본문을 검토하면, 본 조항에 의한 내용으로서는 짐작하기 어려운 고운주기도 있음을 알 수 있다. 이제 유형별 고운주기의 실례를 보이면 다음과 같다.

(8) 고운주기의 실례

	자모	표음	운목자	반절	해당자	고운주기
가.	喩	이	異	以智	義	古韻ㆁ母
나.	疑	원	月	魚厥	悅	古韻ㅇ母
다.	影	휘	猥	烏賄	薦	古韻ㅇ母
라.	喩	엽	葉	弋涉	浥	古韻ㆆ母

(8-가, 나)의 예는 바로 범례의 내용이 지시하는 바와 일치하는 고운주기(古韻注記)라 할 수 있으나, (8-다, 라)는 그렇지 않은 경우이다. 즉, (8-다)는 정음(正音)이 영모(影母)인 자에 고운주기가 되어 있으며, (8-라)는 고운주기가 의모(疑母)나 유모(喩母)가 아닌 영모(影母)로 되어 있다. (8-라)와 같은 경우는 결본인 권1, 권2를 제외한 현존 『홍무정운역훈』의 전체에서 유일한 예이나, 전체 고운주기가 11회에 불과한 점을 감안하면 희소한 예라고 할 수는 없다. 한편, 고운주기가 예상되는 곳에 다음과 같은 속음주기로 되어 있는 경우도 있다.

(9) 속음주기

	운목	자모	정음	해당자	반절	속음
가.	七陌	疑	웍	域	越逼	잉
나.	七陌	喩	익	逆	宜戟	잉

『광운』에서 ‘域’은 유모(喩母)이고, ‘逆’은 의모(疑母)이므로 (9)의 속음

주기 대신 고운주기로 나타낼 수도 있었을 것이다.[5] 이것은 앞의 속음의 성격에서 언급한 바와 같이, 고운과 속음이 개념에 있어서 부분적으로 합치하는 경우이거나, 또는 '逆'의 경우 현대 한어음이 [ni]이므로 당시에 잔존하는 고음에 의하여 속음으로 나타낸 것이라고 할 수도 있다. 그러나 본 범례의 내용과 일치하지 않는 고운주기도 있는 점을 감안하면, 고운주기에 대한 범례 역시 속음에 대한 범례와 마찬가지로 개략적인 기술을 하고 있음을 알 수 있다.

3.7. 제7조

條 文 大抵本國之音輕而淺 中國之音重而深 今訓民正音出於本國之音 若用於漢音 則必變而通乃得無碍 如中聲ㅏㅑㅓㅕ張口之字 則初聲所發之口不變 ㅗㅛㅜㅠ縮口之字 則初聲所發舌不變 故中聲爲ㅏ之字則讀如ㅏ·之間 爲ㅑ之字則讀如ㅑ·之間 ㅓ則ㅓㅡ之間 ㅕ則ㅕㅡ之間 ㅗ則ㅗ·之間 ㅛ則ㅛ·之間 ㅜ則ㅜㅡ之間 ㅠ則ㅠㅡ之間 ·則·ㅡ之間 ㅡ則ㅡ·之間 ㅣ則ㅣㅡ之間 然後庶合中國之音矣 中聲變者 逐韻同中聲首字之下論釋之

새 김 무릇 본국의 음은 가볍고 얕으나, 중국의 음은 무겁고 깊다. 지금의 훈민정음은 본국의 음에서 나온 것이므로, 만약 중국의 음에 사용하고자 한다면 반드시 변화시켜서 통해야 이에 막힘이 없을 것이다. 중성 ㅏ ㅑ ㅓ ㅕ 장구(張口)의 자(字)와 같은 것은 처음 소리를 낼 때의 입이 변하지 않고, ㅗ ㅛ ㅜ ㅠ 축구(縮口)의 자(字)와 같은 것은 처음 소리를 낼 때의 혀가 변하지 않는다. 그렇기 때문에 중성에 있어서 ㅏ는 ㅏ·의 사이, ㅑ는 ㅑ·의 사이, ㅓ는 ㅓㅡ의 사이, ㅕ는 ㅕㅡ의 사이, ㅗ는 ㅗ·의

5) 종성의 속음에 대해서는 제7 맥운(陌韻)의 운목자 '陌'의 속음주기에 '俗音 韻內諸字終聲同'이라 하여 일률적으로 처리되므로 문제될 것이 없다.

사이, ㅛ는 ㅛㆍ의 사이, ㅜ는 ㅜㅡ의 사이, ㅠ는 ㅠㅡ의 사이, ㆍ는 ㆍㅡ의 사이, ㅡ는 ㅡㆍ의 사이, ㅣ는 ㅣㅡ의 사이처럼 읽어야 거의 중국의 음에 합하게 될 것이다. 지금 중성이 변해야 될 것은 같은 운의 머리 자(字)의 아래에 (이와 같은 내용을) 주석한다.

『홍무정운역훈』의 본문에서는 지극히 선별적인 운목에 한하여 본 범례의 내용을 기초로 개별 중성에 대한 발음주석이 있는데 그 실태는 다음과 같다.

(10) 발음주석의 실제

가. 아: 韻內中聲ㅏ音諸字其聲稍深宜ㅏㆍ之間讀之唯脣音正齒音以ㅏ呼之韻中諸字中聲同(해당 운목: 6皆, 10刪, 13爻, 17陽, 21覃)

나. 어: 韻內諸字中聲若直讀以ㅓ則不合於時音特以口不變而讀如ㅓㅡ之間故其聲近於ㅗㅓ之字亦同(해당 운목: 14歌)

다. 여: 韻內諸字中聲若直讀以ㅕ則不合時音特以口不變故讀如ㅕㅡ之間(해당 운목: 12蕭)

이와 같이 발음주석은 '아, 어, 여'의 세 중성에만 한정되어 있다. 특히 『홍무정운역훈』에서 '아'가 포함된 운목은 06개(皆), 10산(刪), 13효(爻), 15마(麻), 17양(陽), 21담(覃) 운으로 모두 여섯 운목인데, (10-가)처럼 제15 마운(麻韻)은 주석이 되어 있지 않고, '어'가 포함된 운목은 09한(寒), 14가(歌) 운인데 제9 한운(寒韻)에는 역시 발음주석이 없으며, '여'가 포함된 운목은 03제(齊), 11선(先), 12소(蕭), 16차(遮), 22염(鹽) 운의 다섯이지만 오직 제12 소운(蕭韻)에만 주석되어 있다. 이러한 사실에서 왜 범례에 보인 모든 중성에 발음주석이 나타나지 않고, 또 '아, 야, 어'에 대한 발음주석에서도 해당 중성의 모든 운목에 나타나지 않는가 하는 의문이 제기되는 것이다. 그러나 범례의 마지막 구절 '今中聲變者逐韻同中聲首字之下

論釋之'를 감안하면 (10)에 해당하는 중성은 '중성변자(中聲變者)'에 해당한다고 할 수 있으므로, 선별에 있어서 일정한 기준이 있었음을 짐작하게 한다. (10)에 보인 바와 같은 선별적 주석과 그 내용이 주는 암시성은 스스로 해결의 방안을 함축하고 있다. 세 항목에 걸쳐서 제시한 의문점은 각 중성의 음가와 관련된 해명을 요구한다고 할 수 있다. 이제 (10)에 보인『홍무정운역훈』의 주석을 바탕으로 '아, 어, 여'의 발음주석에 대해 차례로 살펴보기로 하겠다.

'아'에 대한 발음주석은 전술한 바와 같이 06개(皆), 10산(刪), 13효(爻), 17양(陽), 21담(覃) 운의 다섯 운목에 주기되어 있으며, 대역에 '아' 중성이 포함된 제15 마운(麻韻)에는 발음주석이 없다. 그리고 '아'에 대한 발음주석에서 순음과 정치음이 제외된 점에서도 해명의 실마리를 얻을 수 있다. 제6 개운(皆韻)의 발음주석은 중성 '아'에 대한 것이며, 평성, 상성, 거성의 'ㅐ' 대역의 첫 자에 다음처럼 주기되어 있다.

(11) 제6 개운(皆韻)의 발음주석
<平> 채 差: (10-가)와 같은 내용
<上> 배 罷: 〃
<去> 태 泰: 〃

'아'에 대한 발음주석에서 순음과 정치음이 제외되었다. 그런데『홍무정운역훈』의 일람을 보면 'ㅐ' 대역에서 오직 순음과 정치음만이 2등운임을 알 수 있다. 제6 개운(皆韻)은 1등운과 2등운의 두 계통이 합류된 운이지만, 아음과 후음의 2등자에서 개모 j가 생긴 것을 보더라도 1등과 2등운의 사이에는 음성적인 차이가 아직 있었던 것으로 생각된다. 제6 개운(皆韻)의 각 성모별 등운과 대역 관계를 개구자를 대상으로 정리하면 다음과 같다.

(12) 제6 개운(皆韻)의 성모별 대역 중성
가. 개1등: 모든 성모 → ㅐ
나. 개2등: 아음, 후음 → ㅒ
순음, 정치음 → ㅐ

제6 개운(皆韻)의 2등자는 성모가 아음, 후음, 순음, 정치음으로 나뉜다. 이 가운데서 아음과 후음은 운모가 'ㅒ'이므로 발음주석과 관계가 없고, 발음주석과 관련이 있는 자는 개1등에 속하는 모든 자와 개2등에 속하는 순음과 정치음이 될 것인데, 순음과 정치음은 제외시키고 있으므로, 결국 'ㅐ' 대역 자에서 1등운만 해당된다. 이것은 'ㅐ' 대역에서도 1등과 2등운의 구별을 하고 있다고 볼 수 있다. 한어의 중고음에서 1등과 2등의 구별은 전설과 후설의 차이가 기준이 되는 것이라고 할 때, 저모음에서는 다음과 같은 관계가 성립될 것이다.

(13) 1등운과 2등운의 음가
가. 1등운 [ɑ]: 후설 모음
나. 2등운 [a]: 전설 모음

한어 중고음을 반영한 『광운』에서는 이러한 전설과 후설의 차이로 분운되었던 것들이 차츰 1등운과 2등운의 합류로 『홍무정운』에서는 통합된 결과를 가져오게 되었다. 그러나 1등운과 2등운의 음운적 차이는 없어졌더라도 어느 정도의 음성적 차이는 존재했다고 보여지는데, 이 차이가 발음주석을 통해 표현되었다고 할 수 있다. 결국 1등운과 2등운의 합류는 1등운의 전설음화가 주된 요인이므로 다음과 같은 대역 관계가 상정된다.

(14) 대역 관계

홍무정운		홍무정운역훈
皆解泰 1等 [Ai]	→	ㅐ(深)

2等 [ai] → ㅐ(淺)

즉 [A]와 [a]의 두 경우를 『홍무정운역훈』에서는 모두 'ㅏ'로 대역하였는데, 2등운의 경우는 15세기 훈민정음의 'ㅏ'와 음가가 같으므로 문제될 것이 없으나, 1등운의 경우는 한어음이 좀 더 깊은 소리이므로, 'ㅏ'를 그대로 읽지 말고 'ㅏ·之間'의 깊은 소리로 발음할 것을 요구했다고 할 수 있다. 이것은 역으로 훈민정음의 'ㅏ'가 전설적인 음가였음을 알게 해주는 실증적 근거가 된다.

(15) 대역 중성 'ㅏ'의 음가
가. 전설(淺) ← 중설 → 후설(深)
a ← A → ɑ
나. 15세기 국어의 'ㅏ' [a]
다. 현대 국어의 'ㅏ' [A~ɑ]

제6 개운(皆韻)의 발음주석에 대한 해명의 논리는 기타 운목의 '아' 발음주석에도 그대로 적용된다. '아' 발음주석이 있는 각 운목과 '아' 대역 중성이 있는 제15 마운(麻韻)의 성모별 등운을 보이면 다음과 같다.

(16)

운목	운부 대역	순음, 정치음	기타 성모
6皆	애	개2등	개1등
10刪	안, 앋	〃	〃
13爻[6]	앟	〃	〃
17陽	앙, 악	〃	〃
21覃	암, 압	〃	〃
15麻	아	〃	개2등

6) 제13 효운(爻韻)의 거성에는 발음주석이 없으나 단순한 누락으로 생각된다.

이와 같이 제15 마운(麻韻)은 모든 해당 자가 개2등에 속하여 다른 운목과 구조적 차이가 있음을 알 수 있다. 그러므로 제15 마운(麻韻)에만 발음주석이 없는 것도 이로써 그 이유가 명백해졌다고 할 것이다. 즉 제15 마운(麻韻)은 '아' 대역 자가 모두 2등운으로서, 원래부터 전설적인 [a]이기 때문에 훈민정음의 '아'와 음가에 있어서 거의 차이가 없었을 것이므로, 발음주석이 필요 없었을 것임은 당연하다는 것이다.

중성 'ㅓ'에 대한 발음주석은 제14 가운(歌韻)의 한 운목에만 있다. 성조를 달리하면 다음처럼 세 운목이 된다.

(17) 중성 'ㅓ'에 대한 발음주석 운목
가. <평> 거 歌: (10-나)와 같은 내용
나. <상> 거 哿: 〃
다. <거> 거 箇: 〃

『홍무정운』에 대한 대역 중성 'ㅓ'가 포함된 운목은 『홍무정운역훈』에서 제9 한(寒韻)과 제14 가운(歌韻)의 두 운목인데, 제9 한운(寒韻)에는 발음주석이 없다. 이로써만 추측하더라도 제9 한운(寒韻)에서는 『홍무정운』의 핵모와 이에 대한 훈민정음의 대역 'ㅓ'의 음가 사이에 음성적인 차이가 별로 없었다고 볼 수 있으며, 제14 가운(歌韻)에서는 이들 사이에 묵과할 수 없는 음성적 차이가 존재했음을 짐작할 수 있다. 그러므로 제9 한운(寒韻)과 제14 가운(歌韻)의 음성적 차이를 살펴보는 것이 '어'에 대한 발음주석의 실상을 파악하는 길이 될 것이다. 제9 한운(寒韻)과 제14 가운(歌韻)의 역사적인 음가의 변화는 다음과 같다.

(18) 한운(寒韻)과 가운(歌韻)의 음가 변화 추이

광운		홍무정운		중원음운		현대음
寒(牙, 喉)[ɑn]	→	9寒 /ɐn/	→	寒山 [an]	→	/an/

桓	[uɑn]	→	〃 /uɐn/	→	桓歡 [uœn]	→	/uan/
寒(舌, 齒)	[ɑn]	→	10刪 /an/	→	寒山 [an]	→	/an/
歌	[ɑ]	→	14歌 /ɐ/	→	歌戈 [o]	→	/ə/
戈	[uɑ]	→	〃 /uɐ/	→	〃 [uo]	→	/uə/[uo]

『홍무정운』에서 제9 한운(寒韻)과 제14 가운(歌韻)의 핵모는 동일한 기저형 /ɐ/로 추정되어 음운적 차이는 없지만, 제9 한운(寒韻)은 근대음 이후 전설저모음화를 거친 반면에, 제14 가운(歌韻)은 중모음화의 과정을 거쳐서 서로 상반된 음운 변화를 겪고 있음을 알 수 있다. 『홍무정운역훈』이 편찬된 15세기는 『중원음운』(1324)보다 후대에 속하므로, 『홍무정운역훈』의 편찬자들에게 제9 한운(寒韻)과 제14 가운(歌韻)은 핵모에 있어서 상당한 음성적 차이로 인식되었을 것임은 의심할 수 없는 일이다. 제14 가운(歌韻)의 속음에서도 알 수 있듯이, 제14 가운(歌韻)의 핵모는 음성적으로 [ɐ～ɔ]에 가까웠을 것으로 생각되는데, 『중원음운』의 추정음에서도 이 점은 뒷받침된다.

그러나 체계적이고 변별적인 운모 전개의 필요에서 『홍무정운역훈』에서는 대역 핵모 'ㅓ'가 음운적으로 선택된 것이며, 여기에서 생기는 음성적 미비점을 속음과 발음주석을 통해서 보완했다고 할 것이다. 반면에 제9 한운(寒韻)은 '중설 → 전설'의 음운 변화를 겪고 있으므로, [ɛ～ə]의 음가 영역을 갖는 훈민정음의 '어'와는 비교적 유사한 음가였다고 생각된다.

한편, 발음주석의 내용에는 '特以口不變', '其聲近於ㅗ', 'ㅝ之字亦同'이란 표현이 있는데, 이들에 대해 알아보기로 하겠다. 『훈민정음』 제자해의 중성에 대한 설명에서 '구(口)'와 관련된 설명을 들면 다음과 같다.

(19) 훈민정음 제자해에서

가. ㅗ與・同而口蹙 ㅏ與・同而口張

나. ㅜ與ㅡ同而口蹙 ㅓ與ㅡ同而口張

여기에서 'ㅁ'에 관련된 자질은 원순성(round)이라 할 수 있을 것이다. 제14 가운(歌韻)의 현대음은 개구호인 경우 비원순모음인 [ə]이지만, 촬구호인 경우에는 개모 u의 영향으로 [uo]로 실현된다. 『중원음운』의 추정음도 비록 [o]로 되어 있으나 원순성이 변별적 역할을 하지는 않았으므로, 『홍무정운』에서 제14 가운(歌韻)의 핵모는 변별적인 측면에서는 [-원순성]으로 분류되어야 적절하다.

훈민정음의 'ㅗ'는 [+원순성]이므로, 'ㅗ'에서 [+원순성] 자질을 제거하면 발음주석에서 의도하는 'ㅓ'의 후설적 변이음으로 적당했으리라 생각된다. 이렇게 되면 '特以口不變'은 'ㅓ'의 [-원순성]을 그대로 유지하면서, 다만 약간 후설적인 발음을 지시한 것으로 이해하게 된다.

'ㅝ之字亦同'이란 표현은 『사성통해』의 금속음(今俗音) 주석으로부터 직접적인 해명의 단서를 얻을 수 있다. 즉 『사성통해』의 금속음은 'ㅓ'에 대한 금속음 'ㅗ'와 마찬가지로 합구호 'ㅝ'에 대해서도 일률적으로 'ㅗ'로 금속음을 주기하였다. 이것은 제14 가운(歌韻)의 합구음이 단모음에 가까운 음가로 인식되었음을 말하는 것이므로, 'ㅝ'는 'ㅓ'와 동일하게 발음주석의 적용을 받게 한 것이라 할 수 있다. 혹자는 'ㅝ'의 'ㅓ'에 해당하는 내용이라고 할 수도 있으나, 『홍무정운역훈』의 발음주석에서는 개모와 핵모의 결합을 하나의 단위로 취급하기 때문에 'ㅝ之字亦同'은 'ㅝ' 전체에 해당한다.

『홍무정운역훈』에서 중성 'ㅕ'에 대한 발음주석은 다음과 같이 제12 소운(蕭韻)에만 나타난다.

(20) 중성 'ㅕ'에 대한 발음주석 운목

가. <평> 셯 蕭: (10-다)와 같은 내용

나. <상> 셯 篠: 〃

다. <거> 셯 嘯: 〃

'ㅕ'에 대한 발음주석의 해명은 'ㅕ' 중성이 대역에 포함된 다른 운목과의 비교에서 그 실상을 얻을 수 있을 것이다. 대역에 'ㅕ'가 포함된 운목은 다음처럼 모두 다섯이며, 이들 운의 기저형과 함께 개모 및 운미에 의한 변이음을 보이면 다음과 같다.

(21) 대역 중성 'ㅕ'가 포함된 운목의 음가

운목	제치호	기저형	변이형
03齊	예	/iɐi/	[iɛi]
11先	연	/iɐn/	[iɛn]
12蕭	յ	/iɐu/	[iɐu]
16遮	여	/iɐ/	[iɛ]
22鹽	염	/iɐm/	[iɛm]

변이음은 현대음의 변이 양상에 의거하여 『홍무정운』의 경우를 설정한 것인데, 제12 소운(蕭韻)의 핵모는 후설 운미 -u에 의하여 전설모음화 변이를 겪지 않고 있음을 보인 것이다. 15세기 국어의 모음 체계는 현대 국어와는 달리 전설모음 [e]나 [æ]가 존재하지 않지만, '어'나 '아' 모음은 15세기 국어에서 중설에서 전설에 걸치는 음가 영역을 가졌다고 추정할 수 있다.

이것은 현대 한어의 기저 중모음과 저모음이 전설이나 후설의 변이음을 갖는 것과 마찬가지로 이해되지만, 15세기 국어는 '우, 오, ᄋᆞ'와 같은 후설계 모음을 갖고 있으므로, '어, 아'는 전설적 음가로의 변이만이 가능하다고 할 수 있다. 그러므로 'ㅕ'의 음가는 현실적으로 [iə]나 [iɐ]보다는 [iɛ]에 좀 더 가까웠다고 생각되며, 발음주석이 제12 소운(蕭韻)에만 있는 것은 이것을 뒷받침하는 것이다.

요컨대 발음주석의 요체는 심천(深淺)의 차이로부터 해명된다. 모음 전체의 상대적 음향감에서 '심'은 후설저모음을 지향하며, '천'은 전설고모음을 지향하는 것이므로, '여'에 대한 발음주석도 이 맥락에서 이해할 수 있는 것이다.

3.8. 제8조

條 文 入聲諸韻終聲 今南音傷於太白 北音流於緩弛 蒙古韻亦因北音 故不用終聲 黃公紹韻會 入聲如而質韻颶卒等字 屬屋韻匊字母 以合韻閤榼等字屬葛韻葛字母之類 牙舌脣之音混而不別 是亦不用終聲也 平上去入四聲 雖有淸濁緩急之異 而其有終聲則固未嘗不同 況入聲之所以爲入聲者 以其牙舌脣之全淸 爲終聲而促急也 其尤不可不用終聲也 明矣 本韻之作併同析異 而入聲諸韻牙舌脣終聲 皆別而不雜 今以ㄱㄷㅂ爲終聲 然直呼以ㄱㄷㅂ則又似所謂南音 但微用而急終之不至太白可也 且今俗音雖不用終聲 而不至如平上去之緩弛 故俗音終聲 於諸韻用喉音全淸ㆆ 藥韻用脣輕全淸ㅸ以別之

새 김 입성인 모든 운(韻)의 종성은 지금 (중국의) 남방음은 너무 분명함에 치우치고, 북방음은 너무 느슨하여 좋지 않다. 몽고운 역시 북방음에 따랐으므로 종성을 쓰지 않았으며, 황공소의 운회(古今韻會)에서도 질운(質韻)의 '颶, 卒' 등의 자(字)는 옥운(屋韻)의 匊字母에 속해 있고, 합운(合韻)의 '閤, 榼' 등의 자(字)는 갈운(葛韻)의 葛字母에 속해 있다. 그러므로 이와 같은 부류에 있어서는 (종성에 있어서) 아음, 설음, 순음이 섞여 구별되지 않았으니, 이것 또한 종성을 사용하지 않은 것이다. 평, 상, 거, 입의 사성에 있어서는 비록 청탁과 완급의 달라짐이 있으나, 종성에 있어서는 일찍부터 한결같지 아니함이 없었으며, 하물며 입성이 입성되는 까닭은 아음, 설음, 순음의 전청음이 종성이 되어 (소리가) 촉급하게 되는 데에 있는 것이므로, 그 더욱 종성을 쓰지 않을 수 없는 것이 명백하다. 본운(本韻)을 지음에 있어서도 같은 것을 아우르고 다른 것을 가르니, 입성의 제운(諸韻)에 있어서도 아음, 설음, 순음의 종성은 모두 구별하여 섞지 않았다. 이제 'ㄱ, ㄷ, ㅂ'의 소리로써 종성을 삼음에 있어서, 곧바로 'ㄱ, ㄷ, ㅂ'을 그대로 발음하게 되면 이른바 남방음에 가깝게 되니, 단지 미미하게 소리를 내어 급히 마치되, 지나치게 명백함에 이르지는 않아야 옳은 것이다. 또 지금의 속음에 있어서는 비록 종성을 사용하지 않으나, 평, 상, 거성의 소리가 늘어짐과 같은 정도에는 아직 이르지 않았으므로, (입성인) 속음의 종성에 있어서는 모든 운(韻)에 후음의 전청자인 'ㆆ'을 사용하고, 약운(藥韻)에 있어서만은 순경음의 전청자인 'ㅸ'을 사용하여 구별하였다.

한어의 입성운미는 북방음에서 근대 이후 거의 탈락된다. 『사성통해』에서는 『홍무정운역훈』과는 달리 이미 종성이 탈락된 형태로 입성의 독음을 설정하였고 『홍무정운역훈』의 속음은 입성운미 소실 과정의 중간 단계를 지적하고 있다는 측면에서 주목된다. 본 조항의 범례는 이에 대한 당시 한어의 어음 상황을 비교적 상세히 기술한 것이라 할 수 있다. 입성운미에 대한 속음 주기는 입성 운목 제6 약운(藥韻)을 제외한 제1 옥운(屋韻)에서 제10 엽운(葉韻)까지의 첫 운목자에 주기하면서 '韻內諸字終聲同'이라 하여 일률적으로 처리하였다.

한어의 북방음에서 입성운미의 소실이라는 음운 변화는 다음에 보는 바와 같이 변별 자질의 순차적 탈락에 의하여 진행되었다는 점에서 『홍무정운역훈』과 『사성통해』의 표음 차이에 시간적 요소가 개입되어 있음을 알기에 족하다. 입성운미의 소실 과정은 다음처럼 진행된 것이다.

(22) 입성운미의 소실 과정
가. ㄱ/[k] → ㆆ/[ʔ] → ø (zero)
나. ㄷ/[t] → ㆆ/[ʔ] → ø (zero)
다. ㅂ/[p] → ㆆ/[ʔ] → ø (zero)

입성운미의 소실 과정은 (22)의 변화 과정에서 알 수 있는 바와 같이 중간 단계인 후두 파열음의 단계를 거쳐서 탈락하였다. 그러므로 『사성통해』는 마지막 단계를 기준으로 한 반면에, 『홍무정운역훈』의 중간 단계를 기준으로 한 것이다.

한편, 입성운미는 일반적으로 중화적 약화에 이어 영(zero)으로 탈락하는 것이지만, 약운(藥韻)에 있어서는 대개의 입성운미가 근대음 이후 음운미 [-u]로 변화하였다. 그러므로 속음 종성 '-ㆆ'과 '-ㅸ'의 차이는 이러한 변화의 차이를 각각 반영한 것이다. 그런데 『홍무정운역훈』에서 음운미 [-u]의 정음 표음에는 제12 소운(蕭韻), 제13 효운(爻韻), 제19 우운(尤韻)에서와 같이 '-ㅱ'을 사용하였다.[7] 그럼에도 불구하고 같은 음가를 지정한 약운(藥韻)의 속음 종성의 표음에 'ㅱ'을 사용하지 않고 굳이 'ㅸ'을 사용한 것은 원래의 정음이 입성운으로서 전청음 계열에 속하기 때문에 속음 종성의 표음에 있어서도 전청음으로 분류되는 'ㅸ'을 사용한 것이다. 이렇게 함으로써 'ㄱ, ㄷ, ㅂ' 및 'ㆆ'과 함께 종성에 있어서 전청음 계열의 일관성을 유지할 수 있기 때문이다. 그러므로 『홍무정운역훈』에서 종성 표기에 쓰인 'ㅱ'과 'ㅸ'는 그 음성적 가치에 있어서 다름이 있다고 할 수 없다.

3.9. 제9조

條文 凡字音 必有終聲 如平聲支齊魚模皆灰等韻之字 當以喉音ㅇ爲終聲

7) 음운미 [-u]의 표음에 'ㅜ'를 쓰지 못한 것은 순전히 국어의 자모 연결에 있어서 나타나는 음절구조의 제약에 의한 까닭이며, 'ㅱ'이 [u]나 반모음 [w]의 음가에 해당하는 것은 아니기 때문에 이러한 표음은 궁여지책의 방법이다. 'ㅱ'은 '양순마찰비음'으로 정의되며 국제음성기호에 이에 해당하는 기호는 마련되어 있지 않다.

而今不爾者 以其非如牙舌脣終之爲明白 且雖不以ㅇ補之 而自成音爾 上去諸韻同

새 김 무릇 자음(字音)에 있어서는 반드시 종성이 있어야 하므로 평성의 支, 齊, 魚, 模, 皆, 灰韻 등의 자(字)와 같은 것은 마땅히 후음 'ㅇ'로써 종성을 삼아야 한다. 그러나 여기서 그렇게 하지 않은 것은 이와 같은 운들의 종성이 (입성의) 아음, 설음, 순음으로 끝나는 종성의 명백함과 같지 않고, 또 비록 'ㅇ'로써 종성을 삼지 않더라도 스스로 하나의 소리를 이룰 수 있기 때문이다. 상성과 거성의 경우에 있어서도 이 점은 마찬가지이다.

훈민정음이 음소 문자이면서도 초, 중, 종성이라는 음절내 구조의 설정을 국어의 분석에 적용한 것은 주로 한어의 구조분석에 필요한 성운학의 영향으로 해석되어야 할 것이지만, 하나의 음절을 성운학에서와 같이 성(聲)과 운(韻)으로 이분하지 않고, 초성, 중성, 종성으로 삼분한 것은 국어의 음절 구조에 대한 주체적 인식이 있었기 때문이다. 15세기 표기법에서 후음 'ㅇ'의 종성 표기에 관련될 수 있는 것은 『훈민정음』에서 종성에 관련된 다음과 같은 몇 가지 대목을 들 수 있다.

(23) 종성에 관련된 훈민정음의 기술
  가. 終聲復用初聲
  나. 所以ㆁㄴㅁㅇㄹㅿ六字爲平上去聲之終
  다. 然ㄱㆁㄷㄴㅂㅁㅅㄹ八字可足用也
  라. 且ㅇ聲淡而虛不必用於終而中聲可得成音也

여기서 후음 'ㅇ'를 종성에 받치어 적을 수 있는 근거는 (23-가, 나)에 의해 표명되어 있다. 그러나 (23-다, 라)에 의하면 종성으로서의 'ㅇ'은 현실적으로 무음가이므로 굳이 받치어 적을 필요가 없음을 밝힌 것이다. 15세기의 문헌에서 'ㅇ'를 종성으로 사용한 경우는 『동국정운』의 규범과 관련된 한자의 표음에 국한된다. 그러나 『동국정운』의 규범음을 표기하면서도 종성에 ‘ㅇ’을 받치어 적은 경우와 그렇지 않은 경우가 있으니, 다음과 같은 『월인천강지곡』과 『월인석보』의 표기이다(방점은 생략).

(24) 한자의 종성 표기
가. 『월인천강지곡』에서
워ᇙ月 ᅙᅵᆫ印 쳔千 강江 지之 콕曲 썅上
끠其 ᅙᅵᇙ一
나. 『월인석보』에서
月워ᇙ 印ᅙᅵᆫ 千쳔 江강 之징 曲콕 第뗑 一ᅙᅵᇙ
釋셕 譜봉 詳썅 節져ᇙ 第뗑 一ᅙᅵᇙ
其끵 一ᅙᅵᇙ

이러한 차이의 근본적인 이유를 추정하면, (24-가)는 ‘주-훈민정음, 종-한자’인 반면에, (24-나)는 ‘주-한자, 종-훈민정음’에 그 까닭이 있다고 생각된다. 『동국정운』에서 훈민정음으로 먼저 표음을 하고 그 아래에 한자를 열거한 것은 ‘주-훈민정음, 종-한자’와 같은 방법이지만, 종성에 ‘ㅇ’을 사용한 것은 (24-나)와 같은 문헌에 표음의 규범을 제시할 필요에서 택한 표음법이라고 한다면, ‘주-훈민정음, 종-한자’와 같은 표음 방법을 택한 『홍무정운역훈』은 (24-나)와 같은 표음적 규범성이 요구되지 않으므로, 현실적인 국어 표기에 준하여 종성 ‘ㅇ’을 받치지 않은 (24-가)와 같은 표음 방법을 택하였다고 생각된다.

3.10. 제10조

條文 凡字音 四聲以點別之 平聲則無點 上聲則二點 去聲則一點 入聲則

亦一點

새 김 무릇 자음(字音)의 사성은 방점으로써 구분한다. 평성은 점이 없고, 상성은 두 점, 거성은 한 점을 찍으며, 입성 역시 한 점을 찍는다.

사성을 방점으로 구분하여 표기한 것은 초분절음소에 대한 문자화라는 점에서 문자 체계로서의 훈민정음의 엄밀성을 보여주는 것이다. 『훈민정음』에 밝힌 다음과 같은 방점 규정은 본 조항의 내용과 유사하지만 본질적인 차이가 있다.

(25) 左加一點則去聲 二則上聲 無則平聲 入聲加點同而促急

(25)는 국어의 성조에 대한 표기 규정으로서, 입성에 대한 처리에서 표기의 불일치가 나타난다. 즉 국어에서는 종성의 표면음이 [-k, -t, -p]이면 입성이 되는 것이므로, 이러한 입성에 다시 고저의 성조로서 평성, 상성, 거성에 해당하는 방점이 찍히게 되는 반면에, 『홍무정운역훈』을 위한 본 조항의 방점 규정은 입성자에 대해서 일률적으로 한 점을 찍도록 규정하고 있다.

현대 한어(북방 관화)의 성조는 전통적인 사성에서 입성이 없어지고, 평성이 음평과 양평으로 분화된 사성 체계를 지니고 있다. 이러한 성조 체계는 송대 이후 근대음에서 기틀이 잡힌 것이므로, 『홍무정운역훈』에서 구분한 사성의 변별은 현실 언어의 기반 위에서 설정된 것이 아니라, 단지 전통적인 사성에 의한 비현실적 구분임은 물론이다. 그러므로 당시(15세기)의 국어의 고저 표기를 위한 방점 체계는 본 조항에 있어서는 단지 보조 문자로서의 형식적 기능만을 갖는 것이라 할 수 있다.

제4장 대역의 해석

본문에 대한 대역의 해석은 성류(聲類)와 운류(韻類)로 나누어 진행하게 된다. 성류에 대한 것은 동뉴(同紐: 같은 성모)에 속하는 반절상자의 취합과 해당 성모의 음가를 밝히는 것이 역주의 내용이다. 성류에 대한 대역의 해석은『홍무정운역훈』의 편찬자들이 이미 귀납적인 분석과 분류 작업을 통하여 31성모를 확정하였으므로, 이에 대한 확인 작업이 있을 뿐이다. 반절상자를 분석하고 분류하여 31성모를 확인하는 작업은 음운론적으로 매우 치밀함을 요구하는 작업이지만,『홍무정운역훈』의 편찬자들이 반절상자를 귀납하여 수립한 31성모 체계는 현대 언어학의 관점에서 평가할 때 완벽한 것이어서, 당시의 언어학적 성과에 경의를 표하게 된다.

운류(韻類)에 대한 대역의 해석에 있어서는『홍무정운역훈』의 운목을 각 성조로 나뉜 것을 한 데 모아 일람표로 먼저 제시하게 된다.『홍무정운역훈』에서는 東(평성), 董(상성), 送(거성), 屋(입성) 등의 운목이 각각 다른 권에 들어가 있지만, 이들 운은 성조와 입성운미의 다름을 제외하면 성모와 운모가 동일하기 때문에 음운론적인 측면에서 함께 다룰 필요가 있는 것이다. 다시 해당 운목 내의 소운(小韻) 대표자는 칠음에 의한 성모의 순서에 따라 배열하게 되므로, 본서에서 제시하는『홍무정운역훈』의 일람표는 운서의 체계와 구성을 일목요연하게 보여줄 수 있을 것이다. 일람표의 제시와 함께 기술될 내용은『홍무정운』에 대한 대역 과정이다. 여기에는『홍무정운』과『홍무정운역훈』의 음운론적 해명과『홍무정운역훈』

에서 새롭게 붙여 놓은 다양한 주석에 대한 설명도 포함된다. 특히 대역에 대한 해석의 내용은 성모에 대한 것보다는 운모의 대역 과정에 초점을 두게 될 것이다. 대역의 해석은 다음과 같은 운목의 차례에 따라 진행된다.

(1)『홍무정운역훈』의 운목

평성(22)	상성(22)	거성(22)	입성(10)
01東	01董	01送	01屋
02支	02紙	02寘	
03齊	03薺	03霽	
04魚	04語	04御	
05模	05姥	05暮	
06皆	06解	06泰	
07灰	07賄	07隊	
08眞	08軫	08震	02質
09寒	09旱	09翰	03曷
10刪	10産	10諫	04轄
11先	11銑	11霰	05屑
12蕭	12篠	12嘯	
13爻	13巧	13效	
14歌	14哿	14箇	
15麻	15馬	15禡	
16遮	16者	16蔗	
17陽	17養	17漾	06藥
18庚	18梗	18敬	07陌
19尤	19有	19宥	
20侵	20寢	20沁	08緝
21覃	21感	21勘	09合
22鹽	22琰	22豔	10葉

4.1. 성류(聲類)

4.1.0. 개관

당말(唐末) 수온(守溫)의 30자모 이후 송초(宋初)에 확립된 36자모는 한 언어의 공시적 분석에서 얻어진 성모 체계였다기보다는 시간과 공간에 걸쳐 혼합적인 요소를 포함한 체계였다고 생각된다. 청(淸)의 陳澧가 『광운』의 반절상자 452자를 계련하여 40성류로 분류하고, 여기서 나뉘지 않았던 '明, 微'를 黃侃이 분석하여 41성류로 귀결된 『광운』의 성모 체계도 陸法言이 『절운』 서에서 말한 것처럼 고금(古今)과 남북(南北)을 고려한 까닭에 균질적인 언어의 성모 체계라고 하기는 어렵다. 『홍무정운』도 성모 계통은 남방계(특히 吳音계)이며, 운모 계통은 북방계(中原音)라는 측면에서 다분히 인위적인 체계화가 시도되었다고 할 수 있다. 성모의 역사적 분류를 보이면 다음과 같다.[1)]

(1) 성모 체계의 변화

가. 후음

淸濁	광운	36字母	韻會	洪武	中原	北京	蘇州
全淸	影	影 ʔ	影, 幺	影			
次淸	曉	曉 h	曉	曉	x	x	h
全濁	匣	匣 ɦ	匣, 合	匣			ɦ
次濁	喩, 爲	喩 ø	喩	喩	ø	ø	ø

1) 발음기호는 36자모, 『중원음운』, 현대 한어, 현대 오어(蘇州)에만 보인다. 『광운』의 자모는 林尹(1982: 76)의 표에 의하였고, 『홍무정운』 31성모의 음가는 역주를 통해 제시된다. 『고금운회거요』 음은 竺家寧(1986: 155)을 참조하였고 현대 한어는 북경어를, 현대 오어는 소주어(蘇州語)를 택하였는데 음가는 董同龢(1979)에 따랐다.

나. 牙音								
全淸	見	見	k	見	見	k	k	k
次淸	溪	溪	k^h	溪	溪	k^h	k^h	k^h
全濁	群	群	g	群	群			g^h
次濁	疑	疑	ŋ	疑, 魚	疑	(ŋ)	(ŋ)	ŋ
다. 舌頭音								
全淸	端	端	t	端	端	t	t	t
次淸	透	透	t^h	透	透	t^h	t^h	t^h
全濁	定	定	d	定	定			d^h
次濁	泥	泥	n	泥	泥	n	n	n
라. 舌上音								
全淸	知	知	t					
次淸	徹	徹	t^h					
全濁	澄	澄	ɖ					
次濁	娘	娘	ɳ	娘				
마. 齒頭音								
全淸	精	精	ʦ	精	精	ʦ	ʦ	ʦ
次淸	淸	淸	ʦ^h	淸	淸	ʦ^h	ʦ^h	ʦ^h
全濁	從	從	dz	從	從			
全淸	心	心	s	心	心	s	s	s
全濁	邪	邪	z	邪	邪			z
바. 正齒音(舌面前)								
全淸	照	照	ʨ	知	照	ʧ	ʧ	ʨ
次淸	穿	穿	ʨ^h	徹	穿	ʧ^h	ʧ^h	ʨ^h
全濁	神	牀	ʥ	澄	牀			ʥ
全淸	審	審	ɕ	審	審	ʃ	ʃ	ɕ
全濁	禪	禪	ʑ	禪	禪	ʒ		
사. 正齒音(舌尖後)								
全淸	莊						tʂ	tʂ
次淸	初						tʂ^h	tʂ^h
全濁	牀							

全淸	疏					ʂ	ʂ
全濁						ʐ	ʐ
아. 半舌音							
次濁	來	來 l	來	來	l	l	l
자. 半齒音							
次濁	日	日 ɲz	日	日			
차. 脣重音							
全淸	幇	幇 p	幇	幇	p	p	p
次淸	滂	滂 p^h	滂	滂	p^h	p^h	p^h
全濁	竝	竝 b	竝	竝			b^h
次濁	明	明 m	明	明	m	m	m
카. 脣輕音							
全淸	非	非 f	非	非	f	f	f
次淸	敷	敷 f^h	敷				
全濁	奉	奉 v	奉	奉	v		v
次濁	微	微 ɱ	微	微			
계	41	36	36	31	20	22	31

이와 같이 『홍무정운』 31성모의 전후를 보면, 『홍무정운』의 31성모는 『중원음운』이나 북경어와는 그 계통이 상당히 다르지만, 소주어(蘇州語)와는 상당히 근사함을 알 수 있다. 그래서 흔히 『홍무정운』의 성모 계통을 남방계라고 하는 것이지만, 오히려 이것은 전통적인 자모(字母) 체계를 유지하려는 노력으로 이해하는 것이 바람직할 것이다. 운서의 가치는 분운의 과정에서 결정되며, 자모 체계의 설정과는 직접적인 관계에 있지 않다. 『홍무정운』의 분운이 『중원음운』과 근사한 것은 현실적인 용운(用韻) 문제를 고려한 까닭으로, 이로써 보면 당시의 현실음의 기준은 북방의 언어에 있었다고 할 수 있다. 반면 현실성에 직접 구애될 필요가 없는 성모는 전통적인 체계를 되도록 유지하는 쪽으로 설정되었다고 할 수 있다. 그러므로 『홍무정운』을 남북의 절충이라는 지역적인 이분법으로 단

순히 해석할 것이 아니라, 전통과 현실의 차원에서 이해하는 것도 바람직하리라 생각한다.

『홍무정운』의 자음(子音) 체계와 15세기 중세 국어의 자음 체계는 물론 일치하지 않는다. 이러한 차이로 인하여 『홍무정운역훈』의 대역은 정확한 대응이라기보다는 최선의 대응을 모색했다고 하는 것이 타당하다. 『홍무정운』의 31성모가 전통적인 자모 체계에서 크게 벗어나지 않은 남방음계에 가깝다는 것은 (1)의 비교로서도 직접 알 수 있는 것이지만, 『홍무정운역훈』의 편찬자들이 남방음계의 음성적 특성에 대해 체득하고 있었는지는 의문이 아닐 수 없다. 구체적인 음가의 대응은 각론의 반절상자의 귀납과 함께 살피기로 하겠다.

4.1.1. 아음(牙音): 見/ㄱ, 溪/ㅋ, 群/ㄲ, 疑/ㆁ

『홍무정운역훈』에서 귀납한 아음의 반절상자는 견모(見母) 24자, 계모(溪母) 22자, 군모(群母) 13자, 의모(疑母) 12자이다. 아음의 반절상자를 열거하면 다음과 같다.

(1) 아음의 반절상자
 가. 견모(見母): 24자[2)]

2) 『홍무정운역훈』에서는 소운목 머리에 성모를 음각으로 명시하였다. 이러한 작업의 이면에는 『홍무정운』의 반절상자를 당시의 실제 어음과 아울러 陳澧(切韻考), 劉文錦(1931)에서처럼 분류하고 귀납하는 어려운 작업이 선행되었음은 물론이다. (1-가-①②③)는 陳澧의 기본계련조례(基本系連條例), 분석조례(分析條例), 보충조례(補充條例)를 통해서도 서로 연결되지 않으나 陳澧의 반절계련의 원리는 다음과 같다.

○ 기본조례(基本條例): 동용(同用), 호용(互用), 체용(遞用)

同用	冬 : 都宗切	互用	當 : 都郞切	遞用	冬 : 都宗切
	當 : 都郞切		都 : 當孤切		都 : 當孤切

○ 분석조례(分析條例): 반절상자가 동류이면 하자는 동류가 아니며, 반절하자

① 古(구公土), 公(궁古紅), 攻(궁古紅), 姑(구攻乎), 沽(구攻乎)

② 柯(거居何), 規(귀居爲), 圭(귀居爲), 斤(긴居銀), 佳(갸居牙), 厥(궐斤於), 葛(걷居曷), 經(깅居卿), 擧(규居許), 嘉(갸居牙), 居(규斤於), 俱(규斤於), 涓(권圭淵), 各(각葛鶴), 堅(견經天), 九(깋擧有)

③ 吉(긴激質), 訖(긴激質), 激(긱訖逆)

나. 계모(溪母): 22자

① 苦(쿠孔五), 孔(쿵康董), 康(캉丘剛), 丘(킿驅尤), 驅(큐丘於), 袪(큐丘於), 區(큐丘於), 墟(큐丘於), 曲(큭丘六), 空(쿵苦紅), 口(큫苦厚), 犬(퀀苦泫), 牽(켠苦堅), 去(큐區遇)枯(쿠空胡), 可(커口我), 欺(켸牽奚), 棄(켸去冀), 窺(퀴枯回), 詰(킨欺訖), 乞(킨欺訖), 克(킥乞格)

다. 군모(群母): 13자

① 渠(뀨求於), 求(낗渠尤), 逵(뀌渠爲), 祁(끼渠宜), 奇(끼渠宜), 其(끼渠宜), 琦(끼渠宜), 忌(끼奇寄), 具(뀨忌遇)

② 巨(뀨臼許), 臼(낗巨九), 竭(껻巨列), 極(끽竭戟)

라. 의모(疑母): 12자

① 五(우阮古), 阮(원五遠)

가 동류이면 상자는 동류가 아니다.

○ 보충조례(補充條例): 『광운』에 일자양음인 것은 다음과 같이 호주(互注)되어 있는데, 이렇게 되면 都와 多는 동류로 분류되는 것이다.

一東, 凍: 德紅切 又都貢切

一送, 凍: 多貢切 又音東

劉文錦(1931)에서는 '正紐四聲相承之字聲必同類'의 원리로써 분류하였다. 견모(見母)에 대해서 적용한 것을 보이면 다음과 같다.

○ 같은 성모 확인 절차

가. <광운> 歌韻(平) 歌: 古俄切 <홍무정운> 歌韻(平) 歌: 居何切
箇韻(去) 箇: 古賀切　　箇韻(去) 箇: 古荷切

나. <광운> 篠韻(上) 皎: 古了切 <홍무정운> 篠韻(上) 皎: 吉了切
嘯韻(去) 皦: 古弔切　　嘯韻(去) 皦: 古弔切

'가'에 의해서 『홍무정운』에서 '居'와 '古'는 같은 성모로 분류되고, '나'에 의해서 '吉'과 '古'는 역시 같은 성모로 분류되므로, 결국 '古, 居, 吉'은 모두 하나의 성모인 견모에 속하게 된다. 성모를 나타내는 반절상자에 대한 계련은 陳澧의 방법에 더하여 이와 같은 절차가 『홍무정운역훈』의 편찬에 적용된 것으로 생각된다. 이하 다른 성모에서는 그 결과만을 제시하기로 하겠다.

② 吾(ᅌᅮ訛胡), 訛(ᅌᅯ吾禾)
③ 語(ᅌᅲ偶許), 偶(ᅌᅳᇢ語口)
④ 魚(ᅌᅲ牛居), 牛(ᅌᅵᇢ于求), 虞(ᅌᅲ牛居), 牙(ᅌᅣ牛加), 越(웛魚厥)
⑤ 宜(ᅌᅵ延知)[3]

아음에 대한『홍무정운역훈』의 대역은 '見/ㄱ, 溪/ㅋ, 群/ㄲ, 疑/ㆁ'이다. 아음 계열의 음가 대응은 다음과 같다.

(2) 음가의 대응

	홍무정운		홍무정운역훈
전청음	見母 /k/	→	ㄲ [k]
차청음	溪母 /kʰ/	→	ㅋ [kʰ]
전탁음	群母 /g/	→	ㄲ [k']
불청불탁음	疑母 /ŋ/	→	ㆁ [ŋ]

음가의 대응에서『홍무정운』과『홍무정운역훈』사이에 일치되지 않는 성모는 전탁음 군모(群母)이다. 전탁음은 한어에서 유성장애음이지만, 중세 국어의 음운 체계에는 유성장애음 계열이 없었으므로 경음 계열로서 전탁음을 대응시켰다는 것을 알 수 있다. 훈민정음 창제에 있어서도 그렇지만『홍무정운역훈』의 편찬에 있어서도 국어의 경음을 전탁음으로 이해한 것이 당시의 사정이었다. 한어의 전탁음은 북방에서 이미 근대 시기에 소멸하였으므로, 중세 국어 당시의『홍무정운역훈』의 편찬자들이 전탁음의 실상을 직접 체득하기 어려웠다는 점을 감안할 필요가 있다. 그러므로 국어의 경음 계열을 한어의 전탁음 계열로 파악하여 대응시킨 것은 부득이한 면이 없지 않았다고 생각된다.

아음 계열의 성모에 대한 속음(俗音)의 실태는 의모(疑母/ŋ)의 유모(喩

3) 반절상자 '宜'는 유모(喩母)의 반절상자로도 쓰인다. 이것은 의모(疑母)와 유모(喩母)가 서로 섞이는 당시의 언어적 상황을 반영한 까닭이다.

母/zero)화에 대한 것뿐이므로, 열거할 필요는 없을 것이다. 14세기 북방 한어음을 충실히 반영한 『중원음운』에서도 초성으로서의 의모(疑母/ŋ)와 영모(影母/ʔ)의 유모(喩母)화는 거의 진행되었으므로, 『홍무정운역훈』의 속음은 이러한 시대 상황을 반영한 것이다.

4.1.2. 설음(舌音): 端/ㄷ, 透/ㅌ, 定/ㄸ, 泥/ㄴ

『홍무정운역훈』에서 귀납한 설음의 반절상자는 단모(端母) 10자, 투모(透母) 11자, 정모(定母) 15자, 니모(泥母) 12자이다. 설음의 반절상자를 열거하면 다음과 같다.

(1) 설음의 반절상자

가. 단모(端母): 10자

① 都(두東徒), 東(둥德紅), 德(듹多則), 得(듹多則), 典(뎐多殄), 董(둥多動), 多(더得何), 當(당都郎), 覩(두董五), 丁(딩當經)

나. 투모(透母): 11字

① 佗(터湯何), 台(태湯來), 湯(탕他郎), 天(텬他前), 通(퉁佗紅), 土(투他魯), 吐(투他魯), 逖(틱他歷), 惕(틱他歷), 託(탁他各), 他(터湯何)

다. 정모(定母): 15字

① 徒(뚜同都), 同(뚱徒紅), 杜(뚜徒古), 堂(땅徒郎), 唐(땅都郎), 蕩(땅徒黨), 獨(뚝杜谷), 敵(띡杜歷), 達(딸堂滑), 亭(띵唐丁), 待(때蕩亥), 度(뚜獨故), 田(뗜亭年), 大(때度柰), 陁(떠唐何)

라. 니모(泥母): 12字

① 奴(누農都), 農(눙奴宗), 寧(닝奴經), 囊(낭奴當), 那(너奴何), 弩(누奴古), 年(년寧田)

② 乃(내囊亥), 曩(낭乃黨)

③ 昵(닏尼質), 女(뉴尼呂), 尼(닏尼質)

전통적인 36자모에서 설음은 설두음과 설상음으로 나뉘고 근고~근대

(近古～近代)에 이르러 설상음은 니모(泥母)에 합류된 낭모(娘母)를 제외하고는 정치음에 합류되는데, 설상음과 정치음은 조음 위치가 같고 조음 방법에서 차이가 있으므로 조음 방법 자질의 동화에 의한 합류라 할 수 있다. 설음 계열의 음가 대응은 다음과 같다.

(2) 음가의 대응

	홍무정운		홍무정운역훈
전청음	端母 /t/	→	ㄷ [t]
차청음	透母 /tʰ/	→	ㅌ [tʰ]
전탁음	定母 /d/	→	ㄸ [t']
불청불탁음	泥母 /n/	→	ㄴ [n]

4.1.3. 순중음(脣重音): 幫/ㅂ, 滂/ㅍ, 竝/ㅃ, 明/ㅁ

『홍무정운역훈』에서 귀납한 순중음의 반절상자는 방모(幫母) 20자, 방모(滂母) 9자, 병모(並母) 12자, 명모(明母) 14자이다. 순중음의 반절상자를 열거하면 다음과 같다.

(1) 순중음의 반절상자

가. 방모(幫母): 20자

① 博(박佰各), 搏(박佰各), 佰(빅博陌), 補(부博古), 布(부博故), 邦(방搏旁), 彼(비補委), 兵(빙補明), 比(비補委), 陂(비兵媚)

② 逋(부奔謨), 晡(부奔謨), 奔(분逋昆), 卑(비逋眉), 班(반逋還), 悲(비逋眉), 邊(변卑眠)

③ 必(빋壁吉), 壁(빅必歷), 北(븍必勒)

나. 방모(滂母): 9자

① 普(푸滂五), 鋪(푸滂模), 滂(팡普郎), 丕(픠鋪杯)

② 匹(핃僻吉), 僻(픽匹亦)

③ 篇(편비連), 紕(피篇夷), 披(피篇夷)

다. 병모(並母): 12자

① 蒲(뿌薄胡), 弼(삗薄密), 步(뿌薄故), 簿(뿌薄故), 薄(빡弼角), 毗(삐蒲糜), 皮(삐蒲糜), 裴(뾔蒲枚), 備(삐毗意), 避(삐毗意), 部(뿌裴古), 婢(삐部比)

라. 명모(明母): 14자

① 莫(막末各), 末(뭘莫葛), 謨(무莫胡), 母(믛莫厚), 미(메莫禮), 美(뮈莫賄), 蒙(뭉莫紅), 綿(면莫堅), 覓(믹莫狄), 忙(망謨郎), 眉(뮈謨杯), 彌(메綿兮), 密(믿覓筆), 靡(메彌計)

『홍무정운』의 순중음은 중고음의 계통과 그대로 일치하는 것이며 음가에서도 차이가 없다. 『중원음운』에서 전탁음이 청음화된 것은 일관된 현상이다.

(2) 음가의 대응

	홍무정운		홍무정운역훈
전청음	幫母 /p/	→	ㅂ[p]
차청음	滂母 /pʰ/	→	ㅍ[pʰ]
전탁음	竝母 /b/	→	ㅃ[p’]
불청불탁음	明母 /m/	→	ㅁ[m]

4.1.4. 순경음(脣輕音): 非/ᄫ, 奉/ᄬ, 微/ᄝ

『홍무정운역훈』에서 귀납한 순경음의 반절상자는 비모(非母) 10자, 봉모(奉母) 6자, 미모(微母) 7자이다. 순경음의 반절상자를 열거하면 다음과 같다.

(1) 순경음의 반절상자

가. 비모(非母): 10자

① 方(ᄫᅡᆼ敷房), 芳(ᄫᅡᆼ敷芳), 斐(ᄫᅱ敷尾), 敷(ᄫᅮ芳無), 孚(ᄫᅮ芳無), 妃(ᄫᅱ芳

微), 府(ᄫᅮ斐古), 甫(ᄫᅮ斐古), 俯(ᄫᅮ斐古), 撫(ᄫᅮ斐古)

나. 봉모(奉母): 6자

① 符(ᄬᅮ逢夫), 扶(ᄬᅮ逢夫), 逢(ᄬᅮᆼ符中), 房(ᄬᅡᆼ符方), 馮(ᄬᅮᆼ符中), 防(ᄬᅡᆼ符方)

다. 미모(微母): 7자

① 武(ᄝᅮ罔古), 罔(ᄝᅡᆼ文紡), 文(ᄝᅮᆫ無分), 微(ᄝᅵ無非), 亡(ᄝᅡᆼ無方), 無(ᄝᅮ微夫), 巫(ᄝᅮ微夫)

『홍무정운』의 순경음은 36자모의 부모(敷母)가 비모(非母)에 합류되어 비(非), 봉(奉), 미모(微母)의 셋이다. 순경음의 발생은 대략 당대(唐代, 中古 後期)에 완료되었다고 할 수 있다. 『광운』의 반절은 순경음이 순중음으로부터 분화되기 이전의 『절운』의 반절을 그대로 사용한 것이어서, 반절상자의 계련에 의하면 순중음과 순경음의 구별이 어렵다. 그러나 『광운』이 편찬된 송초(宋初)에는 이미 순중음과 순경음의 구별이 있었으므로 『광운』의 권말에서 『절운』의 반절을 바로잡은 경우도 있는데 한 예를 들면 다음과 같다.

(2) 第1卷末 '新添類隔今更音化切'에서

……頻(步眞切)……

여기의 '頻'은 『광운』의 본문에서 반절이 '符眞切'로 되어 있다. 그러나 '頻, 步, 符'의 성모를 조사해보면 '頻, 步'는 순중음인 병모(竝母)에 속하고, '符'는 순경음 봉모(奉母)에 속한다. 요컨대 『절운』의 반절을 사용한 '符眞切'은 순중음과 순경음의 구분이 없었던 중고음 전기의 음을 반영한 것이고, (2)에서 바로잡은 것은 당시의 변별을 반영한 것이라 할 수 있다. 한편 당대(唐代)의 혜림(慧琳)이 편찬한 『일체경음의(一切經音義)』(8세기 전후)의 반절에서도 이미 순중음과 순경음의 구별이 있으므로 순경음의 발생을 당대(唐代)로 소급시키게 된다. 아직도 복주어(福州語)와 같은 한어 방언에서는 중고음 전기의 형태를 유지하여 순중음만 가지고 있다.

'ㅸ'을 제외한 『홍무정운역훈』의 순경음 'ㅹ, ㅱ'은 국어 표기에 쓰인 일이 없고 한자음 표기에만 쓰였으므로, 이들에 대한 해석은 'ㅸ'의 자질 체계와 논리적으로 연관지으면 무난할 것이다. 음가의 대응은 다음과 같다.

(3) 음가의 대응

	홍무정운		홍무정운역훈
전청음	非母 /f/	→	ㅸ [ɸ]
전탁음	奉母 /v/	→	ㅹ [ɸ']
불청불탁음	微母 /ɱ/	→	ㅱ [ɱ][4]

4.1.5. 치두음(齒頭音): 精/ᅎ, 淸/ᅔ, 從/ᅏ, 心/ᄼ, 邪/ᄽ

『홍무정운역훈』에서 귀납한 치두음의 반절상자는 정모(精母) 22자, 청모(淸母) 16자, 종모(從母) 17자, 심모(心母) 20자, 사모(邪母) 10자이다. 치두음의 반절상자를 열거하면 다음과 같다.

(1) 치두음의 반절상자

가. 정모(精母): 22자

① 子(ᅎᅳ祖似), 宗(ᅎᅮᆼ祖冬), 祖(ᅎᅮ揔五), 揔(ᅎᅮᆼ作孔), 再(ᅎᅢ作代), 作(ᅎᅡᆨ卽各), 卽(ᅎᅵᆨ節力), 節(ᅎᅧᆯ子結), 則(ᅎᅳᆨ子德), 租(ᅎᅮ宗蘇), 牋(ᅎᅧᆫ則前), 遵(ᅎᅮᆫ租昆), 賫(ᅎᅨ牋西)

② 將(ᅎᅣᆼ資良), 津(ᅎᅵᆫ資辛), 積(ᅎᅵᆨ資昔), 資(ᅎᅳ津私), 玆(ᅎᅳ津私), 咨(ᅎᅳ津私), 縱(ᅎᅲᆼ將容), 臧(ᅎᅡᆼ玆良), 足(ᅎᅲᆨ縱玉)

나. 청모(淸母): 16자

---

4) 양순마찰비음의 음성 기호가 마련되어 있지 않으므로, 부득이 순치마찰비음의 음성 기호를 빌려 쓰는 것이다.

① 七(칟戚悉), 戚(칙七迹), 且(쳐七野), 逡(츈七倫), 趨(츄逡須)

② 倉(창千剛), 蒼(창千剛), 促(축千木), 千(쳔倉先), 村(춘倉尊), 寸(춘村困), 遷(쳔倉先)[5]

③ 此(츠雌氏), 雌(츠此玆), 取(츄此主), 采(채此宰)

다. 종모(從母): 17자

① 昨(짝疾各), 靖(찡疾正), 疾(찓昨悉), 族(쭉昨木)

② 徂(쭈叢租), 叢(쭝徂紅), 坐(쭤徂果)

③ 才(째牆來), 財(째牆來), 牆(쨩慈良), 盡(찐慈忍), 情(찡慈盈), 秦(찐慈隣), 慈(쯔才資), 前(쪈才先), 在(째盡亥), 齊(쪠前西)

라. 심모(心母): 20자

① 蘇(수孫租), 孫(순蘇昆), 先(션蘇前), 桑(상蘇郞), 素(수蘇故), 損(순蘇本), 雪(숻蘇絶), 寫(셔先野)

② 息(식思積), 昔(식思積), 思(스相咨), 斯(스相咨), 私(스相咨), 司(스相咨), 相(샹息郞), 想(샹息兩), 悉(싣息七), 聳(숑息勇), 新(신斯隣), 須(슈新於)

마. 사모(邪母): 10자

① 徐(쓔祥於), 席(씩祥亦), 祥(썅徐羊), 詳(썅徐羊), 旬(쓘詳倫), 似(쓰詳子), 詞(쓰詳玆), 隨(쒸旬威), 象(썅似兩)

② 松(쑹息中)

중고음 이후 치두음은 정치음과는 달리 안정된 계열을 형성하며 발전하였다. 『홍무정운역훈』에서 치두음의 표시를 위해 '精/ᅎ, 淸/ᅔ, 從/ᅏ, 心/ᄼ, 邪/ᄽ' 등의 변체자를 고안한 것은 정치음과의 구별을 위한 부득이한 조치로서, 범례의 역주에서 살핀 바와 같이 범례 제5조에 이에 대한 언급이 있다. 제5조를 다시 옮기면 다음과 같다.

---

5) 『홍무정운』에서 거성 제16 차운(蔗韻)의 마지막 수록 자인 '趚(遷謝切)'는 바로 앞의 소운목 '夜'에 포함되었으나 마땅히 소운으로 분립되어야 할 자이다. 『홍무정운역훈』에서도 『홍무정운』과 마찬가지로 대역이 누락되어 있으나, 여기에서는 분립시켜 반절상자를 추가한다.

(2) 범례 제5조

條文 凡齒音 齒頭則擧舌點齒 故其聲淺 整齒則卷舌點齶 故其聲深 我國齒聲 ㅅㅈㅊ在齒頭整齒之間 於訓民正音 無齒頭整齒之別 今以齒頭爲ᄼᅎᅔ 以整齒爲ᄾᅐᅕ 以別之

새김 무릇 치음에 있어서 치두음은 혀를 들어 윗니에 대므로 그 소리가 얕고, 정치음은 혀를 말아서 잇몸에 대므로 그 소리가 깊다. 우리나라의 치음인 'ㅅㅈㅊ'은 치두음과 정치음의 사이에서 나는 음이므로, 훈민정음에 있어서는 치두음과 정치음의 분별이 없다. 이제 (홍무정운을 역훈함에 있어서) 치두음에는 ᄼᅎᅔ를 쓰고, 정치음에는 ᄾᅐᅕ를 사용하여 분별한다.

『홍무정운역훈』의 이 범례는 치음의 조음위치에 대한 명확한 정보를 제공하는 것이어서 주목된다.

(3)	치두음	훈민정음의 치음	정치음
	dental	alveolar	palatal
	ᄼᅎᅔ	ㅅㅈㅊ	ᄾᅐᅕ

현대 국어에서 'ㅈ, ㅊ, ㅉ'은 경구개음(palatal)으로 실현되지만, 15세기 국어에 있어서는 (3)과 같이 치음 'ㅅ' 계열과 같은 조음위치였음은 주지의 사실이다.[6] (2)의 내용에 의해서 (3)과 같은 분류가 정당하기는 하지만, 국어의 음운 현상에서 치경음과 경구개음의 음성적 또는 음운적 변별성을 고려할 때, (3)의 삼분적 관계는 다음처럼 변별적인 이분적 체계로 이해되는 것이 바람직할 것이다.

---

6) 국어 음운사에서 ㅈㅊㅉ의 구개음화는 t구개음화와 밀접히 관련된다. 즉 'ㄷ → ㅈ'의 구개음화는 'ㅈ(alveolar) → ㅈ(palatal)'의 구개음화가 완료된 후에 생긴 음운 현상이라 할 수 있다.

(4)

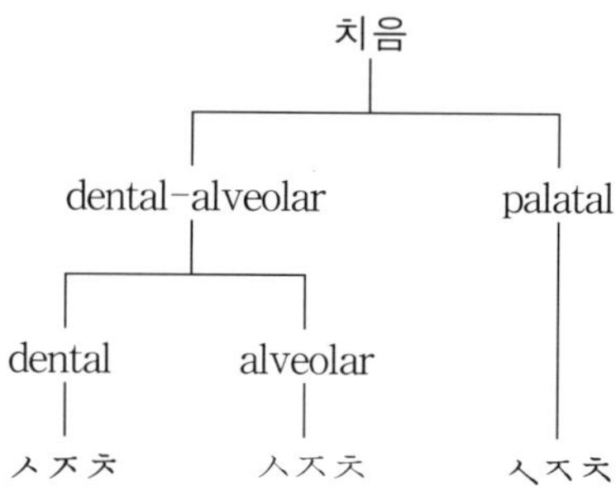

즉, 훈민정음의 설음(ㄷ 계열)이『홍무정운』의 설두음과 바로 대응되었듯이, 치음에 있어서도 훈민정음의 치음(ㅅ 계열)은『홍무정운』의 치두음과 변별될 수 없었으리라 생각되며, 반면에 정치음과는 조음위치에 있어서 변별되었다고 여겨진다. 치두음에 대한 음가 대응은 다음과 같다.

(5) 음가의 대응

	홍무정운		홍무정운역훈
전청음	精母 /ʦ/	→	ᅎ [ʦ]
차청음	淸母 /ʦʰ/	→	ᅔ [ʦʰ]
전탁음	從母 /dz/	→	ᅏ [ʦ']
전청음	心母 /s/	→	ᄼ [s]
전탁음	邪母 /z/	→	ᄽ [s']

4.1.6. 정치음(正齒音): 照/ᅐ, 穿/ᅕ, 牀/ᅑ, 審/ᄾ, 禪/ᄿ

『홍무정운역훈』에서 귀납한 정치음의 반절상자는 조모(照母) 25자, 천모(穿母) 16자, 상모(牀母) 24자, 심모(審母) 23자, 선모(禪母) 20자이다. 정치음의 반절상자를 열거하면 다음과 같다.

(1) 정치음의 반절상자

가. 조모(照母): 25자

① 陟(직之石), 珍(진之人), 竹(쥭之六), 職(직之石), 展(젼之輦), 之(지旨而), 淄(지旨而), 支(지旨而), 知(지珍而), 質(짇職日), 旨(지諸氏), 止(지諸氏), 征(징諸成), 腫(즁知隴), 章(쟝止良), 主(쥬腫庾), 諸(쥬專於), 朱(쥬專於), 株(쥬專於), 專(줜朱緣), 緇(지旨而)

② 莊(장側霜), 壯(장側況), 阻(주壯所), 側(즉側格)

나. 천모(穿母): 16자

① 丑(츻齒九), 昌(챵齒良), 齒(치昌止), 敕(칙昌石), 尺(칙昌石), 敞(챵昌兩), 抽(츻丑鳩), 稱(칭丑成), 樞(츄抽居), 蚩(쳔齒善), 恥(치尺里)

② 初(추楚徂), 楚(추創祖), 創(창初莊), 叉(차初加), 測(측初力)

다. 상모(牀母): 24자

① 直(찍直隻), 仲(쯍直衆), 呈(찡直正), 柱(쮸直呂), 治(찌直意), 長(쨩仲良), 丈(쨩呈兩), 杖(쨩呈兩), 除(쮸長魚)

② 持(찌陳知), 池(찌陳知), 馳(찌陳知), 陳(찐池隣), 重(쯍持中)

③ 助(쭈牀祚), 狀(쨩助浪), 牀(쨩助莊)

④ 査(짜鋤加), 茶(짜鋤加), 鋤(쭈叢租), 鉏(쭈叢租), 雛(쭈叢租)

⑤ 士(씨上紙)

⑥ 時(씨辰之)

라. 심모(審母): 23자

① 所(수疎五), 疎(수山徂), 疏(수山徂), 山(산師姦), 沙(사師加), 師(시申之), 尸(시申之), 詩(시申之), 施(시申之), 申(신升人), 升(싱書征), 書(슈商居), 舒(슈商居), 輸(슈商居), 商(샹尸羊), 數(수所武), 始(시詩止), 矢(시詩止), 式(식施隻), 賞(샹始兩), 失(싣式質)

② 朔(삭色角), 色(슥色窄)

마. 선모(禪母): 20자

① 時(씨辰之), 辰(씬丞眞), 神(씬丞眞), 寔(씩丞職), 尙(썅時亮), 承(찡時征), 丞(찡時征), 殊(쓔尙朱)

② 視(씨善指), 善(쎤上演), 是(씨上紙), 市(씨上紙), 士(씨上紙), 上(썅是掌), 仕(씨上紙)

③ 石(씩裳隻), 食(씩裳隻), 裳(쨩陳羊), 常(쨩陳羊)

④ 實(시ᇹ式質)

『홍무정운』의 정치음은 중고음의 지계(知系), 조계(照系), 장계(莊系)의 세 음계로부터 발달하였는데, 이들의 합류는 이미 송대(宋代)부터 나타난 현상이었다고 한다(藤堂明保 1957: 167~172). 현대 한어에서 정치음은 권설음이지만, 『홍무정운』에서는 i 모음과의 결합이 빈번한 상황이므로, 다음과 같이 구개설면음으로 재구하여 대응시키게 된다. 음가의 대응은 다음과 같다.

(2) 음가의 대응

	홍무정운		홍무정운역훈
전청음	照母 /ʧ/	→	ㅈ [ʧ]
차청음	穿母 /ʧʰ/	→	ㅊ [ʧʰ]
전탁음	牀母 /ʤ/	→	ㅉ [ʧ']
전청음	審母 /ʃ/	→	ㅅ [ʃ]
전탁음	禪母 /ʒ/	→	ㅆ [ʃ']

4.1.7. 후음(喉音): 影/ㆆ, 曉/ㅎ, 匣/ㆅ, 喩/ㅇ

『홍무정운역훈』에서 귀납한 후음의 반절상자는 영모(影母) 23자, 효모(曉母) 20자, 갑모(匣母) 23자, 유모(喩母) 25자이다. 후음의 반절상자를 열거하면 다음과 같다.

(1) 후음의 반절상자

가. 영모(影母): 23자

① 烏(ᅙᅮ汪胡), 汪(ᅙᅪᆼ烏光), 委(ᅙᅱ烏賄)

② 於(ᅙᅲ衣虛), 迂(ᅙᅲ衣虛), 衣(ᅙᅵ於宜), 依(ᅙᅵ於宜), 隱(ᅙᅵᆫ於謹), 安(ᅙᅥᆫ於寒), 鴉(ᅙᅣ於加), 嫗(ᅙᅲ於語), 阿(ᅙᅥ於何), 伊(ᅙᅵ於宜), 倚(ᅙᅵ隱綺), 鄔(ᅙᅮ

安古), 遏(ᅙᅥᆯ阿葛), 因(ᅙᅵᆫ伊眞), 益(ᅙᅵᆨ伊昔), 乙(ᅙᅵᆨ益悉), 一(ᅙᅵᆨ益悉), 紆(ᅙᅲ衣虛)

③ 淵(ᅙᆑᆫ縈圓), 縈(ᅙᆑᆼ于平)

나. 효모(曉母): 20자

① 呼(ᅘᅮ荒胡), 荒(ᅘᅪᆼ呼光), 翾(ᅘᆑᆫ呼淵), 忽(ᅘᅮᆯ呼骨), 霍(ᅘᅪᆨ忽郭)

② 虎(ᅘᅮ火五), 火(ᅘᅯ虎果), 毁(ᅘᅱ虎委)

③ 許(ᅘᅲ虛呂), 醯(ᅘᅵ虛宜), 況(ᅘᅪᆼ虛放), 허(ᅘᅲ虛呂), 休(ᅘᅵᇢ虛尤), 香(ᅘᅣᆼ虛良), 馨(ᅘᅵᆼ醯經), 虛(ᅘᅲ休居), 盱(ᅘᅲ休居), 曉(ᅘᅧᇢ馨杳)

④ 黑(ᅘᅳᆨ迄得), 迄(ᅘᅵᆯ黑乙)

다. 갑모(匣母): 23자

① 胡(ᅘᅘᅮ洪孤), 洪(ᅘᅘᅮᆼ胡公), 弦(ᅘᅘᅧᆫ胡田), 雄(ᅘᅘᅲᆼ胡容), 侯(ᅘᅘᅳᇢ胡鉤), 亥(ᅘᅘᅢ胡改), 華(ᅘᅘᅪ胡瓜), 狹(ᅘᅘᅣᆸ胡夾), 轄(ᅘᅘᅣᆯ胡八), 穫(ᅘᅘᅪᆨ胡郭), 乎(ᅘᅘᅮ洪孤), 奚(ᅘᅘᅨ弦鷄), 戶(ᅘᅘᅮ侯古), 下(ᅘᅘᅣ亥雅), 形(ᅘᅘᅵᆼ奚經), 刑(ᅘᅘᅵᆼ奚經), 湖(ᅘᅘᅮ洪孤), 叶(ᅘᅘᅧᆸ胡頰)

② 何(ᅘᅘᅥ寒歌), 河(ᅘᅘᅥ寒歌), 寒(ᅘᅘᅥᆫ河干), 曷(ᅘᅘᅥᆯ何葛)

③ 熒(ᅙᆑᆼ于平)

라. 유모(喩母): 25자

① 以(이養里), 養(양以兩), 尹(인以忍)

② 于(유雲俱), 餘(유雲俱), 余(유雲俱), 爲(위于嬀), 雲(윤于分), 云(윤于分), 爰(원于權), 王(왕于方)

③ 移(이延知), 夷(이延知), 宜(이延知), 延(연夷然), 弋(익夷益), 硏(연夷然), 逆(익宜戟), 羽(유弋渚), 庾(유弋渚), 禹(유弋渚), 羊(양移章), 倪(예硏奚), 鄂(악逆各)

④ 寅(인魚巾)

『홍무정운』의 후음 계열은 중고음의 그것과 다름이 없지만 내용에 있어서는 차이가 있다. 이것은 주로 당시의 음변화를 소극적으로나마 수용한 결과였다. 『중원음운』에서는 영모(影母)와 의모(疑母)의 유모화(喩母化)에 의해 영(影), 유(喩), 의모(疑母)가 거의 분별되지 않았다. 『홍무정운』에서도 반절과 분운이 서로 엇갈리는 것은 이들 자모의 호용을 부분적으로 보여주는 상황이라 할 수 있다. 『고금운회거요』에서도 의모(疑母)와 어모(魚母)의 분립, 영모(影母)와 요모(幺母)의 분립은 어모(魚母)와 요모(幺母)가 영성모(零聲母)로 추정되면서(竺家寧 1986: 30~52), 이러한 경향을 반영한 것으로 해석된다. 그러나 『동국정운』에서 어모(魚母)를 'ㆁ'으로, 요모(幺母)를 'ㆆ'으로 하여 체계를 존중한 것처럼, 『홍무정운역훈』에서도 고운(古韻)을 존중하는 경향으로 대역이 이루어졌다.

한어의 후음 계열에 대한 음가 추정은 중국의 어느 방언을 기준으로 하는가에 따라 달라질 수 있다. 즉 효모(曉母)의 음이 남방에서는 후음으로 나지만, 북방에서는 아음으로 나기 때문이다. 탁음까지를 상정하면 다음과 같다.

(2) 효모와 갑모의 현대 방언음

	北	南	
曉母	x	h	무성마찰음
匣母	ɣ	ɦ	유성마찰음
	牙音	喉音	

그런데 북방음에는 'x' 외에 따로 'h'가 존재하지 않고, 남방음에는 'h' 외에 'x'가 존재하지 않기 때문에 한어에서 'x'와 'h'가 동일 방언에서 음소로 양립하지는 않는다. 여기에서 원래의 효모(曉母)가 'x'인가 'h'인가 하는 점이 검증되어야 할 것인데, 이에는 현대 한어의 구개음의 생성이 효모(曉母)의 기원을 암시해주고 있다. 현대 한어의 구개음은 중고음의 아, 후, 치음 계열의 음이 구개모음인 i와 만나서 동화 작용을 거쳐 생긴 것이며, 원래의 구개성모(정치음)는 권설음화하였다. 중고음에서 효모(曉母)인 자의 현대 남북 방언음을 간단한 예로 보이면 다음과 같다.

(3) 효모자의 현대 방언음

	顯	喜	漢
北京	ɕien	ɕi	xan
福州	hien	hi	haŋ

이로써 보면 북방음은 구개음화에 민감한 반면, 남방음은 그렇지 않음을 알 수 있다. 즉 'h → x → ɕ'의 일련의 과정이 동화적 측면에서 가능하고 설명적인 반면에, 'x → h'의 과정은 절대중화라는 무리한 해명을 요구한다는 측면에서 효모(曉母)의 기원적 음가는 'h'로 설정할 필요가 있을 것이다.

중고음의 유모(喩母)의 음가는 주로 활음 'j'로 추정되고 있다(林尹 1982: 76). 이러한 근거는 운도(韻圖)에서 갑모(匣母)와 유모(喩母)가 등운(等韻) 배열의 상보적 분포를 이룸으로부터 얻어진 것이다.

(4) 유모와 갑모의 등운 분포

등운	喩母(于, 以)[7]	匣母
1		匣
2		匣
3	于	
4	以	

즉 유모(喩母)가 3, 4등에만 위치하여 항상 개모(介母)를 수반하므로, 이 개모 j를 성모화하여 유모(喩母)의 음가로 책정한 것이다. 그러나 무엇보다도 활음 j는 후음이 아니고 경구개음이므로 후음과는 거리가 멀 뿐만 아니라, 남방음에서 유모(喩母)가 갑모화(匣母化)한 음운 현상을 설명하

7) 錢大昕의 47성류로 유모(喩母)를 나누면 우모(于母)와 이모(以母)로 된다. 우모(于母)는 『광운』 41성류의 위모(爲母)에 해당하고 이모(以母)는 유모(喩母)에 해당한다.

기가 어렵다. 갑모(匣母)의 음가는 'h'에 대한 유성음이므로 'ɦ'로 추정되는데, 북방 근대음에서는 효모(曉母)에 합류되고 오어(吳語)에서는 'ɦ'이므로 갑모(匣母)의 음가 추정은 합리적이라 할 수 있다. 유모(喩母)의 음가도 갑모(匣母)와의 관련 하에서 후음적 속성과 관련시킬 수 있는 무음가로 설정하는 것이 바람직하다. 전청음 'ㆆ'의 음가는 후두무성파열음 'ʔ'로 영모(影母)의 음가와 일치한다는 데에 이견이 없으며, 'ㆅ'은 긴장음인 경음(硬音)으로 처리하여 문제가 없을 것이다. 음가의 대응은 다음과 같다.

(5) 음가의 대응

	홍무정운		홍무정운역훈
전청음	影母 /ʔ/	→	ㆆ [ʔ]
차청음	曉母 /h/	→	ㅎ [h]
전탁음	匣母 /ɦ/	→	ㆅ [h']
불청불탁음	喩母 /ø/	→	ㅇ [ø]

4.1.8. 반설음(半舌音): 來/ㄹ

『홍무정운역훈』에서 귀납한 반설음의 반절상자는 래모(來母) 19자이다. 반설음의 반절상자를 열거하면 다음과 같다.

(1) 반설음의 반절상자
가. 래모(來母): 19자
① 盧(루龍都), 良(랴龍張), 龍(륭盧容), 兩(랑良奬), 里(례良以)
② 力(릭郎狄), 魯(루郎古), 歷(릭郎狄), 劣(뤋力輟), 郎(랑魯堂), 落(락歷各), 洛(락歷各)
③ 隣(린離珍), 凌(링離呈), 靈(링離呈), 離(례隣溪), 犁(례隣溪), 閭(류凌如), 連(련靈年)

『홍무정운』의 래모(來母)는 중고음의 래모(來母)와 과부족 없이 일치한다. 그러므로 음가 역시 'l'로 추정되고 『홍무정운역훈』의 'ㄹ'도 여기에 부합된다. 다만 국어의 'ㄹ'은 'l'과 'r'의 변이음을 갖는데, 'r'이 제한된 분포를 보이므로 'l'이 기본음이 된다. 이에 대해서는 훈민정음의 반설음(半舌音)에 대한 다음과 같은 설명에서도 그 면모를 엿볼 수 있다.

(2) 반설경음에는 가볍고 무거운 두 소리가 있으나, 운서의 자모는 오직 하나이다. 또한 국어에서 경중(輕重)을 나누지 않더라도 모두 소리를 이룰 수 있다. 만약 갖추어 쓰고자 한다면, 순경음의 예를 좇아 ㅇ를 ㄹ 아래에 이어 써서 반설경음을 만들고, (그 발음은) 혀를 살짝 윗잇몸에 닿도록 한다. / 半舌有輕重二音 然韻書字母唯一 且國語雖不分輕重 皆得成音 若欲備用 則依脣輕例 ㅇ連書ㄹ下 爲半舌輕音 舌乍附上齶(合字解에서)

여기에서 '舌乍附上齶'이란 표현은 설전음(舌顫音) 'r'에 대한 조음법을 묘사한 것으로 생각되므로, 반설음은 설측음(舌側音) 'l'로 확립하기에 충분한 것이다.

(3) 음가의 대응

	홍무정운		홍무정운역훈
불청불탁음	來母 /l/	→	ㄹ [l]

4.1.9. 반치음(半齒音): 日/ㅿ

『홍무정운역훈』에서 귀납한 반치음의 반절상자는 일모(日母) 9자이다. 반치음의 반절상자를 열거하면 다음과 같다.

(1) 반치음의 반절상자

가. 일모(日母): 9자

① 而(싀如支), 如(슈人余), 儒(슈人余), 日(실人質), 人(신而隣)
② 忍(신爾軫), 爾(싀忍止), 乳(슈忍與), 汝(슈忍與)

『홍무정운』의 일모(日母)는 체계적인 측면에서 중고음의 일모(日母)를 그대로 계승한 것이지만, 음가는 변한 것으로 생각된다. 우선 일모(日母)의 현대 방언음을 보이면 다음과 같다(董同龢 1979: 154~155).

(2) 일모(日母)의 현대 방언음
가. 北方官話: ʐ, z, ø
나. 閩語: n, l, dʑ, ø
다. 吳語일부, 客家語: ɲ
라. 吳語일부: z, dz', ø
마. 廣州語: ø

일모(日母)의 현대 방언음을 보면, 일모(日母)는 비음 'n'과 유성마찰음 'z'를 근간으로 하는 음임을 알 수 있는데, 중고나 근대의 일모(日母)도 이러한 방언 정보를 기초로 하여 다음과 같이 음가가 추정되었다.

(3) 일모(日母)의 음가 추정
가. 중고음의 일모 음가 추정
B. Karlgren(1954): ɲʑ
董同龢(1979): ɲ
나. 중원음운의 일모 음가 추정
趙蔭棠(1936): ʐ
董同龢(1979): ʒ

일모(日母)는 음가 추정에 있어서 치음 및 설음과 구별해야 할 필요가 있다. 즉 36자모에서 선모(禪母)를 치음인 'ʑ'로, 낭모(娘母)를 비음인 'ɲ'으로 추정하게 되는데, 'ʑ'는 음성적으로 불청불탁음이 아니므로 중고의 일모(日母)의 음가에서 제외되고, 낭모(娘母)와의 변별이 주로 문제가 된다. 그래서 董同龢(1979)에서는 일모(日母)의 음가를 'ɲ'으로 추정함에 따라 낭모(娘母)를 니모(泥母, n)에 합류시켜 처리하고 있다.

요컨대 일모(日母)에 대한 B. Karlgren(1954)의 음가는 현실 방언음에 'ɲz'가 존재하지 않아서 얼마간 비현실적이지만 낭모(娘母)의 존재를 살릴 수 있어서 체계적이고, 董同龢(1979)의 음가는 음운 변화의 측면에서 'ɲ → z, ʑ, ʐ'의 변화를 수긍시키지 못하는 어려움이 있다.

『중원음운』에서는 전탁음인 선모(禪母)나 사모(邪母)가 모두 청음화(淸音化)했기 때문에, 일모(日母)의 음가를 (3-나)처럼 추정해도 체계내의 모순이 야기되지 않지만, 『홍무정운』은 성모 체계에 전탁음이 모두 존재하므로 (3-나)와 같은 추정은 주저할 수밖에 없다. 그러나 『홍무정운역훈』에서 파악하고 대역한 음계는 『홍무정운』의 일모(日母)를 'ㅿ'로 대역하여 'ɲ'보다는 'ʑ'와의 관련을 깊이 하고 있음에 유의할 필요가 있다.

훈민정음의 반치음 'ㅿ'의 음가가 'ㅅ/s'의 유성음 'z'라고 추정되는 것은 단순하면서도 명확한 결론으로 거의 이론이 없는 실정이다. 『홍무정운』의 사모(邪母)를 'z'로 설정하였고, 선모(禪母)의 음가를 'ʒ'로 설정하였으므로, 일모(日母)의 음가는 이들과 달라야 할 것이다. 『홍무정운역훈』의 일모자(日母字)에 대한 대역 소운목은 모두 44개인데 이들 중에서 i모음과 결합된 대역은 39개로 일모(日母)의 구개성에 대한 정보는 풍부하지만 권설성에 대한 정보는 얻기 힘들다. 그래서 『홍무정운역훈』의 반치음 'ㅿ'의 음가와 관련하여 『홍무정운』의 일모(日母)를 구개설면음인 'ʑ'로 설정하고자 한다. 『홍무정운』의 편찬자들이 의도한 일모(日母)의 음가는 應裕康(1970a)에서 추정한 것과 같이 남방계 'ɲ'일 가능성도 있으나, 『홍무정운역훈』의 편찬자들은 북방계 음가로 해석했을 가능성이 크다고 할 수 있다. 음가의 대응은 『홍무정운역훈』의 시각에서 다음처럼 설정한다.

(4) 음가의 대응

	홍무정운		홍무정운역훈
불청불탁음	日母 /ʐ/	→	ㅿ [z]

체계적인 측면에서 일모(日母)는 불청불탁음(공명음)으로 분류되지만, 음성적으로 'ʐ'는 유성마찰음인 전탁음에 속한다. 훈민정음에서도 'ㅿ'이 전탁음이 아닌 불청불탁으로 기술된 것은 이러한 체계적인 전통과 관련된다.

4.2. 운류(韻類)

4.2.0. 개관

『홍무정운』의 76운(평성 22운, 상성 22운, 거성 22운, 입성 10운)은『광운』의 206운(평성 57운, 상성 55운, 거성 60운, 입성 34운)이나 평수운(平水韻)의[8] 106운(평성 30운, 상성 29운, 거성 30운, 입성 17운)에 비하면 대폭 삭감된 체계로서, 비록 입성운이 엄연히 존재하고 있기는 하지만『중원음운』의 19운(한 운에 사성이 구비됨)과 매우 근사한 까닭으로 趙蔭棠(1936: 26~33)에서는 '남북혼합지홍무정운(南北混合之洪武正韻)'이라 하여 성모는 남방계, 운모는 북방계로『홍무정운』음계의 대강을 요약하였다.

『광운』의 206운은 체계상 매우 번잡하여 송대(宋代)의 운도(사성등자/四聲等子, 절운지남/切韻指南)에서는 같은 운미에 핵모가 비슷한 운을 묶

8) 평수운(平水韻)은 王文郁의『平水新刊韻略』(1229)을 말한다. 劉淵의『壬子新刊禮部韻略』(1252)은 평수운과 같은 계통이나 상성에서 1개 운이 많아서 107운이 된다. 平水는 지명이다.

어 16섭(攝)으로 대별하였는데, 『홍무정운』의 분운은 성조의 구별을 제외하면 22운으로 운도의 섭 분류에 가까워졌다고 할 수 있다. 이제 본문 역주에 앞서서 『홍무정운』의 운목 차례에 따른 『홍무정운역훈』의 운부 대역과 아울러 『홍무정운』과 『중원음운』의 운모 추정음을 보이면 다음과 같다.9)

(1) 『홍무정운』과 『중원음운』의 운모 추정음

홍무정운			중원음운			역훈
운목	趙音	應音	운목	趙音	董音	운부
1. 東	uŋ	uŋ	1. 東鐘	uŋ	uŋ	웅
		yuŋ		yŋ	iuŋ	융
		uk				욱
		yuk				육
2. 支	ʅ	ie	3. 支思 4. 齊微(開 부분)	ʅ	ɪ	으
	ɿ		4. 齊微(開 부분)	ɿ	i	이
3. 齊	i	i	5. 魚模(細音)	ɪ,eɪ	i,ei	예
4. 魚	y	y	5. 魚模(洪音)	y	iu	유
5. 模	u	u		u	u	우
6. 皆	ɑi	ai	6. 皆來	aɪ,ɑɪ	ai	애
		iai			iai	얘
		uai		uɑɪ	uai	왜
7. 灰	ei	uei	4. 齊微(合口)	ueɪ	uei	위
8. 眞	en	ən	7. 眞文	en	ən	은
		iən		in	iən	인
		uən		uen	uən	운
		yən		yn	yən	윤
		ət				읃
		iət				읻
		uət				욷

9) 『홍무정운』의 운모 추정음은 趙蔭棠(1936)과 應裕康(1970b), 『중원음운』의 운모 추정음은 趙蔭棠(1936)과 董同龢(1979)에 의한다. 『홍무정운』의 趙音은 대표 계열의 추정음뿐이다. 음가의 기준은 대개의 경우 『홍무정운』은 應音을, 『중원음운』은 趙音을 택한다. 『홍무정운』의 운목은 평성자로 대표시키는데 이하에서도 이것은 같다.

		yət				윤
9. 寒	æn	on	8. 寒山(干, 看, 寒, 安 등)	ɑn	an	언
		uon	9. 桓歡	uœn	on	원
		ot				얻
		uot				웓
10. 刪	ɑn	uot				안
		an		an	an	얀
			8. 寒山		ian	완
		uan		uan	uan	앋
		at				얃
						왇
		uat				
11. 先	ɛn	ien	10. 先天	iɛn	ien	연
		yen		yɛn	yen	원
		iet				엳
		yet				웓
12. 蕭	au	ieu	11. 蕭豪(細音)	iau	iau	옇
13. 爻	ɑu	au	11. 蕭豪(洪音)	au	au	앟
		(ɑu)		ɑu	ɑu	
		(iau)				얗
14. 歌	o	o	12. 歌戈	o	o	어
					io	
		uo		uo	uo	워
15. 麻	ɑ	a	13. 家麻	a	a	아
		(ia)		ia	(ia)	야
		ua		ua	ua	와
16. 遮	ɛ	iə	14. 車遮	iɛ	ie	여
				yɛ	ye	ᄋᆑ
17. 陽	ɑŋ	aŋ	2. 江陽	aŋ,ɑŋ	aŋ	앙
		iaŋ		iaŋ	iaŋ	양
		uaŋ		uaŋ,uɑŋ		왕
		ak		uaŋ		악
		iak		yaŋ		약
		uak				왁
18. 庚	eŋ	əŋ	15. 庚青	eŋ	əŋ	읭
		iəŋ		iŋ	iəŋ	잉
		uəŋ		uŋ,ueŋ	uəŋ	ᄋᆑᆼ
		yəŋ		yŋ,yeŋ	yəŋ	ᄋᆔᆼ
		ək				읙

		iək				익
		uək				윅
		yək				웍
19. 尤	ou	ou	16. 尤侯	ou	ou	읗
		iou		iou	iou	잏
20. 侵	im	(əm)	17. 侵尋	em	əm	음
		iəm		im	iəm	임
		(əp)				읍
		iəp				입
21. 覃	ɑm	am	18. 監咸	am,ɑm	am	암
		(ɑm)				
		iam		(iam)	i	얌
		ap		am		압
		(ɑp)				
		iap				얍
22. 鹽	iɛm	iem	19. 廉纖		iem	염
		iep		iɛm		엽

4.2.1. 제1 東董送屋

4.2.1.1.『홍무정운역훈』일람

자모	역훈	평/반절/속음	상/반절/속음	거/반절/속음	입/반절/속음
見	궁/국	公/古紅	拱/居竦	貢/古送	穀/古祿
	궁/국	弓/居中/궁		供/居用/궁	匊/居六
溪	쿵/쿡	空/苦紅	孔/康董	控/苦貢	酷/枯沃
	큥/큑	穹/丘中/큥	恐/丘隴/큥	恐/欺用/큥	麴/丘六
群	꿍/꾹	窮/渠宮		共/渠用/꿍	局/渠玉
疑	융/육	顒/魚容			玉/魚欲
端	둥/둑	東/德紅	董/多動	凍/多貢	篤/都毒
透	퉁/툭	通/佗紅	統/他總	痛/他貢	禿/他谷
定	뚱/뚝	同/徒紅	動/徒摠	洞/徒弄	牘/杜谷
泥	눙	農/奴宗			
	늉/뉵		癑/乃湩	齈/奴凍	朒/女六
幫	붕/북		琫/邊孔		卜/愽木
滂	/푹				撲/普卜

並	뿡/뿍	蓬/蒲紅			僕/步木
明	뭉/묵	蒙/莫紅	蠓/母摠	夢/蒙弄	木/莫卜
非	ᄫᅮᆼ/ᄫᅮᆨ	風/方中	捧/方孔	賵/撫鳳	福/方六
奉	ᄬᅮᆼ/ᄬᅮᆨ	馮/符中		鳳/馮貢	伏/房六
精	중	宗/祖冬	總/作孔	糉/作弄	
	즁/쥭	縱/將容/즁	慫/即勇/즁	縱/足用/즁	蹙/子六/츙
					足/縱玉/즁[10]
清	충/축	悤/倉紅		謥/千弄	簇/千木
從	쭝/쭉	叢/徂紅			族/昨木
	쯍	從/牆容/쯍		從/才仲/쯍	
心	숭/숙			送/蘇弄	速/蘇谷
	슝/슉	松/息中/슝	竦/息勇/슝		夙/蘇玉
邪	쓩/쓕			頌/似用/쓩	續/祥玉
照	즁/쥭	中/陟隆/즁	腫/知隴/즁	衆/之仲/즁	祝/之六/즁
穿	츙/츅	充/昌中/츙	寵/丑勇/츙	惷/丑用/츙	柷/昌六/츙
牀	쭝	崇/鉏中			
	쯍/쮹	蟲/持中/쯍	重/直隴/쯍	仲/直衆/쯍	逐/直六/쯍
審	/슉				縮/所六
	슝/슉	舂/書容/슝			叔/式竹/슝
禪	/쓕				孰/神六
影	ᅙᅮᆼ/ᅙᅮᆨ	翁/烏紅	蓊/烏孔	瓮/烏貢	屋/烏谷/ᅙᅮᆼ[11]
	ᅙᅲᆼ/ᅙᅲᆨ	邕/於容		雍/於用	郁/乙六
曉	훙/훅	烘/呼洪		烘/呼貢	熇/呼木
	흉/휵	胷/許容	兇/許拱	訩/許用	畜/許六
匣	ᅘᅮᆼ/ᅘᅮᆨ	洪/胡公	澒/胡孔	哄/胡貢	縠/胡谷
	ᅘᅲᆼ	雄/胡容			
喩	융	融/以中	勇/尹竦	用/余頌	育/余六
來	룽/룩			弄/盧貢	祿/盧谷
	륭	龍/盧容/륭	曨/力董		
		隆/良中			
日	/ᅀᅲᆨ				肉/而六
	ᅀᅲᆼ	戎/而中/ᅀᅲᆼ	宂/而隴/ᅀᅲᆼ		

---

10) '足'의 경우처럼 『홍무정운역훈』의 대역이 생략된 자는 『홍무정운』의 소운이 『홍무정운역훈』에서 바로 위 소운에 합병 처리된 것이다.

11) 韻中終聲同(운 안의 종성은 모두 같다).

4.2.1.2. 대역의 해석

『홍무정운』의 제1 동운(東韻)은 『광운』의 통섭(通攝: 東韻, 冬韻, 鍾韻)을 그대로 이어받은 것이다. 『광운』 및 『중원음운』의 운부와는 다음과 같은 관계에 있다.[12]

(1)

광운	운경	홍무정운	중원음운
東董送屋	內轉 1開 1等[oŋ]	東董送屋	東鍾
	〃 〃 3等[joŋ]		
冬 宋沃	〃 2合 1等[uŋ]		
鍾腫用燭	〃 〃 3等[juŋ]		

근대음에서 동운(東韻)이 동운(冬韻)에 합류되어 『홍무정운』에서와 같이 단일 운으로 되었다. 『홍무정운역훈』에서는 대체로 개음이 없는 홍음(洪音)에 대해 '웅'으로, 개음이 있는 세음(細音)에 대해 '융'으로 대역되어 적절하지만, 등운의 관계에서 몇몇 예외가 있는데, 해당 자를 열거하면 다음과 같다.

(2) 등운과 불일치되는 대역

가. 3등자 → 웅(욱)

見母: 拱

非母: 風, 捧, 賵, 福

禪母: 孰

日母: 肉

나. 1등자 → 융

泥母: 癑, 齈

來母: 朧

12) 운경의 음가는 공중온(孔仲溫, 1987)에 의함. 『중원음운』에는 입성이 없으므로, 입성은 해당되지 않는다. 음가의 제시에서 입성운미는 생략하기로 하겠다. 이하 각 운목 동일.

『중원음운』의 동종운(東鍾韻)에서 중고음의 3, 4등자가 개모 i를 잃고 홍음화하는 것은 성모와의 관계에서 다음과 같은 경향으로 종합된다(趙蔭棠 1936: 136~142).

(3) 홍음화 성모
가. 전부: 非系, 照系, 知系, 見3系, 日3系
나. 부분: 溪3系, 群3系, 影3系

자모 비계(非系)는 순경음으로 원래 순중음이 개모 i의 영향으로 조음위치가 뒤로 끌리면서 순경음으로 된 것이므로, 당대에 순경음이 확립되면서 개모 i는 성모에 흡수되었다. 그러므로 비계(非系)가 3등에 놓인 것은 순중에서 순경으로 변하기 전의 등운에 의한 결과일 뿐이다. 조계(照系), 지계(知系) 및 일모(日母)가 개음 i를 잃게 되는 것은 성모의 권설화 또는 구개음화에 의한 결과인데, 이것은 근대음 이후로 활발하게 전개된 음운 현상이므로, 『홍무정운』에 대한 대역에서 체계적으로 인정할 수 없었을 것임은 분명하다. 『홍무정운역훈』의 대역에서 순경음 비계(非系)는 모두 홍음으로 처리한 반면에, 기타는 주로 속음으로 나타낸 것은 이러한 시간적 관계를 잘 보여주는 것이다. (2-가)에서 비계(非系)를 제외한 자를 『고금운회거요』와 『중원음운』에서 찾아보기로 하겠다(竺家寧 1986, 趙蔭棠 1936).

(4)

자	운회자모운	중원음운
拱	拱韻 [-juŋ]	[kuŋ]
肉	菊韻 [-juk]	[ʒjou][ʐjou]
孰	〃 〃	[ʃjou][ʂjou]

『고음운회거요』에서는 이들이 모두 반모음 j가 포함된 세음(細音)으로

분류되어 있다. '拱'을 제외한 자들은 『중원음운』에서도 세음성을 유지하고 있지만, 이미 성모의 구개성으로 인해 개모의 변별은 어려웠을 것이다. 『광운』의 통섭(通攝) 입성자는 근대 이후 입성운미가 탈락되면서 우섭(遇攝)에 통합되는 것이 일반적인 경향이어서, 통섭(通攝) 1등자와 지계(知系), 조계(照系) 3등자는 -u로, 나머지 3등자는 -y로 독음되는데 다음과 같은 몇몇 자는 유섭(流攝)에 통합되어 -ou로 독음된다.

(5) 옥운(屋韻) 3등자에서: 粥, 軸, 妯 tʂou
熟(孰) ʂou
肉 ʐou
六 liou

이로써 추측하면 '孰, 肉'은 기타의 지계(知系), 조계(照系)나 일모(日母)와는 다른 변화 과정을 겪었음을 알 수 있다. 즉 개모의 탈락이나 운모의 변화가 계열의 변화와 병행하지 않고 개별적으로 진행되었다고 할 것인데, 특히 개모의 탈락에서는 개별적인 선행이 있었다고 생각된다.

1등자가 3등으로 대역된 것은 앞에 (2-나)에 보인 것처럼 니모(泥母)와 래모(來母)에 나타난다.

(6)

자	운회	중원음운	현대음
癑	孔韻[-uŋ]	--	[nuŋ]
齈	貢韻 〃	--	〃
朧	孔韻 〃	[luŋ]	[luŋ]

이들 3자에 대해서는 어느 경우에도 세음(細音)의 흔적을 찾을 수 없다. 그런데 『사성통해』에는 '齈'에 대한 정음이 '눙'으로 되어 있고, 니모(泥母)에 대한 세음은 입성자(대음: 뉴)에만 한정되어 있는데, 이것은 『사

성통해』가 『홍무정운역훈』의 잘못을 바로잡았다고 보여진다.

제1 동운(東韻)은 기저형이 /uŋ/으로 핵모 ø에 개모 u가 연결된 체계로 이해할 수 있다. 이것은 제18 경운(庚韻)이 기저형 /uəŋ/에서 무표모음 /ə/가 탈락한 형태의 표면형 [uŋ]과 표면적으로 일치되는 결과를 갖지만, 기저 체계는 전혀 같지 않다. 즉 제1 동운(東韻)은 고모음 계열에 속하지만 제18 경운(庚韻)은 중고모음 계열에 속한다(제18 庚韻 참조). 음가의 대응은 다음과 같다.

(7) 음가의 대응

홍무정운			홍무정운역훈
東董送屋	(합구) /uŋ/, /uk/	➞	웅, 욱
	(촬구) /juŋ/, /juk/	➞	융, 육

『홍무정운역훈』의 제1 동운(東韻)에 대한 속음은 다음의 두 경우로 요약된다.

(8) 속음의 양상
가. 세음의 홍음화: ㅠ → ㅜ
나. 입성운미에 대한 일률적 속음: ㄱ → ㆆ

세음의 홍음화에 대한 속음 주기는 칠음 중에서 오직 후음만을 제외하고, 기타 성모에 전부 또는 부분적으로 나타남은 『홍무정운역훈』의 대역 일람에 제시한 바와 같다. 이것은 통섭(通攝)의 다음과 같은 변화 양상과 일치하여 당시의 북방 현실음을 반영한 것으로 보인다.

(9) 통섭의 변화 양상

운	중고음		현대음
東鍾(脣音)	uŋ, juŋ, juoŋ	>	əŋ

東冬(洪音)	uŋ, uoŋ	>	uŋ
東鍾(舌,齒)	juŋ, juoŋ	>	uŋ
〃 (牙, 半齒)	juŋ, juoŋ	>	uŋ(牙音은 부분적)
東(影母)	uŋ	>	uəŋ
東鍾(기타 細音)		>	yŋ

후음에 속음 주기가 없는 것은 (9)의 변화 양상과 잘 일치되는데, 아음의 의모(疑母)에 속음이 없는 것은 의모의 유모(喩母)화에 의해 후음으로 처리되었기 때문이다. 군모(群母)의 평성자 '窮'은 현대음에서도 개모 j를 유지하고 있다.

입성운미에 대한 속음은 입성운의 초출자 '屋'에 '韻中終聲同'이라 하여 일괄적으로 처리하였다. 입성운미(-p, -t, -k)는 근대 이후 거의 탈락되는데, 『사성통해』에서는 『홍무정운역훈』과 달리 이미 탈락된 형태로 입성의 독음을 설정하였고 『홍무정운역훈』의 속음은 다음과 같이 입성운미 소실 과정의 중간 단계를 보여준다는 측면에서 주목된다.

(10) 입성운미의 소실 과정
[-p,-t,-k] > [-ʔ] > ø

『홍무정운역훈』에서 『홍무정운』의 소운(小韻)을 합병한 것은 거의 모든 운에 걸쳐서 나타나는 현상이다. 이것은 『홍무정운』이 많은 부분에서 옛 운의 체제와 반절에 따라 소운을 배열하여, 사실상 31성모와 76운, 그리고 사호(개, 제, 합, 촬)의 전개에서는 변별될 수 없는 소운이 『홍무정운』에서 분립되어 있기 때문이다. 『홍무정운역훈』의 소운의 합병은 거의 이러한 소운을 합병한 것이다. 합병 과정의 원리를 간단한 예로 보이면 다음과 같다.

(11) 합병의 상황

	홍무정운	홍무정운역훈
가.	舌上音(知系)	합병
	正齒音(照系)	
나.	『광운』의 東韻	합병
	〃 冬韻	
다.	韻鏡의 3等	합병
	〃 4等	

즉, (11-가)는 옛 운에서 성모의 차이로 나뉘던 것이 그대로『홍무정운』에 답습되어『홍무정운역훈』에서 합병된 경우이고, (11-나)는『광운』의 206운의 체제가『홍무정운』의 76운 체제로 되면서 합류된 것인데,『홍무정운』에서 아직 분운된 경우이며, (11-다)는 중고음의 개구, 합구에 따른 4등의 8분 체계가 근대의 개, 제, 합, 촬의 4분 체계로 되면서 합병되어야 할 것인데,『홍무정운』에서 아직 분운된 경우이다.『홍무정운역훈』의 합병 상황은 거의 이러한 경우에 지나지 않는다. 앞에 보인『홍무정운역훈』 대역 일람을 통하여 합병 상황을 알 수 있다.

4.2.2. 제2 支紙寘

4.2.2.1.『홍무정운역훈』 일람

자모	역훈	평/반절/속음	상/반절/속음	거/반절/속음
群	끼	奇/渠宜	技/巨綺	芰/奇寄
幫	비	悲/逋眉/븨	彼/補委/븨	祕/兵媚
				閉/必弊
				轡/兵臂
				臂/必轡
滂	피	紕/篇夷	庀/普弭	譬/匹智
並	삐	皮/蒲糜	陛/部比	避/毗意

			被/部靡	
明	미	糜/忙皮		
非	ᄫᅵ	霏/芳微	斐/敷尾	費/芳未
奉	ᄬᅵ	肥/符非		
微	ᄝᅵ	微/無非	尾/無匪	未/無沸
精	즈	貲/津私/즈ᇫ	子/祖似/즈ᇫ	恣/資四/즈ᇫ
清	츠	雌/此茲/츠ᇫ	此/雌氏	次/七四/츠ᇫ
從	쯔	疵/才資/쯔ᇫ		自/疾二/쯔ᇫ
心	스	斯/相咨/스ᇫ	死/想姊/스ᇫ	四/息漬/스ᇫ
				笥/相吏
邪	쓰	詞/詳茲/쓰ᇫ	似/詳子/쓰ᇫ	
照	지	支/旨而/지ᇫ, 즈ᇫ	紙/諸氏/지ᇫ, 즈ᇫ	寘/支義/지ᇫ
		知/珍而/지ᇫ		智/知意/지ᇫ
				制/征例
穿	츠	差/叉茲/츠ᇫ		翅/昌智/츠ᇫ
				熾/昌志
				廁/初寺/츠ᇫ
	치	摛/抽知/치ᇫ	齒/昌止/츠ᇫ	胎/丑吏/치ᇫ
			侈/尺里	掣/尺制/치ᇫ
牀	찌	馳/陳知/찌ᇫ	豸/丈几/찌ᇫ	治/直意/찌ᇫ
審	시	施/申之/스ᇫ	始/詩止/스ᇫ	試/式至/스ᇫ
			史/師止	世/始制/시ᇫ
			水/式軌/시ᇫ	
禪	씨	時/辰之/쓰ᇫ	市/上紙/쓰ᇫ	侍/時吏/쓰ᇫ
			視/善指	誓/時智/씨ᇫ
影	ᅙᅵ	伊/於宜	倚/隱綺	意/於戲
				医/於計
曉	히	羲/虛宜	喜/許里	戲/許意
				侐/火捺
喩	이	夷/延知	以/養里	異/以智
				曳/以制
日	ᅀᅵ	兒/如支/ᅀᅳᇫ	耳/忍止/ᅀᅳᇫ	二/而至/ᅀᅳᇫ

4.2.2.2. 대역의 해석

『홍무정운』의 제2 지운(支韻)은 『광운』 및 『중원음운』의 운부와 다음과 같은 관계를 갖는다.

(1)

	광운	운경	홍무정운	중원음운
止攝	支紙寘	內轉 4開3等[je]		
	脂旨至	〃 6開3等[ji]		
	之止志	〃 8開3等[jə]		
	微尾未	〃 9開3等[jəi]	支紙寘	支思, 齊微(부분)
		〃 10合3等[juəi]		
蟹攝	齊薺霽	外轉 13開4等[iεi]		
	祭	〃 〃 3等[jεi]		
	廢	內轉 9開3等[jɐi]		

(止攝의 牙, 喉音 부분, 蟹攝 부분)

이들 지섭(止攝) 및 해섭(蟹攝)에 속한 자들이 현대음에서는 다음과 같이 독음된다.

(2)

중고음		현대음
支(開)	>	i, ei(순음), ɿ(ts-), ʅ(tʂ-)
脂(開)	>	---- 〃 ----
之(開)	>	i, ɿ(ts-), ʅ(tʂ-)
微(開)	>	i
〃(合)	>	ei(순음)
齊(開)	>	i
祭(開)	>	i, ʅ(tʂ-)
廢(開)	>	i

현대 한어의 모음은 (2)에서 보는 것과 같은 설첨모음의 성립이 특징이다. 설첨모음은 통시적으로나 공시적으로 다음과 같은 기저 모음 /i/의 결합 변이음으로 인식되고 있다(王力 1972: 26~27).

(3) 설첨모음의 성립
가. /i/ → [ɿ](권설 치음 아래에서)
나. /i/ → [ʅ](권설 경구개음 아래에서)

그런데 『홍무정운』에서는 『중원음운』과는 달리 설첨모음 계열에 대한 음운적 배려가 없었음을 (1)의 분운(分韻)으로써 알 수가 있으며, 이 차이점은 『홍무정운』과 『중원음운』의 근본적인 차이점으로 지목되기도 하였다(藤堂明保 1957: 98~99). 그러나 『홍무정운역훈』에서는 치두음과 정치음(照2系)에 대해 'ᅳ'로 대역함으로써 설첨모음에 대한 인식을 보여주고 있다.[13]

제2 지운(支韻)의 기저형은 핵모의 제로(ø)화를 상정하여 /i/로 하는 것이 현실적이다. 왜냐하면 어느 경우에도 무표모음 /ə/의 존재가 나타나지 않기 때문이다. 현대 한어에서도 고모음 계열로 확립되어 있다. 음가의 대응은 다음과 같다.

(4) 음가의 대응

		홍무정운		홍무정운역훈
支紙寘 /i/	→ [i]	→	이
	→ [ɿ,ʅ]	→	ᅳ

제2 지운(支韻)의 운모에 대한 『홍무정운역훈』의 속음은 다음의 세 부류로 나뉜다.

(5) 속음의 양상
가. 치음에서의 운미 'ᅀ'
나. 〃 '이 → ᅳ'

13) 정치음에 있어서 조3계(照3系)의 대역은 '이'인데 이것은 권설화에 있어서 조2계(照2系)가 조3계(照3系)를 선행하였기 때문이다.

다. 순음 '悲, 彼'에 대한 속음 '이 → 의'

첫째, 치음에 대한 속음의 운미 'ㅿ'에 대해서는 『번역노걸대박통사』 범례(9조)의 관련 기술을 검토함으로써 이해할 수 있다.

(6) '支紙寘三韻內齒音諸字'에서(밑줄 필자)

『사성통고』의 '貲' 자는 음이 '즈'이지만 주석에는 속음이 '즈ᇫ'이다. 운 내의 모든 치음자는 입과 혀가 불변인 까닭에 'ㅿ'으로써 종성을 삼은 연후에 가히 정확을 기할 수 있다.(通攷貲字音즈註云俗音즈ᇫ韻內齒音諸字口舌不變故以ㅿ爲終聲然後可盡其妙)

속음 운미 'ㅿ'에 대한 이해는 (6)의 밑줄 친 '口舌不變故以ㅿ爲終聲'의 파악과 관련이 있다. 앞에 보인 바와 같이 제2 지운(支韻)의 치음은 특히 속음까지를 고려하면 거의 '으'모음과 연결되어 현실적으로 설첨화의 완성 단계에 있음을 알 수 있다. 그래서 이에 연결되는 모음도 설첨화되어 실현되는데, 한어의 설첨모음은 국어의 설면음인 '으/ɨ'와는 당연한 차이가 있다. 권설 치음은 성절적 마찰음이나 파찰음처럼 발음되어 후속하는 고모음은 마찰적 모음으로 조음된다. 이때 혀는 치음 성모를 조음할 때의 위치에서 큰 변동이 없다. 이러한 상태를 '口舌不變'으로 나타냈다고 할 수 있다. 그래서 『홍무정운역훈』에서는 설첨 치음의 구설불변적(口舌不變的) 조음을 묘사하고 유도하기 위해서 훈민정음의 치음 중 'ㅿ'을 선택하여 운미에 덧붙였다고 하겠는데, 이렇게 되면 속음 운미 'ㅿ'은 실질적으로 운미가 될 수 없고 중성에 자질을 덧붙여주는 역할을 한다고 할 수 있다.

둘째, 정치음의 운부 모음 '이'에 대한 속음 '으'는 정치음의 권설화의 과정과 직결되는 내용이다. 제2 지운(支韻)의 정치음에 대한 운모는 조2계(照2系)가 '으', 조3계(照3系)가 '이'로서 조3계(照3系)는 체계적으로나

음운적으로 권설화 이전의 단계에 있었다고 해야 할 것이다. 그러나 『홍무정운역훈』의 속음에서는 조3계(照3系)에 있어서도 부분적으로 'ᅳ'로 되어 조3계(照3系)의 권설화가 음성적으로는 진행되고 있음을 알 수 있다. 정치음의 권설화는 대략 15세기 무렵에 완성되었다고 하는데(王力 1980: 116), 조3계(照3系)가 권설화의 마지막 단계에 해당하고, 『홍무정운역훈』의 편찬 작업이 15세기를 중심으로 행해진 것이므로 王力(1980)의 권설화 시기 추정은 『홍무정운역훈』의 대역 실태와 적절히 부합된다.

셋째, 순음 '悲, 彼'에 대한 속음 '븨'는 음운사적 변화 양상과 관련된다. 근대 이후의 음가를 보면 다음과 같다.

(7)

자	중원음운	현대
悲	pei	pei
彼	pei	pi

이로써 보면 속음 '븨'는 [pei]에 대한 대역 속음임을 짐작하기 어렵지 않다. 한편 [ei]에 대한 대역에는 다음과 같은 세 가지 가능성을 15세기 국어 현실에서 추정할 수 있다.14)

(8) [ei] → 의, ᄋᆡ, 에

이와 같은 세 가지 가능형에서 『홍무정운역훈』은 '의'를 택함으로써 음가와 체계성을 동시에 만족시켰다고 하겠다. 즉 제2 지운(支韻)의 운모는 『홍무정운역훈』만의 체계로 한다면 핵모 'ᅳ'를 중심으로 전개되기 때문에 속음으로 'ᄋᆡ, 에'를 택하면 체계외적 대역이 되지만, '의'를 택하면 정음과 속음과의 관계를 체계적으로도 유지할 수 있기 때문이다.

14) 중세국어의 모음의 음가는 이론이 많겠으나, 음가의 영역으로 나타내면 'ᅳ'가 [ɨ~ə], '어'가 [ə~ɛ], 'ᄋᆞ'가 [ɑ~ʌ]에 해당한다고 할 수 있다(김무림 1989).

4.2.3. 제3 齊薺霽

4.2.3.1.『홍무정운역훈』 일람

자모	역훈	평/반절/속음	상/반절/속음	거/반절/속음
見	계	雞/堅 溪	己/居里	計/吉詣
				寄/吉器
溪	켸	谿/牽奚	起/墟里	器/去冀
			啓/袪/禮	契/去計
端	뎨	氐/都黎	邸/典禮	帝/丁計
透	톄	梯/天黎	體/他禮	替/他計
定	뗴	題/杜兮	弟/待禮	第/大計
				地/徒利
泥	녜	泥/年題	你/乃里	泥/乃計
幫	볘	篦/邊迷		
明	몌	迷/綿兮	米/莫禮	寐/彌計/믜
精	졔	賫/牋西	濟/子禮	霽/子計/지[15]
清	쳬	妻/千西	泚/此禮	切/七計
從	쪠	齊/前西/찌[16]	薺/在禮/찌[17]	劑/才詣
心	셰	西/先齊	徙/想里	細/思計
牀	ᅑᅨ			滯/直例
影	혜	烓/淵畦		
匣	ᅘᅨ	兮/弦雞	徯/戶禮	系/胡計
喩	예	倪/研奚		
來	례	離/鄰溪	里/良以	利/力地
				麗/力霽

4.2.3.2. 대역의 해석

『홍무정운』의 제3 제운(齊韻)은『광운』 및『중원음운』의 운부와 다음과 같은 관계를 갖는다.

---

15) 운 안의 종성은 모두 같다(韻中終聲同).
16) 운 안의 종성은 모두 같다(韻中終聲同).
17) 운 안의 종성은 모두 같다(韻中終聲同).

(1)

	광운	운경	홍무정운	중원음운
蟹攝	齊薺霽	外轉13開4等[iɛi]		
	祭	〃 〃 3等[jɛi]		
	支紙寘	內轉 4開3等[je]	齊薺霽	齊微(부분)
止攝	脂旨至	〃 6開3等[ji]		
	之止志	〃 8開3等[jə]		
	微尾未	〃 9開3等[jəi]		

(蟹攝은 대부분, 止攝은 부분)

제3 제운(齊韻)은 『광운』의 제운(齊韻)이 대부분을 이루고 있으며, 『중원음운』 제미운(齊微韻)의 개구자 대부분이 이에 해당된다. 제미운(齊微韻)의 합구자는 『홍무정운』의 제7 회운(灰韻)에 들어 있다. 『중원음운』에서 지사운(支思韻)과 제미운(齊微韻)의 분립은 설첨모음 대 비설첨모음의 대립으로 해결하는 방법이 가능하지만 『홍무정운』에서는 『중원음운』의 제미운(齊微韻)이 제2 지운(支韻)과 제3 제운(齊韻)에 나뉘어 들어 있고, 더욱이 『중원음운』의 지사운(支思韻)에는 치음 이외의 자가 들어 있지 않지만, 제2 지운(支韻)에는 성모의 분포가 아음, 순음, 치음, 후음 등에 걸쳐 있어서 『홍무정운』의 제2 지운(支韻)과 제3 제운(齊韻)은 설첨 대 비설첨 모음의 대립은 전혀 성립할 수가 없다.

이러한 이유에서도 『홍무정운』의 기저 모음에 설첨모음이 존재할 수 없음은 명백해진다. 이리하여 근대음 이후의 음계만을 충실히 따른다면 『홍무정운』의 제2 지운(支韻)과 제3 제운(齊韻)의 변별은 기준의 설정이 매우 어렵다. 그러나 『홍무정운』의 음계가 『중원음운』보다 이전의 단계에 기준을 두고 있으므로, 『홍무정운역훈』의 대역과 王力(1980:166)에서의 변화 단계를 맞추면 다음과 같은 음가의 설정이 가능하고 적절할 것이다.

(2) 중고 홍무정운 근대

止攝(開) [支 je / 脂 jei / 之 jə / 微 jəi] → /i/[i,ɿ,ʅ]: 2支 (蟹攝 약간)

蟹攝(開) [齊 iei / 祭 jɛi / 廢 jɐi] → /iɐi/[jɛi]: 3齊 (止攝 약간)

→ /i/[i,ɿ,ʅ] /əi/(脣音 부분)

(2)의 변화에서 지섭(止攝)과 해섭(蟹攝)의 자가 부분적으로 제3 제운(齊韻)과 제2 지운(支韻)에 섞여 있지만 대세를 거스릴 정도는 아니다. 王力(1985)의 역대 음계의 변화 과정을 보면 지섭(止攝)이 i로 통합된 것은 수당대(6~9세기)이고, 해섭(蟹攝)이 i로 통합된 것은 송대(10~13세기)로 추정되어 있다. 이로써 보면 14세기에 편찬된『홍무정운』이 귀정(歸正)의 의의를 가지고 제2 지운(支韻)과 제3 제운(齊韻)의 음계를 송대 이전으로 맞추었다고 할 수 있다. 물론 제3 제운(齊韻)의 운모에 대한 속음이 일률적으로 '이'로 된 것은 당시의 현실성을 잘 나타낸 것이다. 음가의 대응은 다음과 같다.

(3) 음가의 대응[18]

홍무정운		홍무정운역훈
齊薺霽 /iɐi/[iɛi]	→	예

『홍무정운역훈』의 제3 제운(齊韻)에 대한 운모상의 속음은 다음의 두 경우로 나뉜다.

---

18) 중저모음의 기저 모음으로 /ɐ/를 택한 것은 중저 계렬의 중립위 모음을 택한 까닭이다.

(4) 속음의 양상
　가. 운모에 대한 일률적 속음: 예 → 이
　나. 개별 자에 대한 속음: 寐(거성) 메 → 믜

(4-가)의 일률적 속음 '이'는 (2)에서 보인 것처럼 해섭(蟹攝)의 운모가 i로 된 것을 그대로 반영한 것이며, (4-나)도 (2)에서 보인 것처럼 부분적인 순음자의 경우를 반영한 것이다. 제3 제운(齊韻)의 순음 소운자에 대한 현대음을 보이면 다음과 같다.

(5) 篦[pi], 迷[mi], 米[mi], 寐[mei]

이러한 자음과 『홍무정운역훈』의 속음을 비교하면 『홍무정운역훈』의 심음 과정이 매우 철저했음을 알 수 있다.

4.2.4. 제4 魚語御

4.2.4.1. 『홍무정운역훈』 일람

자모	역훈	평/반절/속음	상/반절/속음	거/반절/속음
見	규	居/斤於	擧/居許	據/居御
溪	큐	區/丘於	去/丘據	去/區遇
群	뀨	渠/求於	巨/臼許	瞿/忌遇
疑	유	魚/牛居	語/偶許	御/魚據
泥	뉴	袽/女居	女/尼居	女/尼據
精	쥬	疽/子余	沮/再呂	怚/將豫
淸	츄	趨/逡須	取/此主	覰/七慮
從	쮸		聚/慈庾	聚/族遇
心	슈	胥/新於	胥/私呂	絮/息據
邪	쓔	徐/祥於	敍/象呂	
照	쥬	諸/專於	主/腫庾	著/陟慮
穿	츄	樞/抽居	杵/敞呂 柱/直呂[19]	處/昌據

牀	쮸	除/長魚		筯/治據
審	슈	書/商居	暑/賞呂	恕/商豫
禪	쓔	殊/尙朱	墅/承與 豎/仕庾	樹/殊遇
影	ᅙᅲ	於/衣虛	傴/於語	飫/依據
曉	ᅘᅲ	虛/休居	許/虛呂	噓/許御
喩	유	于/雲俱	與/弋渚	豫/羊茹
來	류	閭/凌如	呂/兩擧	慮/良據
日	ᅀᅲ	如/人余	汝/忍與	孺/而遇

4.2.4.2. 대역의 해석

『홍무정운』의 제4 어운(魚韻)은 『광운』 및 『중원음운』의 운부와 다음과 같은 관계를 갖는다.

(1)

광운	운경	홍무정운	중원음운
魚語御	內轉11開3等[jo]	魚語御	魚模(細音)
虞麌遇	〃 12合3等[ju]		

『광운』의 어운(魚韻)이 우운(虞韻)에 합류된 것은 王力(1985)에 의하면 만당~오대(晩唐~五代, 9~10세기)의 현상이며, [ju]가 [y]로 단모음화된 것은 명대 이후이기 때문에, 『홍무정운』이 [ju]의 단모음화까지 반영했다고 보기는 어렵다.

(2)

중고		9~10세기		13세기 전후		14세기 이후
虞[ju]	>	[ju] 脣輕音	>	[u]	>	[u]
魚[jo]	>	[ju] 脣輕音	>	[u]	>	[u]
	>	기타	>	[ju] 知照系	>	[u]
	>		>	기타	>	[y]

19) '柱'는 『홍무정운역훈』에서 소운 '杵(츄)'에 합병되어 있으나, 마땅히 牀母에 들어 '쮸'로 대역되어야 했을 것이다.

(2)는 王力(1985)을 참조하여 작성한 것이다. 지조계(知, 照系)의 자가 제4 어운(魚韻)에 포함되어 있는 것을 보면『홍무정운』의 음계는 14세기 이전으로 소급되고, 순경음자가 제외되어 송대 이전으로 소급되지 않음은 물론이다. 아울러 지조계(知, 照系)의 자가 포함되어 있으므로,『홍무정운』에서 [ju]의 단모음화가 반영되지 않았다는 앞의 추측은 충분히 정당성을 얻는다. 그러나 應裕康(1970b)에서는 제4 어운(魚韻)의 음가를 단모음 [y]로 추정하면서, 이에 대한 근본적이고 체계적인 이유로서 제5 모운(模韻)과 제4 어운(魚韻)이 분운되어 서로 상통될 수 없는 다음과 같은『홍무정운』의 체제를 들고 있다.

(3)

	<A>	<B>
4魚	ju	y
5模	u	u

즉 <A>와 같다면 두 운이 분운될 이유가 없으므로, 음가로서 가능하고 체계적으로 독립적인 <B>를 택해야 한다는 것이다. 그러나『홍무정운』에서 분운된 운목끼리 상보적 관계에 놓이는 경우도 있다. 예를 들면 제9 한운(寒韻)과 제11 선운(先韻), 그리고 제14 가운(歌韻)과 제16 차운(遮韻)이 상보적 운모 전개를 하고 있다. 應裕康(1970b)에서는 이들의 운모 추정음을 조금씩 달리하여 상보적 관계를 부정하고 있지만, 해운(諧韻)은 기저 음운을 전제로 이루어지기 때문에 이러한 음성적 처리는 기저 구조의 본질을 외면한 조치로서 재고되어야 할 것이다.

원래 운목의 분운은 대립을 전제로 한 것이기 때문에 운미가 같은 별개의 운목은 핵모에 있어서 변별되는 것이 원칙이긴 하지만, 옛 운서의 분운을 답습하는 가운데 음운의 합류가 일어나 상보적 관계가 성립하는 경우가 종종 있다.『홍무정운』에서 나타나는 상보적 운목도 바로 이러한 경우이며,『절운』을 답습한『광운』에서도 다음처럼 운목 간의 상보성은 발견된다.

(4)

광운	B.Karlgren	董同龢	王力	홍무정운
魚韻	jwo	jo	jo	
虞韻	ju	juo	ju	제4 魚韻
模韻	uo	uo	u	제5 模韻

(4)의 각 추정음을 참고하면 이들 세 운이 해운(諧韻)에서 서로 배타적으로 삼분되었다고 할 수 없다. 물론 기원적으로는 세 운이 핵모에 있어서 변별되었을 것이며 국어의 전승 한자음을 보더라도 이 점은 확인된다. 요컨대『홍무정운』에서 어운(魚韻)과 우운(虞韻)은 개모와 핵모에 있어서 완전히 같아졌기 때문에 하나의 운이 되었지만 모운(模韻)은 구습대로 분운되었다고 할 수 있다.

제4 어운(魚韻)의 표면적 핵모는 u가 되지만, 이를 촬구호로 처리하기 위해서는 핵모 제로(ø)를 설정하고 /iu/를 개모로 처리하면 된다. 음가의 대응은 다음과 같다.

(5) 음가의 대응

홍무정운		홍무정운역훈
魚語御 /iu/	→	유

4.2.5. 제5 模姥暮

4.2.5.1.『홍무정운역훈』일람

자모	역훈	평/반절/속음	상/반절/속음	거/반절/속음
見	구	孤/攻乎	古/公土	顧/古慕
溪	쿠	枯/空胡	苦/孔五	庫/苦故
疑	우	吾/訛胡	五/阮古	誤/五故

端	두	都/東徒	覩/董五	妒/都故
透	투		土/他魯	兎/土故
定	뚜	徒/同都	杜/徒古	度/獨故
泥	누	奴/農都	弩/奴古	怒/奴故
幫	부	逋/奔謨	補/博古	布/博故
滂	푸	鋪/滂模	普/滂五	鋪/普故
並	뿌	蒲/薄胡	簿/裵古	步/薄故
明	무	模/莫胡	姥/莫補	暮/莫故
非	ᄫᅮ	敷/芳無	撫/斐古	赴/芳故
奉	ᄬᅮ	扶/逢夫	輔/扶古	附/防父
微	ᄝᅮ	無/微夫	武/罔古	務/亡暮
精	주	租/宗蘇	祖/摠五	作/臧祚
淸	추	麤/倉胡		措/倉故
從	쭈	徂/叢租	粗/坐五	祚/靖故
心	수	蘇/孫租		素/蘇故
照	주		阻/壯所	詛/莊助
穿	추	初/楚徂	楚/創祖	楚/創故
牀	쭈			助/狀/祚
審	수	蔬/山徂	所/疎五 數/所武	疏/所故
影	후	烏/汪胡	塢/安古	汙/烏故
曉	후	呼/荒胡	虎/火五	謼/荒故
匣	ᅘᅮ	胡/洪孤	戶/侯古	護/胡故
來	루	盧/龍都	魯/郎古	路/魯故

4.2.5.2. 대역의 해석

『홍무정운』의 제5 모운(模韻)은 『광운』의 모운(模韻)을 계승한 것이며, 『중원음운』에서는 어운(魚韻)과 통합되어 어모운(魚模韻)이 되었다.

(1) 광운 운경 홍무정운 중원음운

광운	운경	홍무정운	중원음운
模姥暮	內轉12合1等[u]	模姥暮	魚模(洪音)

그런데 『광운』의 모운(模韻)에는 순경음과 정치음(照2系)이 포함되어 있지 않다. 순경음은 진즉 홍음(洪音)이 되었으므로, 『홍무정운』에서 제5

모운(模韻)에 들어 당연하고, 정치음(照2系)은 『광운』에서 어운(魚韻)에 속하여 세음(細音)으로 분류되는데, 정치음(照3系)에 선행하여 설첨화(舌尖化)의 단계에 들면서 개모(介母) i가 소실되어 홍음(洪音)이 된 것이다. 정치음 조3계(照3系)는 『홍무정운』에서도 여전히 제4 어운(魚韻)에 속하여 세음(細音)이고, 조2계(照2系)는 제5 모운(模韻)에 속하여 홍음(洪音)이다. 『고금운회거요』에서도 이 상황은 다음처럼 마찬가지이다(竺家寧 1986: 130~133).

(2) 중고말기 운회
模韻 [u] > 孤韻 [u]
魚, 虞韻 [iu] > 脣輕音, 照2系: 孤韻 [u]
기타: 居韻 [iu]

어(魚), 우(虞), 모운(模韻)의 순차적 합류는 『운경』과 『절운지장도』에서 다음처럼 잘 나타난다.

(3)

광운	운경	지장도	홍무정운
魚韻	內轉11開3等	3獨3等	4魚韻
虞韻	內轉12合3等	3獨3等	〃
模韻	內轉12合1等	3獨1等	5模韻

『홍무정운역훈』의 대역은 『절운지장도』의 체계와 부합되어 상보적 운목 관계에 있으므로, 제4 어운(魚韻)과 제5 모운(模韻)은 같은 핵모로 처리되어 충분하고 적절하다. 음가의 대응은 다음과 같다.

(4) 음가의 대응
홍무정운 홍무정운역훈
模姥暮 /u/ → 우

4.2.6. 제6 皆解泰

4.2.6.1.『홍무정운역훈』일람

자모	역훈	평/반절/속음	상/반절/속음	거/반절/속음
見	개	該/柯開	改/居亥	蓋/居大
	개	皆/居諧/계	解/佳買/계	戒/居拜/계
	괘	皆/居諧/계	解/佳買/계	戒/居拜/계
溪	캐	開/丘哀	愷/可亥	慨/丘蓋
	컈	揩/丘皆/켸	鍇/口駭/켸	革皆/口戒/켸
	쾌			快/苦夬
疑	애	皚/魚開	騃/語駭	艾/牛蓋
	얘			睚/牛懈/애
	왜			外/五塊
端	대			帶/當蓋
				戴/丁代
透	태	胎/湯來		泰/他蓋
定	때	臺/堂來	待/蕩亥	代/度耐
				大/度柰/따
泥	내	能/囊來	乃/囊亥	柰/尼帶
幫	배		罷/補買	拜/布怪
滂	패			派/普夬
並	빼	排/步皆		敗/薄邁
明	매	埋/謨皆	買/莫蟹	賣/莫懈
精	재	哉/將來	宰/子亥	再/作代
清	채	猜/倉才	采/此宰	菜/倉代
從	째	裁/牆來	在/盡亥	在/昨代
心	새	鰓/桑才		塞/先代
照	재	齋/莊皆		債/側賣
穿	채	差/初皆	跐/初買	嘬/楚邁
			茝/昌亥	瘥/楚懈
牀	째	豺/牀皆	廌/鉏買	砦/助邁
審	새	簁/所皆	灑/所蟹	曬/所賣
影	해	哀/於開	哀/於開	愛/於蓋
				嗄/於邁

	ᅙᅢ		矮/鴉蟹	隘/烏懈
曉	해	咍/呼來	海/呼皆	
匣	ᅘᅢ	孩/何開	亥/胡改	害/下蓋
			夥/胡買/로	
			駭/下楷	
	ᅘᅤ	諧/雄皆/ᅘᅨ	蟹/胡買/ᅘᅨ	械/下戒/ᅘᅨ
	ᅘᅫ	懷/乎乖		壞/華賣
喩	애	涯/宜皆		
來	래	來/郎才		賴/落蓋
				徠/洛代

4.2.6.2. 대역의 해석

『홍무정운』의 제6 개운(皆韻)은 『광운』 및 『중원음운』의 운부와 다음과 같은 관계를 갖는다. 이해의 편의를 위해 제7 회운(灰韻)을 함께 보인다.

(1)

광운	운경	홍무정운	중원음운
○○泰	外轉15開1等[ɑi]		
	〃 16合1等[uɑi]		
佳蟹卦	〃 15開2等[ai]		
	〃 16合2等[uai]	皆解泰	皆來
皆駭怪	〃 13開2等[ɐi]		
	〃 14合2等[uɐi]		
○○夬[20]	〃 13開2等[æi]		
	〃 14合2等[uæi]		
咍海代	〃 13開1等[Ai]		
灰賄隊	〃 14合1等[uAi]	灰賄隊(부분)	齊微(合口)

제6 개운(皆韻)은 『광운』의 해섭(蟹攝) 1, 2등에 속하는 자가 소속되어 있고(灰韻 제외), 『중원음운』의 개래운(皆來韻)과 등가의 관계에 있다. 우선 해섭(蟹攝) 1, 2등자의 현대음에로의 변화 과정을 살펴보기로 하겠다

20) 夬韻(去聲)은 外轉 13, 14의 입성란을 빌려 배열되어 있다. 추정 음가에 대한 논의는 孔仲溫(1987: 180~182)을 참조.

(王力 1980: 134~180, 方孝岳 1979: 149~165, 中韓辭典 1989).

(2) 해섭 1등, 2등자의 변화

중고		근대		현대
泰(開)	>	ai	>	ai, ei(脣音), a(大)
(合)	>	uai	>	uai, uei~ui
佳蟹卦(開)牙, 喉	>	iai	>	ie, ia(疑, 影, 喩母)
기타	>	ai	>	ai
(合)	>	uai	>	ua
皆駭怪(開) 牙, 喉	>	iai	>	ie, ia(疑, 影, 喩母)
기타	>	ai	>	ai
(合)	>	uai	>	uai
夬(開)	>	ai	>	ai
(合)	>	uai	>	uai, ua(話)
咍海代(開)	>	ai	>	ai
灰賄隊(合)	>	uəi	>	uei~ui, ei(脣音)

해섭(蟹攝) 1등, 2등자의 변화 과정에서 회운(灰韻)을 제외하고는 근대음에서 모두 동일한 핵모로 합류된 것을 보면, (1)에 보인 『홍무정운』의 분운은 당시의 현실성을 잘 반영하고 있음을 알 수 있다. 2등운의 아음 및 후음의 성모는 근대 및 현대에서 모두 설면구개음으로 변화했는데, 『홍무정운역훈』의 대역을 보아서도 알 수 있듯이 설면구개음화는 개모 i의 발생에 후행하는 음운 변화이다.

(3) 해섭(蟹攝) 1등, 2등자의 아음과 후음(k, h로 대표)

	A		B		C
(아음)	kai	>	kiai	>	tʃie
(후음)	hai	>	hiai	>	ʃie

여기에서 『홍무정운역훈』의 대역은 <B> 단계를 기준으로 한 것이다. 거성 갑모(匣母)의 '夥, 駭'는 등운과 대역의 관계가 상응하지 않는데, 『사

성통해』의 정음에 의해 'ᅘᅫ' 대역으로 복원된 것들이다. 『사성통해』에는 이들 자에 다음과 같은 주음도 있다.

(4) 『사성통해』의 '夥, 駭'의 주음
가. 夥: 竝音 홰
나. 駭: 韻會 蒙韻 ᅘᅢ

이러한 주음은 등운 정보와 일치되어 전통적 음계를 반영한 것임을 알 수 있다. 그러나 '駭'는 현대음이 설면구개음화하지 않고 그대로 후음 계열임을 감안하면, 진즉 1등운에 편입된 것이라 할 수 있다.

(5) 자	광운	운경	현대음
駭	駭韻	外轉13開2等	hai
夥	果韻	內轉28合1等	huo
		外轉16合2等	未詳

『중원음운』에서 '夥'는 성모를 달리하여 나타난다.

(6) 歌戈韻(上聲) ……夥…… [luo]

이것은 물론 '夥'의 속음 '로'에 대한 직접적 해답이 되는 것으로서, 해섭(蟹攝)과 지섭(止攝)의 니모(泥母), 래모(來母)의 합구자는 현대에서 개구로 변화한 사실을 참조하면(董同龢 1979: 220), 제6 개운(皆韻)의 '夥'는 성모와 운모의 상호 변화 속에서 개구로 대역되었다고 생각된다. (5)의 현대음도 과운(果韻)의 음계를 계승한 것이기 때문에 해섭(蟹攝)의 '夥'의 변화는 미상이다.

한편, 거성 천모(穿母)의 '嘬'는 『운경』이나 『절운지장도』에서 모두 합구 2등에 속해 있고, 현대음도 'tʂ'uai'로서 합구성을 그대로 유지한 것을 보면 『홍무정운역훈』의 대역은 아무래도 '쵀'가 되어야 할 것으로 보인다. 이렇게 되면 '최, 차'의 대역은 각각 '쵀, 채'가 되어 『홍무정운』대로 분운되어야 할 것이므로, 『홍무정운역훈』의 합병은 적절치 못한 것으로 생각된다. 『사성통해』에서도 '최'의 주석에 '蒙韻 쵀'로 기록하여 이점이 지적되어 있다. 제6 개운(皆韻)의 핵모는 저모음 /a/로 설정되어 논란의 여지가 없다. 음가의 대응은 다음과 같다.

(7) 음가의 대응

홍무정운		홍무정운역훈
皆解泰 /ai/	→	애
/iai/	→	얘
/uai/	→	왜

제6 개운(皆韻)에 대한 『홍무정운역훈』의 운모에 대한 속음은 다음의 두 유형으로 분류된다.

(8) 제6 개운의 속음의 유형
가. 아음, 후음 2등자: 얘 → 예 (疑, 影, 喩母 제외)
나. 개별자에 대한 속음
① 大 때 → 따
② 夥 쪠 → 로

(8-나)의 개별자에 대한 속음은 개별적 특례에 속한다. '大'는 (2)의 현대음으로부터, '夥'는 (6)의 『중원음운』 음으로부터 그 해명을 얻을 수 있다. (8-가)의 아음 및 후음에 대한 속음은 현대음과 연결되어 체계적 변화과정으로 파악될 성질이다. 즉 아음 및 후음의 2등자는 근대 및 현대에서 성모의 변화와 함께 핵모의 변화도 일어났는데, 『홍무정운역훈』의 속음에서 성모의 변화는 반영하고 있지 않으므로 핵모의 변화가 선행되었다

고 할 수 있다. 그래서 전술한 바의 (3)의 변화 단계는 다음처럼 하나의 단계를 추가할 수 있다.

(9) 변화의 단계

	A		B		C		D
가. 아음	kai	→	kiai	→	kiei	→	tʃie
나. 후음	hai	→	hiai	→	hiei	→	ʃie
다. 疑母	ŋai	→	ŋiai	→	iai	→	ia
라. 影母	ʔai	→	ʔiai	→	iai	→	ia
마. 喩母	øai	→	øiai	→	iai	→	ia

이와 같은 변화 과정에서 의모(疑母), 영모(影母), 유모(喩母) 등의 자가 핵모 변화의 과정을 밟지 못한 것은, 이들 자의 성모가 영성모화하여 설면구개음화에 참여할 수 없었기 때문이다. 이것을 보더라도 성모의 설면구개음화가 핵모의 변화에 선행했음을 충분히 짐작할 수 있다. 요컨대 (8-가)의 속음은 (9)의 <C> 단계를 보여주는 것이며, 아울러 의모(疑母), 영모(影母)의 영성모화도 반영되었음을 암시하는 것이다. 중세 국어의 중성 '어'는 [ɛ~ə]에 걸치는 음가 영역을 가지므로 [iei]에 대한 속음 대역 '예'는 적절한 것이다.

4.2.7. 제7 灰賄隊

4.2.7.1. 『홍무정운역훈』 일람

자모	역훈	평/반절/속음	상/반절/속음	거/반절/속음
見	귀	傀/姑回	詭/古委	儈/古外
		規/居爲		貴/居胃
溪	퀴	恢/枯回	魁/苦猥	觖/窺睡

			跬/犬蘂	喟/丘媿
群	뀌	葵/渠爲/끼	跪/渠委	匱/具位
				悸/具委
疑	위	危/吾回	隗/五罪	魏/魚胃
端	뒤	堆/都回		對/都內
透	튀	推/通回		退/吐內
定	뛰	隤/徒回	鐓/杜罪	隊/杜對
泥	뉘		餧/駑罪	諉/女恚
				內/奴對
幫	뷔	杯/晡回/븨		背/邦妹/븨
滂	퓌	丕/鋪杯/쁴		配/滂佩/픠
並	쀠	裴/蒲枚/쁴	琲/部浼/쁴	旆/步昧/쁴
			岯/部癸/쁴	
明	뮈	枚/謨杯/믜	美/莫賄/믜	
精	쥐	嗺/遵綏	觜/卽委	醉/將遂
		厜/津垂		
清	취	崔/倉回	漼/取猥	翠/七醉
			趡/千水	
從	쮜	摧/徂回	辠/徂賄	萃/秦醉
心	쉬	雖/蘇回	髓/息委	歲/須銳
邪	쒸	隨/旬威		遂/徐醉
照	쥐	隹/朱惟	捶/主蘂	惴/之瑞
穿	취	吹/昌垂	揣/楚委	吹/蚩瑞
牀	쮜	垂/直追		墜/直類
審	쉬	衰/所追/쇄	水/式軌	稅/輸芮
				帥/所類
禪	쒸	誰/視佳		瑞/殊僞
影	휘	猥/烏魁	猥/烏賄	穢/烏胃
				尉/紆胃
曉	휘	灰/呼回	賄/呼罪	誨/呼對

		睢/翾圭	毁/虎委 虫/許偉	睢/香萃
匣	훼	回/胡瑰		潰/胡對 慧/胡桂
喩	위	爲/于嬀		叡/于芮/쉬 胃/于位
來	뤼	雷/盧回	壘/魯猥	類/力遂
日	쉬	甤/如佳 痿/儒佳	蘂/如累	汭/儒稅

4.2.7.2. 대역의 해석

『홍무정운』의 제7 회운(灰韻)은 『광운』 및 『중원음운』의 운부와 다음과 같은 관계를 갖는다.

(1) 광운	운경	홍무정운	중원음운
灰賄隊	內轉14合1等[uAi]		
○○泰	外轉16合1等[uɑi]		
齊○霽	內轉14合4等[iuɛi]		
○○祭	內轉14合3等[juɛi]	灰賄隊	齊微(合口)
○○廢	內轉10合3等[juɐi]		
支紙寘	內轉 5合3等[jue]		
脂旨至	內轉 7合3等[jui]		
微尾未	內轉10合3等[juəi]		

『광운』의 해섭(蟹攝), 지섭(止攝)의 합구자들이 『홍무정운』의 제7 회운(灰韻)에 속해 있다. 『중원음운』 제미운(齊微韻)의 합구와 등가 관계에 있으므로, 제7 회운(灰韻)은 근대음의 상황을 잘 반영하고 있다고 할 수 있다. 특히 『홍무정운역훈』의 대역은 1등과 3, 4등의 구분 없이 '위'로 되어 있으므로, 이러한 대역도 근대음의 특색과 일치된다. 우선 (1)에 보인 해

당 운들의 변화 과정을 살펴보겠다(王力 1980: 159~161).

(2) 중고 현대
蟹, 止攝(合 1,3,4等) > /uəi/([uei], [ui] / C__)
[ei](脣音, 泥母, 來母)

/uəi/에서 /ə/가 탈락하여 [ui]가 되는 것은 한어에서 무표모음의 탈락으로 설명될 수 있는 음운 현상이다. 현대 한어의 기저 모음 체계와 아울러 무표모음(default vowel)이 핵모인 운모의 전개 양식을 보이면 다음과 같다.

(3) 현대 한어의 기저 모음과 변이
가. 현대 한어의 기저 모음

i u
ə
a

나. 음가의 변이(변이의 폭은 전후설임, 반모음화는 고려하지 않음)

/i/ → [i, ɿ, ʅ]
/iu/ → [y]
/ə/ → [e, ə, ɤ]
/a/ → [a, A, ɑ]

(4) 무표모음의 운모 전개와 변이
가. 무표모음(無標母音) /ə/의 운모 전개

개	제	합	촬	운미
ə	iə	uə	iuə	-ø
əi		uəi		-i
əu	iəu			-u
ən	iən	uən	iuən	-n

əŋ　　iəŋ　　uəŋ　　iuəŋ　　-ŋ

나. 운모의 변이(C는 자음)

/əi/ → [ei]
/iəu/ → [iəu], [iu] / C__
/iən/ → [in]
/iəŋ/ → [iŋ]
/uəi/ → [uei], [ui] / C__
/uən/ → [uen], [un] / C__
/uəŋ/ → [ueŋ], [uŋ] / C__
/iuə/ → [ye]
/iuən/ → [yn]
/iuəŋ/ → [yŋ]

위와 같은 기저 4 모음 체계에서 /ə/는 탈락을 겪는 유일한 음운이다. 그래서 『홍무정운역훈』의 일람에 보인 대부분의 자들은 자음으로 시작되기 때문에 제7 회운(灰韻)의 기저 운모 /uəi/는 [ui]로 실현되며, 음성적으로 영성모라 할 수 있는 유모(喩母)의 자는 /ə/의 탈락이 없다. 해당 유모자(喩母字)의 현대음은 다음과 같다.

(5) 유모자(喩母字)의 현대음

자	현대음
爲	[uei]
胃	〃
叡	[ʐui]

'叡'는 『홍무정운역훈』의 속음에서도 알 수 있듯이, 일모화(日母化)의 변화 과정을 밟았기 때문에 /ə/의 탈락이 생긴 것이다. 물론 (5)의 외에도 의모(疑母), 영모(影母)의 자들도 유모화(喩母化)에 의해 현대음이 [uei]이

다. (2)에 보인 변화가 14세기를 전후해서 완료된 것이라고 하면(王力 1980: 160), 『홍무정운역훈』의 편찬자들이 채취했을 현실음은 현대음과 큰 차이가 없었을 것이므로, 제7 회운(灰韻)을 모두 '위'로 대역한 것은 대역의 체계적 통일을 위해서 소수의 [uei]를 무시했다고 할 수 있다. 여기서 [uei]를 무시한 것은 『홍무정운역훈』의 운모 전개에서 불가피한 상황이었다. 즉 '위'와 동일 계열의 운부(압운되는 체계)가 되면서, [uei]를 대역하려면 'ㅜ, ㅡ, ㅓ'의 세 모음이 한 음절로 결합되어야 하는데, 이런 경우 '으'가 음절 표면형으로 실현되지 않으므로 국어의 음운 결합의 현실에서 불가능하기 때문이다.

한편, [uei]에 대한 음성적 대역으로 적절한 '웨'는 '위'와의 계열 관계가 성립하지 않기 때문에 체계적으로 불가능하다. 이와 같은 불일치는 한어와 국어의 무표모음이 음절화의 과정에서 일치가 이루어지지 않는 까닭이다. 이 관계를 다시 운모 전개로 보이면 다음과 같다.

(6) 운모 전개의 대조

	홍무정운		홍무정운역훈
가.	개 /əi/	→	의
	제 /iəi/	→	이
	합 /uəi/	→	위
	촬 /iuəi/	→	위
나.	개 /ɐi/	→	에
	제 /iɐi/	→	예
	합 /uɐi/	→	웨
	촬 /iuɐi/	→	웨

이와 같이 『홍무정운역훈』의 대역 체계에서는 '위'는 '의' 계열의 합구호이며, '웨'는 '에' 계열의 합구호이기 때문에 『홍무정운역훈』의 대역 체

계에서는 전혀 동일 계통의 운부가 될 수 없다. 그러나 한어에서는 [ui]와 [uei]가 모두 무표모음 /ə/의 전개 과정에서 나타나기 때문에 동일 계통의 운부가 될 수 있다. 이러한 차이는 한어와 국어의 무표모음이 음절 구조와의 관련에서 그 행동 양식의 차이가 있는 까닭이다. 한어의 무표모음은 국어의 무표모음보다 출현 환경의 제약을 적게 받는다고 할 수 있다.

그런데 『홍무정운역훈』의 대역 운부 '위'는 국어의 음절 구조로 보면 다음과 같은 두 계열의 기저형을 가질 수 있다는 것을 지적할 수 있다.

(7) '위'의 두 가지 기저형
  가. /우으이/ → 위: 핵모 '으' 계열
  나. /우이/ → 위: 핵모 ø 계열

『홍무정운』의 체계에 따른다면 제7 회운(灰韻)은 마땅히 (7-가)에 속해야 하겠으나, 『홍무정운역훈』의 대역 체계로는 제7 회운(灰韻)의 대역 운부가 '위'밖에 없기 때문에 (7-나)에 속할 수도 있을 것이다. 이것은 『홍무정운』의 표면형을 대역의 일차적 기준으로 한 『홍무정운역훈』과 자국 언어의 기저형을 분운의 대상으로 한 『홍무정운』과의 구조적 차이에서 비롯된 것임은 물론이다.

『홍무정운역훈』의 대역 체계가 압운 정보를 충실히 줄 수 있는 운서의 규범에서 벗어나지 않고 있음은 모든 운목의 운모 전개에서 확인되는 체계적 사실이다. 이를 위해서는 국어의 음절 구조에 따른 운모 전개가 필수적이며 결과적으로는 [ui]와 [uei]를 대역에서 양립시킬 수 없게 하는 부득이함도 초래되었다고 할 것이다. 이러한 이유로 인하여 『홍무정운』과 『홍무정운역훈』의 관계가 단순한 대음이 아니라 대역으로 평가되는 것이다. 음가의 대응은 다음과 같다.

(8) 음가의 대응

	홍무정운		홍무정운역훈
灰賄隊	/uəi/	→ [ui]	→ 위
		→ [uei]	

『홍무정운역훈』의 제7 회운(灰韻)에 대한 운모상의 속음은 다음처럼 두 경우로 나눌 수 있다.

(9) 속음의 유형
가. 순음자에 대한 체계적 속음: 위 → 의
나. 개별자에 대한 속음
揣: 취 → 쵀
衰: 쉬 → 쇄
葵: 뀌 → 끼

순음자에 대한 속음은 제7 회운(灰韻)의 운모 전개와 관련된 체계적 속음으로 파악될 성질이다. 순음 성모하의 개모 u가 중화되어 다음처럼 된 것은 (2)에서 보인 것처럼 근대 및 현대의 전반적인 경향이다.

(10) /uəi/ → [ei] / [순음]__

이것은 단순히 합구 개모 u의 소실이기 때문에 해당 운목의 '합구호 → 개구호'의 변화에 불과하다. 그러므로 정음과 속음의 관계는 해운(諧韻)될 수 있는 체계성을 잃지 않는 것이 바람직할 것이므로, 합구호 정음 '위'의 개구호인 '의'가 속음으로 선택되었다고 생각된다.

(9-나)의 속음은 개별적인 것인데, 이들 자의 『중원음운』 및 현대음을 보이면 다음과 같다.

(11)

자	중원음운		현대음
揣	皆來	[tʂʻuai]	[tʂʻuai]
衰	〃	[ʂuai]	[ʂuai]
	齊微	[tʂʻuei]	[tsʻui]
葵	齊微	[kʻuei]	[kʻui]

'葵'에 대한 속음 '끼'의 정체는 (11)로써는 알 수 없지만, 칼그렌(B. Karlgren, 趙元任, 李方桂 譯本 1948: 566)의 방언자휘(方言字彙)에 채취한 '葵'의 음은 한음(漢音)이 'ki', 오음(吳音)이 'gi'이므로 속음은 이러한 계통의 음과 유사한 방언을 반영한 것으로 보인다.

4.2.8. 제8 眞軫震質

4.2.8.1. 『홍무정운역훈』 일람

자모	역훈	평/반절/속음	상/반절/속음	거/반절/속음	입/반절/속음
見	근	根/古痕		艮/古恨	
	긴/긴	巾/居銀	緊/居忍		吉/激質
	군/굳	昆/公渾	袞/古本		骨/古忽
	균/귣	鈞/規倫	攟/擧蘊	捃/居運	橘/厥筆
					屈/九勿
溪	큰		懇/口狠	硍/苦恨	
	킨/킨			菣/去刃	乞/欺訖
	쿤/쿧	坤/枯昆	梱/苦本	困/苦悶	窟/苦骨
	퀸/퀻	囷/區倫	稛/苦隕		屈/曲勿
群	낀	勤/渠巾	近/巨謹	僅/具吝	
	뀬/뀯	羣/渠云	窘/巨隕	郡/具運	䘿/渠勿
疑	은	垠/五根/은	眼/魚懇/은		
	인/읻	銀/魚巾	听/語謹/인	憖/魚僅/인	仡/魚乞/잉
	/온				兀/五忽/웅

端	둔/둔	敦/都昆		頓/都困	咄/當沒
	/듄				殺/都律
透	툰	暾/他昆		褪/吐困	
		吞/他昆/튼[21]			
定	뚠/뚠	屯/徒孫	盾/徒本	鈍/杜困	突/陁訥
泥	닌/닌	紉/尼鄰			暱/尼質
	눈/눈			嫩/奴困	訥/奴骨
幫	빈/빈	賓/卑民	稟/必敏	儐/必刃	必/壁吉
	분/분	奔/逋昆/븐	本/布袞/븐	奔/逋悶/븐	不/逋沒
滂	핀/핀	繽/紕民	品/丕敏		匹/僻吉
	푼/푼	歕/鋪鼋/픈		噴/普悶/픈	朏/普沒
並	삔/삔	頻/毗賓	牝/婢忍		弼/薄密
	뿐/뿐	盆/蒲奔/쁜		坌/步悶/쁜	孛/蒲沒/쁭
明	민/민	民/彌鄰	泯/弭盡		密/覓筆
	문/문	門/謨奔/믄	懣/母本/믄	悶/莫困/믄	沒/莫勃
非	ᄫᅮᆫ/ᄫᅮᆫ	芬/敷文/ᄫᅳᆫ	粉/府吻/ᄫᅳᆫ		拂/敷沕
奉	ᄬᅮᆫ/ᄬᅮᆫ	汾/符分/ᄬᅳᆫ	憤/房吻/ᄬᅳᆫ	分/房問/ᄬᅳᆫ	佛/符勿
				僨/方問[22]	
微	ᄝᅮᆫ/ᄝᅮᆫ	文/無分/ᄝᅳᆫ	吻/武粉/ᄝᅳᆫ	問/文運/ᄝᅳᆫ	勿/文拂
精	진/진	津/資辛	盡/卽忍	晋/卽刃	堲/子悉
	준/준	尊/租昆	撙/祖本	焌/祖寸	卒/臧沒
				鐏/祖悶	
	쥰/쥰			俊/祖峻	卒/卽律
清	친/친	親/七人		親/寸遴	七/戚悉
	춘/춘	村/倉尊	忖/趨本	寸/村困	卒/蒼沒
	츈/츈	逡/七倫			焌/促律
從	찐/찐	秦/慈鄰	盡/慈忍	盡/齊進	疾/昨悉
	쭌	存/徂尊	鱒/徂本		

21) '呑'은 소운목 '暾'에 소속된 자이나, 속음이 주기되어 있으므로 보인 것이다.
22) 이 자는 비모(非母)에 속하여 대역이 'ᄫᅳᆫ'이 되어야 할 것으로 생각된다.

	/ᄍᆑᆫ				崒/昨律
心	신/싄	辛/斯鄰		信/思晋	室/息七
	순	孫/蘇昆	損/蘇本	巽/蘇昆	
	슌/ᄉᆑᆫ	荀/須倫	笱/聳允/순	峻/須閏	恤/雪律
					窣/蘇骨
邪	씬			燼/徐刃	
	쓘	旬/祥倫		殉/松閏	
照	즌/즌	臻/側詵			櫛/側瑟
	진/즨	眞/之人	軫/止忍	震/之刃	質/職日/짛[23]
	쥰/ᄌᆑᆫ	諄/朱倫	準/之允	稕/朱閏	窋/竹律
穿	츤		齓/初謹	藽/初覲	
	친/칀	瞋/稱人	辴/丑忍	趂/丑刃	叱/尺栗
	츈/ᄎᆑᆫ	春/樞倫	蠢/尺允		出/尺律
牀	쯘	榛/鉏臻			
	찐/쯴	陳/池鄰	紖/直忍	陣/直刃	秩/直質
審	슨/슨	莘/疏臻			瑟/色櫛
	신/싄	申/升人	哂/失忍		失/式質
	/ᄉᆑᆫ				率/朔律/ᄉᆑᇂ
	슌			舜/輸閏	
禪	씬	辰/丞眞	蜃/時軫	愼/時刃[24]	
	쓘/ᄊᆑᆫ	純/殊倫		順/食閏	術/食律
影	흔	恩/烏痕			
	힌/ᅙᅴᆫ	因/伊眞	隱/於謹	印/衣刃	一/益悉
	훈/ᅙᅮᆫ	溫/烏昆	穩/烏本		嗢/烏骨
	휸/ᅙᆑᆫ	氳/紆倫	蘊/委粉	醞/於問	鬱/紆勿
曉	힌/ᅘᅴᆫ	欣/許斤	蟪/許謹	釁/許刃	肸/黑乙
	훈/ᅘᅮᆫ	昏/呼昆		惛/呼困	忽/呼骨

23) 운 안의 종성은 모두 같다(韻中終聲同).

24) '愼'은 『홍무정운역훈』에 '찐'으로 오각되어 있다.

	휸/휻	熏/許云		訓/吁運	飶/休筆
匣	ᅘᅳᆫ/ᅘᅳᆮ	痕/胡恩	狠/下懇	恨/下艮	覈/下沒
	ᅘᅮᆫ/ᅘᅮᆮ	魂/胡昆	混/湖本	慁/胡困	鶻/胡骨
	/ᅘᅲᆮ				欻/叶勿
喻	인/읻		引/以忍	孕/羊進	逸/弋質
	윤/윧	雲/于分	隕/羽敏	運/禹慍	聿/以律
					颶/王勿
來	린/릳	鄰/離珍	嶙/良忍	吝/良刃	栗/力質
	룬/룯	論/盧昆		論/盧困	硉/盧沒
	륜/륟	倫/龍春			律/劣戌
日	ᅀᅵᆫ/ᅀᅵᆮ	人/而鄰	忍/爾軫	刃/而振	日/人質
	ᅀᅲᆫ		盾/乳允	閏/儒順	

4.2.8.2. 대역의 해석

『홍무정운』의 제8 진운(眞韻)은 『광운』 및 『중원음운』의 운부와 다음과 같은 관계를 갖는다.

(1)	광운	운경	홍무정운	중원음운
臻攝	眞軫震質	外轉17開3等[jen]	眞軫震質	眞文
	諄準稕術	〃 18合3等[juen]		
	臻　　櫛	〃 17開2等[en]		
	文吻問物	〃 20合3等[juən]		
	欣隱焮迄	〃 19開3等[jən]		
	魂混慁沒	〃 18合1等[uən]		
	痕很恨(沒)	〃 17開1等[ən]		
深攝 :	寑	內轉38開3等[jəm]		

(寑韻은 순음만 해당됨)

『광운』의 심섭(深攝)은 운미가 -m이지만 침운(寢韻)의 순음자는 『홍무정운』에서 진운(軫韻)에 소속되어 운미의 변화(m > n)를 보여주고 있다.[25] 현대 한어에서 운미 -m은 -n에 합류되어 변별되지 않음을 고려하면, 운미 중화의 통시적 과정에서 성모에 따른 선후의 차이가 있었음을 알 수 있다. 『중원음운』에서도 -m 운미와 -n 운미의 구별은 존재하고 있으나, 순음자만은 -n 운미화하여 『홍무정운』의 상황과 일치하고 있다. 그러나 『고금운회거요』에서는 『광운』의 침운(寢韻)에 소속되었던 '稟, 品' 등의 자가 자모운(字母韻)으로 금운(錦韻)에 소속되어 아직 -m 운미를 보존하고 있는데,[26] 이러한 제반 상황은 『홍무정운』의 분운이 근대음을 반영한 증거가 되며 통시적 과정은 다음처럼 배열될 것이다.

(2) 운미 -m의 변화

광운		운회		홍무정운, 중원음운		현대
m	>	m	>	순음: n	>	n
				기타 성모: m		

(1)에 보인 진섭(臻攝)과 침운(寢韻)의 핵모는 근대음 이후 ə로 추정되어 현대음과 차이가 없는데(應裕康 1970: 291, 王力 1980: 186) 적절한 추정으로 생각된다. 그런데 기저 모음 /ə/는 『홍무정운』이나 현대 한어에서 무표모음으로 작용하여 운모의 전개 과정에서 흔히 탈락하는 것은 전술한 바와 같다. 제8 진운(眞韻)의 운모 전개 과정을 보이면 다음과 같다(입성 제외).

---

25) 기타 성조(平, 去, 入)에는 순음이 없기 때문에 해당이 없다.

26) 『절운지장도』에서도 '稟, 品'은 6獨에 배열되어 운미에 있어서는 『고금운회거요』와 마찬가지이다.

(3) 제8 진운(眞韻)의 운모 전개

사호	기저형	표면형	홍무정운역훈
開	/ən/	[ən]	은
齊	/iən/	[in]	인
合	/uən/	[un]	운
撮	/iuən/	[iun]	윤

사호(四呼)의 전개에서 제(齊), 합(合), 촬(撮)의 대역에는 이의가 없겠으나, 개구호 [ən]에 대한 대역 '은'은 제2 지운(支韻)의 '으' 대역과 관련하여 체계적인 해석이 필요할 것이다. 제2 지운(支韻)의 '으' 대역은 기저모음 /i/의 변이음인 'ɿ' 또는 'ʅ'에 대응하는 것이라고 밝힌 바 있다. 이 관계를 다시 보이면 다음과 같다.

(4) /i/ → [i] / [−cor] ➞ 이
→ [ɿ,ʅ] / [+cor] ➞ 으

그러나 (3)에 성립되는 [ə]와 '으'의 대응은 (4)의 경우와는 성질이 다른 것이다. 여기에는 두 가지 측면, 즉 음성적 대응의 측면과 아울러 운모 전개의 체계적(음운적) 대응의 측면이 고려되었기 때문이다. 우선 음성적 대응에서 중세 국어의 '으'는 [ɿ, ʅ]와도 가깝고 [ə]와도 가깝다는 것을 전제할 수 있다. 중세 국어의 '으'는 [ɨ]에서 [ə]에 이르는 영역의 음가로 추정되므로, (3)과 (4)의 두 경우의 음성적 대응은 굳이 큰 문제가 되지는 않을 것이다.

특히 중세 국어의 모음 체계에서는 설첨 모음과 비설첨 모음의 대립이 없었으므로, [ɿ, ʅ]는 중세 국어의 화자에게 '으'에 가까운 것이었을 것임은 현대 한어와 현대 국어의 경우를 고려하더라도 추측하기 어렵지 않다. 그러나 [ə]에 대한 대역에는 중세국어의 '어'도 음성적으로 가능하다고 할 수 있으므로, 여기에는 체계적 대응 관계의 해석이 요구된다. 『홍무정운역훈』의 중성 '으, 어'의 사호 전개 양식은 전술한 바대로 다음과 같다.

(5) 모음 '으, 어'의 사호 전개

개	제	합	촬
으	이	우	유
어	여	워	웨

즉 '어'는 '이, 우, 유'와는 같은 운부가 될 수 없는 체계적 위치를 갖고 있다. (3)의 『홍무정운』의 표면형을 음성적으로만 대응시킨다면 '언, 인, 운, 윤'도 가능하겠지만 운서의 본질적 구조인 운모의 체계적 전개는 이것을 허용하지 않는다. 『홍무정운역훈』의 무표모음인 '으'와 『홍무정운』의 무표모음인 /ə/는 음성적 음가에 있어서 과부족 없이 일치하는 것은 아니겠으나, 체계적 가치가 동일하기 때문에 (3)과 같은 대역 관계를 『홍무정운역훈』의 편자들은 성립시켰다고 하겠다.

요컨대, 『홍무정운역훈』에서는 (3)과 (4)의 경우를 합병시켜 '으' 계열에 통합시킴으로써, 『홍무정운』의 고모음 계열과 중고모음 계열은 『홍무정운역훈』의 체계에서는 변별될 수 없게 되었다. 모음 계열의 대응과 함께 제8 진운(眞韻)의 음가의 대응을 보이면 다음과 같다.

(6) 모음 계열의 대응

홍무정운			홍무정운역훈
i	u	(高)	→ '으'系列
ə		(中高)	→ '으'系列
ɐ		(中低)	→ '어'系列
a		(低)	→ '아'系列

(7) 음가의 대응

	홍무정운		홍무정운역훈
眞軫震質	/ən/[ən], /-k/	→	은/읃
	/iən/[in], /-k/	→	인/읻
	/uən/[un], /-k/	→	운/욷
	/iuən/[iun], /-k/	→	윤/윧

제8 진운(眞韻)에 대한 『홍무정운역훈』의 운모상의 속음은 다음처럼 세 경우로 구분된다.

(8) 속음의 세 유형

가. 입성운미에 대한 일률적 속음: ㄷ → ㆆ

나. 순음 합구자에 대한 체계적 속음: 운 → 은

다. 개별자에 대한 속음

① 呑/툰 → 튼

② 孛/뿐 → 뿡

③ 筍/슌 → 순

④ 率/숟 → 쐥

(8-가)의 입성운미 -t에 대한 일률적 속음은 제1 동운(東韻)에서 살핀 내용과 마찬가지로 입성운미 '-p, -t, -k'의 중화에 이은 탈락의 과정으로 이해되는 것이다.

(9) 입성운미 -t의 소실 과정

가. [t]/ㄷ > 나. [ʔ]/ㆆ > 다. ø (zero)

즉『홍무정운』의 분운 체계는 (9-가)를 나타낸 것이고,『홍무정운역훈』의 속음은 (9-나)의 단계를 반영한 것인데, 속음화가 일률적으로 이루어지고 있으므로 당시 15세기에는 이미 입성운미에서 조음위치에 따른 변별은 없었다고 할 수 있다.

(8-나)의 순음 합구자에 대한 속음은 해당 운부의 구조적 전개 과정에서 벗어나지 않는 체계적 속음이기 때문에, 합구호 '운'에 대한 개구호 '은'이 선택된다. 합구 개모 u가 순음 성모에 흡수되는 것은 제7 회운(灰韻)의 경우와 같다.

(8-다)의 개별자에 대한 음가를 『중원음운』과 현대음에서 찾아보면 다음과 같다.

(10)

자	중원음운	현대음
呑	眞文 [tʰen]	[tʰun]
孛	---	[po]
筍	眞文 [syn]	[sun]
率	皆來 [ʂuai]	[ʂuai]

'呑'은 『광운』에서 흔운(痕韻)과 선운(先韻)에 소속되어 모두 개구이며 『중원음운』에서도 개구로 나타나고 있으나, 『홍무정운』에서 합구호로 된 것은 현대음 계통을 반영한 것으로 해석할 수 있다. 그러므로 '呑'에 대한 속음은 오히려 옛 운을 답습하여 반영한 예가 된다. 나머지 자들의 속음은 (10)에 보인 바와 같이 현대음이나 『중원음운』에서 그 근거를 찾을 있으므로, 당시의 현실음을 보인 것이라 하겠다.

4.2.9. 제9 寒旱翰曷

4.2.9.1. 『홍무정운역훈』 일람

자모	역훈	평/반절/속음	상/반절/속음	거/반절/속음	입/반절/속음
見	건/걷	干/居寒/간	稈/古旱/간	幹/古汗/간	葛/居曷

	권/궐	官/沽歡	管/古緩	貫/古玩	括/古活
溪	컨/컬	看/丘寒/칸	侃/空旱/칸	看/袪幹/칸	渴/丘葛
	퀀/퀄	寬/枯官	款/苦管		闊/苦括
疑	언			岸/魚幹/안	
	원	岏/吾官/원		玩/五換/원	
端	뒨/뒬	端/多官	短/都管	鍛/都玩	掇/都括
透	퉌/퉐	湍/他官	疃/土緩		脫/他括
定	뙨/뙬	團/徒官	斷/徒管	象/杜玩	奪/都活
泥	눤		煖/乃管	愞/奴亂	
幫	붠/붤	般/逋潘/번		半/博漫/번	撥/北末
滂	풘/풜	潘/蒲官/펀		判/普半/펀	潑/普活
並	뿬/뿰	槃/蒲官/뻔[27]	伴/蒲滿/뻔	畔/薄半/뻔	跋/蒲撥
明	뭔/뭘	瞞/謨官/먼	滿/莫旱/먼	縵/莫半/먼	末/莫葛
精	줜/줠	鑽/祖官	纂/作管	鑽/祖筭	繓/子括
清	천			竄/取亂/춴	
	/춸				撮/倉括
從	쭨	欑/徂官		攢/在玩	
心	숸	酸/蘇官	算/損管	筭/蘇貫	
影	헌/헐	安/於寒/한		按/於幹/한	遏/阿葛
	훤/훨	剜/烏歡	盌/烏管		斡/烏活
曉	헌/헐	暵/許干/한	罕/許旱/한	漢/虛汗/한	喝/許葛
	훤/훨	歡/呼官		喚/呼玩	豁/呼括
匣	ᅘᅥᆫ/ᅘᅥᆯ	寒/河干/ᅘᅡᆫ	旱/侯罕/ᅘᅡᆫ	翰/侯幹/ᅘᅡᆫ	曷/何葛/ᅘᅧᆼ[28]
	ᅘᅯᆫ/ᅘᅯᆯ	桓/胡官/원	緩/胡管/원	換/胡玩	活/戶括
		完/胡官/원[29]			
來	뤈/뤌	鸞/盧官	卵/魯管	亂/盧玩	捋/盧活

27) '뻔'의 오각으로 생각된다.

28) 운 안의 종성은 모두 같다(韻中終聲同).

29) '完'은 소운 '桓'의 소속이지만, 속음(우음)이 있으므로 보인 것이다.

4.2.9.2. 대역의 해석

『홍무정운』의 제9 한운(寒韻)은 『광운』 및 『중원음운』의 운부와 다음과 같은 관계를 갖는다.

(1)	광운	운경	홍무정운	중원음운
	寒旱翰曷(牙喉音)	外轉23開1等[ɑn]	寒旱翰曷	寒山(開 부분)
	桓緩換末	〃 24合1等[uɑn]		桓歡(合)

『홍무정운』에서 제9 한운(寒韻)이 제10 산운(刪韻)과 변별되어 서로 독립 운목이 되어 있는 것은 『중원음운』이나 현대 한어와 비교할 때 매우 특징적인 현상이다. 제9 한운(寒韻)을 운미가 같은 제8 진운(眞韻), 제10 산운(刪韻), 제11 선운(先韻) 등과 비교하면 이 특징이 뚜렷이 부각된다.

(2) 운목	개	제	합	촬	현대 한어
8眞	은	인	운	윤	→ /ən, iən, uən, yən/
9寒	언	--	원	--	┐
10刪	안	얀	완	--	┘→ /an, ian, uan, yan/
11先	--	연	--	원	

즉 제11 선운(先韻)은 제9 한운(寒韻)과 상보적인 운목이기 때문에 제9 한(寒), 제11 선운(先韻)은 같은 운부에 속하지만, 제8 진운(眞韻), 제9 한운(寒韻), 제10 산(刪韻) 등은 핵모의 차이로 변별되는 대립 운목들이라는 것이다. 그렇지만 현대 한어에서는 제9 한(寒)과 제10 산운(刪韻)이 동일한 핵모에 속하여 『홍무정운』과는 중요한 차이가 있다. 이 관계를 핵모의 차이로 다시 보이면 다음과 같다.

(3) 홍무정운 현대 한어

8眞:	核母 A	>	/ə/
9寒, 11先:	〃 B	>	/a/
10刪:	〃 C	>	〃

이와 같은 구조적인 차이가 『홍무정운』과 현대 한어 사이에 존재하기 때문에 기저 모음 체계도 다를 수밖에 없다. 『홍무정운』 제9 한운(寒韻)의 핵모의 음가는 저모음 [ɑ]에서 중모음화한 것으로 [ɐ]나 [ɤ] 정도로 추정되고 있다. 이렇게 되면 『광운』의 한운(寒韻)은 다음과 같은 과정을 거쳐 현대음에 이르렀다고 할 수 있다.

(4) 광운 홍무정운 현대 한어

寒韻 [ɑn] > [牙, 喉音 [ɐn]: 9寒 / 舌, 齒音 [an]: 10刪] > [an]

제9 한운(寒韻)의 핵모를 /ɐ/로 설정한 것은 개모나 운미와의 결합 관계에서 핵모가 전설 및 후설로 변이하며, 아울러 /ə/와 /a/ 사이에 위치해야 하기 때문이다. 이렇게 되어 『홍무정운』은 현대 한어와 기저 모음 체계에서 다음과 같이 뚜렷이 구분된다.

(5) 홍무정운 현대 한어

홍무정운			현대 한어		
(高)	i	u	(高)	i	u
(中高)	ə		(中)	ə	
(中低)	ɐ		(低)	a	
(低)	a				

즉 기저 모음 /ɐ/의 유무가 『홍무정운』과 현대 한어의 모음 체계를 구분짓는 결정 요소이다. 『홍무정운』에서 현대 한어로의 운모상의 구조적 변화는, 입성운미의 소실, -m 운미의 -n 운미화, 그리고 기저 모음 /ɐ/의 해체로 요약할 수 있을 것이다.30)

『홍무정운역훈』의 대역에서 'ᅳ'는 중고모음인 /ə/에, '어'는 중저모음 /ɐ/에 음운적으로 대응하여 대역 체계에서는 고저의 대립을 보인다. 음가의 대응은 다음과 같다.

(6) 음가의 대응

	홍무정운		홍무정운역훈
寒旱翰曷	/ɐn/ /-t/	→	언, 얻
	/uɐn/ /-t/	→	원, 웓

제9 한운(寒韻)에 대한 『홍무정운역훈』의 운모상의 속음은 다음과 같이 세 경우로 나뉜다.

(7) 속음의 세 종류
- 가. 입성운미에 대한 일률적 속음: ㄷ → ㆆ
- 나. 순음자에 대한 체계적 속음: 원 → 언
- 다. 개구자에 대한 일률적 속음: 언 → 안

(7-가)의 입성운미에 대한 속음은 전술하였으므로 논의를 생략한다(제1 東韻, 제8 眞韻 참조). (7-나)의 순음자에 대한 속음도 제8 진운(眞韻)의 속음에서 살핀 내용과 같은 성질의 것이다. 즉 /uɐn/에서 개모 u를 제외한 /ɐn/에 대한 대역으로 '언'이 채택된 것이다. 순음자에 대한 속음은 제9

30) 『홍무정운』의 기저 모음 /ɐ/에 속한 운모는 현대 한어에서 /i/, /ə/, /a/ 등으로 나뉘어 들어갔기 때문에 해체란 말을 사용한 것이다.

한운(寒韻)의 운모 전개에서 '합구호 → 개구호'의 변이를 보일 뿐이므로 체계적 속음이라 한 것이다.

한편, (7-다)의 '언 → 안'의 속음은 비록 일률적이긴 하지만 핵모의 차이와 관계되므로 순음자에 대한 속음과는 전혀 성격이 다르다고 할 수 있다. '언 → 안'의 속음은 (3)과 (4)에서 보인 것처럼 핵모 /ɐ/가 /a/에 합류된 사실을 반영한 것으로서, 모든 개구자(입성 제외)에 예외 없이 속음이 적용된 것은 당시에 이미 『중원음운』에처럼 제9 한운(寒韻)과 제10 산운(删韻)이 개구자에서 합류되어 변별되기 어려웠음을 의미한다고 할 수 있다.

『홍무정운』의 제9 한운(寒韻)이 현대음 /a/ 계열에 합류되는 과정에서 입성자는 제외되며 순음자는 포함되는데, 순음자의 俗音을 '안'으로 하지 않은 것은 순음자가 합구성의 영향으로 핵모의 변화가 늦은 까닭일 것이며, 기타 성모의 합구자에 대해서도 속음이 없는 것은 이 추측을 뒷받침하는 것이다. 다음과 같은 과정이 상정된다.

(8)	홍무정운			15세기		현대
寒旱翰	개구 /ɐn/		>	[an]	>	[an]
	합구 /uɐn/	순음	>	[ɐn]	>	[an]
		기타	>	[uɐn]	>	[uan]
曷	/ɐt/		>	[ɐʔ]	>	[ə]

『중원음운』에서도 환환운(桓歡韻)이 한산운(寒山韻)에 합류되지 않고 분립하여 있는 것은 (8)에 보인 15세기 단계와 그대로 일치하는 것으로, 『홍무정운역훈』의 속음에 의한 (8)의 변화 단계 설정이 사실과 부합됨을 알 수 있다.

4.2.10. 제10 删産諫轄

4.2.10.1.『홍무정운역훈』 일람

자모	역훈	평/반절/속음	상/반절/속음	거/반절/속음	입/반절/속음
見	갼/갿	姦/居顔	簡/古限	諫/居晏	戛/訖黠
	관/괃	關/姑還		慣/古患	刮/古滑
溪	캰/캳	慳/丘閑			楬/丘瞎
疑	ᅌᅣᆫ/ᅌᅣᆮ	顔/牛姦/얀	眼/五限	鴈/魚澗/얀	櫱/牙八/ᅌᅣᇦ
		虤/五閑/얀			
	ᅌᅪᆫ	頑/五還/완		薍/五患/완	
端	단/닫	單/都艱	亶/多簡	旦/得瀾	笪/當拔
透	탄/탇	灘/他丹	坦/他但	炭/他晏	闥/他達
					獺/逖轄
定	딴/딷	壇/唐闌	但/徒亶	憚/杜晏	達/堂滑
泥	난/낟	難/那壇	赧/乃版	難/乃旦	捺/乃八
	/놛				豽/女滑
幫	반/받	班/逋還	版/補綰		八/布拔
		煸/逋閑			
滂	판	攀/披班/펀		襻/普患	
				盼/匹襉	
並	빤	瓣/蒲閑		瓣/備莧	
明	만/맏	蠻/謨還	矕/母板	慢/莫晏	帓/莫轄
			昄/普板31)		
非	ᄫᅪᆫ/ᄫᅪᆮ	翻/孚艱/ᄫᅡᆫ	返/甫版/ᄫᅡᆫ	番/甫患/ᄫᅡᆫ	髮/方伐/ᄫᅡᇦ
				販/方諫/ᄫᅡᆫ	
奉	ᄬᅪᆫ/ᄫᅪᆮ	煩/符難/ᄬᅡᆫ		飯/符諫/ᄬᅡᆫ	伐/房滑/ᄬᅡᇦ

31) '昄'은 방모(滂母)에 속하여 '판'으로 대역되어야 할 것인데, 대역이 누락되어 명모(明母)인 '矕(만)'에 소속되어 있다.

微	/ᄫᅡᆫ				韈/無發
	ᄫᅪᆫ		晩/武綰	萬/無販	
精	잔/잔		儹/積産	贊/則諫	拶/宗滑
淸	찬/찬	餐/千山		粲/倉晏	擦/七煞
從	짠/짠	殘/財艱	瓚/在簡	瓚/才贊	巀/才達
			棧/徂限		
心	산/산	散/相關	散/蘇簡	散/先諫	薩/桑轄
照	잔/잔		醆/阻限		札/側八
					哳/陟轄
	좐	跧/阻頑			
穿	찬/찬		産/楚簡	鏟/初諫	察/初戛
				簒/初患	
牀	짠/짠	潺/鉏山	撰/雛産/쫜	棧/助諫	鍘/査轄
				綻/丈襉	
審	산/산	删/師姦	汕/所簡	訕/所晏	殺/山戛
			潸/數版		
	솬/솬	■/數還[32]			刷/數滑
影	ᅙᅣᆫ/ᅙᅡᆫ	黫/烏閑		晏/於諫	軋/乙黠
	ᅙᅪᆫ	彎/烏還	綰/烏版	腕/烏貫	
曉	/한				瞎/許轄
	환	儇/呼關			
匣	ᅘᅣᆫ/ᅘᅡᆫ	閑/何艱	限/下簡	莧/狹襉	轄/胡八/ᅘᅣᇢ[33]
	ᅘᅪᆫ/ᅘᅪᆫ	還/胡關		患/胡慣	猾/戶八
				骭/下患	
來	란/란	斕/離閑	嬾/魯簡	爛/郎患	剌/郎達

32) ■는 櫝에서 머리 宀를 빼고 대신 戶를 넣은 자이다.
33) 운 안의 종성은 모두 같다(韻中終聲同).

4.2.10.2. 대역의 해석

『홍무정운』의 제10 산운(刪韻)은 『광운』 및 『중원음운』의 운부와 다음과 같은 관계를 갖는다.

(1) 광운	운경	홍무정운	중원음운
刪潸諫鎋	外轉23開2等[an]		
	〃 24合2等[uan]		
山産襉黠	〃 21開2等[ɐn]	刪産諫轄	寒山(부분)
	〃 22合2等[uɐn]		
元阮願月	〃 22合3等[uɐn]		
寒旱翰曷	〃 23開1等[ɑn]		

(元韻은 순경음, 寒韻은 설음과 치음)

제10 산운(刪韻)은 『광운』의 산운(刪韻)의 음계를 계승한 것으로, 산운(山韻)과 한운(寒韻, 설음과 치음)이 이에 합류된 것이다. 원운(元韻)은 모두 3등운으로 개모 i를 지니는 것이나 순음 3등자는 순경음이 되면서 개모를 흡수하였으므로 진즉 산운(山韻)에 합류된 것이다. 한운(寒韻)은 1등운에 속하여 중고음에서 후설적 핵모 [ɑ]를 갖는 운이지만, 전설적인 2등운에 합류되는 과정에서 성모에 따른 차이를 『홍무정운』의 분운에 노출시키고 있다. 이것은 성모의 조음위치에 따른 다음과 같은 변화 방향의 차이로 이해될 수 있을 것이다.

(2) 광운			홍무정운		현대
寒韻 /ɑn/	설음, 치음	>	/an/ 刪韻	>	/an/
	아음, 후음	>	/ɐn/ 寒韻	>	〃

저모음에서의 1등과 2등은 한어 음운사에서 설면구개음의 생성과 관

련하여 음운적 역할로 구분된다. 아음과 후음의 2등자는 개모 i를 발생시키므로 성모의 설면구개음화에 참여하였지만, 아음과 후음의 1등자는 그렇지 않았다. 제6 개운(皆韻)의 아음, 후음의 2등자와 마찬가지로 제10 산운(刪韻)의 아음, 후음 2등자도 성모의 설면구개음화에 참여하고 있는데, 『홍무정운역훈』의 대역은 설면구개음화의 바로 앞 단계인 개모 i의 발생을 보여주고 있다.

한어 음운사에서 성모의 설면구개음화에 대한 시기 추정은 일정하지 않다. 『홍무정운역훈』에서 아음, 후음 2등자의 개모 i의 발생을 정음으로 대역하면서도 속음에서조차 설면구개음화의 흔적이 나타나지 않으므로 당시(15세기)에 아음과 후음의 설면구개음화는 전면적으로는 이루어지지 않았다고 추측된다. 음가의 대응은 다음과 같다.

(3) 음가의 대응

홍무정운		홍무정운역훈
刪産諫轄 /an/, /-t/	→	안, 앋
/ian/, /-t/	→	얀, 얃
/uan/, /-t/	→	완, 왇

제10 산운(刪韻)에 대한 『홍무정운역훈』의 운모상의 속음은 다음처럼 세 경우로 나뉜다.

(4) 속음의 세 종류

가. 입성운미에 대한 일률적 속음: ㄷ → ㆆ

나. 순경음자에 대한 체계적 속음: 완 → 안(微母 제외)

다. 개별자에 대한 속음

① 攀 판 → 펀

② 撰 쫜 → 쫜

입성운미에 대한 속음인 (4-가)는 전술한 내용과 같은 성질이므로 논의를 생략한다. (4-나)는 제9 한운(寒韻)의 속음에서 논의한 바와 같은 체계적 속음화으로서, 제10 산운(刪韻)에서는 순중음이 개구로 처리되었으므로 순경음만 해당된 것이다. 그러나 미모자(微母字)가 속음에서 제외된 것은 다음과 같은 성모의 변화와 관계될 것으로 생각된다.

(5) 微母의 변화(王力 1985: 490)
ɱ > v > w

즉 미모(微母)는 원순성 반모음으로 약화되면서, 결과적으로 운모는 합구성을 유지하게 된다. 그러므로 (4-나)와 같은 속음은 현실적으로 미모(微母)에 있어서는 적절하지 않았을 것으로 생각된다. 미모(微母)의 정음에 있어서도 대역의 기준을 뚜렷이 헤아릴 수 없는 것은 이와 같은 변화와 무관하지 않을 것이다. (4-다)의 개별자에 대한 음가를 추적하면 다음과 같다.

(6) 자	광운	중원음운	현대음
攀	刪韻合2等	-uan	-an
撰	潸韻合2等	---	-uan
	獮韻開2等	---	---

즉 '撰'은 개구와 합구가 공존하는 터에 개구로 대역되어 합구는 속음으로 나타냈다고 할 수 있다. '攀'에 대한 속음 '펀'은 그 근거가 명확지 않다.

4.2.11. 제11 先銑霰屑

4.2.11.1.『홍무정운역훈』 일람

자모	역훈	평/반절/속음	상/반절/속음	거/반절/속음	입/반절/속음
見	견/견	堅/經天	繭/吉典	建/經電	結/古屑
			蹇/九輦		
	권/권	涓/圭淵	畎/古泫	絹/吉掾	厥/居月
			卷/古轉		
溪	켠/켠	牽/苦堅	遣/驅演	譴/詰戰	挈/詰結
	퀀/퀀	圈/驅圓	犬/苦泫	劵/區願	闕/丘月
群	껸/껸	乾/渠焉	鍵/巨展	健/渠建	揭/琦熱
					傑/巨列
	뀐/뀐	權/逵員	圈/巨卷	倦/逵眷	橛/其月
疑	연/연		巘/語蹇		孽/魚列
	원/원		阮/五遠	願/虞怨	月/魚厥
端	뎐	顚/多年	典/多殄	殿/丁練	
			典/徒典[34]		
透	텬/텬	天/他前	腆/他典	瑱/他甸	鐵/他結
定	뗜/뗜	田/亭年	殄/徒典	電/蕩練	耊/杜結
泥	년/년	年/寧田	撚/乃殄	碾/女箭	涅/乃結
			輾/尼展		
幫	변/변	邊/卑眠	扁/補典	徧/卑見	鼈/必列
滂	편/편	篇/紕連		片/匹見	撇/匹蔑
並	뼌/뼌	緶/蒲眠	辮/婢免	便/毗面	別/避列
明	면/면	眠/莫堅	免/美辨	麪/莫見	滅/彌列
精	젼/젼	箋/則前	翦/子踐	薦/作甸	節/子結
	쥔	鐫/子全			

34) 여기의 '典'은 정모(定母)의 소운 '殄(徒典切)'에 소속된 자이나,『홍무정운역훈』에서 단모(端母)로 분립시켜 대역하였다. 그러나 대역하지 않고 그대로 두는 것이 오히려 무방했을 것이다.

清	쳔/쳗	千/倉先	淺/七演	蒨/倉甸	切/千結
	ᄎᆑᆫ	詮/且緣		縓/取絹	
從	쪈/쪋	前/才先	踐/慈演	荐/在甸	截/昨結
				賤/在線	
	ᄍᆑᆫ/ᄍᆑᆮ	全/才緣	雋/徂兗		絶/情雪
心	션/셛	先/蘇前	銑/蘇典	霰/先見	屑/先結/셩[35]
	ᄉᆑᆫ/ᄉᆑᆮ	宣/息緣	選/須兗	選/須絹	雪/蘇絶
邪	쎤	涎/徐延		羨/似面	
	ᄊᆑᆫ	旋/旬緣		旋/隨戀	
照	젼/젿	饘/諸延	展/之輦	戰/之膳	浙/之列
	ᄌᆑᆫ/ᄌᆑᆮ	專/朱緣	剸/止兗	囀/株戀	拙/朱劣
					茁/側劣
穿	쳔/쳗	梴/抽延	闡/齒善	繟/尺戰	徹/敕列
	ᄎᆑᆫ/ᄎᆑᆮ	穿/昌緣	舛/尺兗	釧/樞絹	歠/昌悅
牀	쪈/쪋	蟬/呈延	撰/雛免	纏/直碾	轍/直列
		潺/鋤連			
	ᄍᆑᆫ	椽/重圓	篆/柱兗	饌/除戀	
				傳/柱戀	
審	션/셛	羶/尸連		扇/式戰	設/式列
	/ᄉᆑᆮ				說/輸熱
					刷/所劣
禪	쎤/쎧	鋋/時連	善/上演	繕/時戰	舌/食列
影	ᅙᅧᆫ/ᅙᅧᆮ	煙/因肩	偃/於幰	宴/伊甸	謁/於歇
	ᅙᆑᆫ/ᅙᆑᆮ	淵/縈圓	宛/於阮	怨/迂絹	抉/一決
曉	현/혇	軒/虛延	顯/呼典	獻/曉見	歇/許竭
	ᄒᆑᆫ/ᄒᆑᆮ	暄/呼淵	晅/况遠	絢/翾眩	威/呼決
匣	ᅘᅧᆫ/ᅘᅧᆮ	賢/胡田	峴/胡典	現/形甸	纈/胡結
	ᅘᆑᆫ/ᅘᆑᆮ	玄/胡涓	泫/胡犬	眩/熒絹	穴/胡決

35) 운 안의 종성은 모두 같다(韻中終聲同).

喩	연/열	延/夷然	衍/以淺	硯/倪甸	曳/延結
	원	員/于權			
來	련/렬	蓮/靈年	輦/力展	練/郎甸	列/良薛
	륀/뤌	攣/閭圓	臠/盧轉	戀/龍眷	劣/力輟
日	션/셜	然/如延			
	쉰/쉴	瞤/而宣	輭/乳兗	瞤/儒轉	熱/而列 爇/儒劣

4.2.11.2. 대역의 해석

『홍무정운』의 제11 선운(先韻)은 제9 한운(寒韻)과 상보적 관계로 운모가 전개되어 같은 계열의 운부에 속하며, 운미가 같은 제8 진운(眞韻), 제10 산운(刪韻) 등과는 핵모의 차이로 대립을 이루고 있다.『광운』및『중원음운』의 운부와는 다음과 같은 관계를 갖는다.

(1) 광운	운경	홍무정운	중원음운
元阮願月[36]	外轉21開3等[jɐn]		
	〃 22合3等[juɐn]		
仙獮線薛	〃 23開3等[jɛn]	先銑霰屑	先天
	〃 24合3等[juɛn]		
先銑霰屑	〃 23開4等[iɛn]		
	〃 24合4等[iuɛn]		

應裕康(1970b)의 제11 선운(先韻)에 대한 핵모의 추정 음가는 [e]이며,『중원음운』의 선천운(先天韻)에 대한 趙蔭棠(1936), 董同龢(1979) 등의 추정음도 핵모가 [e~ɛ]로, 이러한 음가는『광운』의 선운(先韻)과 선운(仙韻)의 음가를 계승한 것임을 알 수 있다.

---

36) 원운(元韻)에 속한 자는 순경음, 아음, 후음인데 순경음은『홍무정운』에서 제10 산운(刪韻)에 들었고, 아음 및 후음은 제11 선운(先韻)에 들었다.

한편『광운』의 원운(元韻)은 핵모가 [ɐ]로 추정되어 중저모음에 해당하는데, 개모가 성모에 흡수된 순경음은『홍무정운』에서 저모음 계열인 제10 산운(刪韻)에 속한 반면에 개모가 유지된 아음과 후음은 중저모음 계열인 제11 선운(先韻)에 속하여 이질적인 변화를 보이고 있다. 동일한 운미를 갖는 운목들을 서로 비교해보면 다음과 같다.

(2) 운미 -n을 갖는 제8 진운(眞韻), 제9 한운(寒韻), 제11 선운(先韻)

가. 기저 계열

홍무정운					현대 한어		
i		u			i		u
	ə		→	8眞	→	ə	
	ɐ		→	9寒, 11先	↘		
	a		→	10刪	→	a	

나. 운모 전개

8眞	/ən/	9寒	/ɐn/	10刪	/an/	(開)
	/iən/[in]	11先	/iɐn/		/ian/	(齊)
	/uən/[un]	9寒	/uɐn/		/uan/	(合)
	/iuən/[iun]	11先	/iuɐn/		---	(撮)

이처럼 제9 한운(寒韻), 제11 선운(先韻)이 제8 진운(眞韻)과 고저로 대립하고, 저모음 /a/ 계열인 제10 산운(刪韻)과 역시 고저로 대립하여 독립된 중저(mid-low) 계열을 형성하는 것이 현대 한어와의 본질적인 차이점이다. 중저 계열 기저모음으로 /ɐ/를 설정한 것은 전술한 바와 같이 체계적 고려에 의한 것이며, 개모나 운미와의 동화 현상에 의해 '/ɐ/ → [ɛ]~[ʌ]'와 같은 변이가 수반될 수 있을 것이다. 음가의 대응은 다음과 같다.

(3) 음가의 대응

홍무정운			홍무정운역훈
先銑霰屑	/iɐn/ /-t/	→	연,엳
	/iuɐn/ /-t/	→	원,웓

제11 선운(先韻)에 대한 『홍무정운역훈』의 운모상의 속음은 『홍무정운역훈』의 일람에 보인 바와 같이 입성운미에 대한 일률적 속음의 한 경우뿐으로 'ㄷ → ㆆ'의 변화를 나타낸 것이다. 이에 대해서는 전술하였다(제1 東韻, 제8 眞韻 참조).

4.2.12. 제12 蕭篠嘯

4.2.12.1. 『홍무정운역훈』 일람

자모	역훈	평/반절/속음	상/반절/속음	거/반절/속음
見	견	驍/堅堯	皎/吉了	叫/古弔
溪	켬	橇/丘妖		竅/苦弔
群	껼	橋/祁堯	糾/其紹	嶠/渠廟
疑	엳			澆/五弔
端	뎧	貂/丁聊		弔/多嘯
透	텽	祧/他彫	朓/土了	糶/他弔
定	뗭	迢/田聊	窕/徒了	調/杜弔
泥	녕		鳥/尼了	溺/奴弔
			裊/乃了	
幫	볗	猋/卑遙	表/彼小	俵/悲廟
滂	폏	漂/紕招	縹/普沼	勡/匹妙
並	뼣	瓢/毗招	摽/婢小	驃/毗召
明	몋	苗/眉鑣	眇/弭沼	妙/彌笑
精	졓	焦/茲消	湫/子了	醮/子肖
清	쳥	鍫/此遙	悄/七小	陗/七肖

從	ᄶᅧᇢ	樵/慈消		嚼/在笑
心	셔ᇢ	蕭/先彫/샹37)	篠/先了38)	嘯/蘇弔39)
照	져ᇢ	昭/之遙	沼/止少	照/之笑
穿	쳐ᇢ	弨/蚩招		
牀	ᄶᅧᇢ	潮/馳遙	趙/直紹	召/直笑
審	셔ᇢ	燒/尸昭	少/始紹	少/失照
禪	쎠ᇢ	韶/時昭	紹/市沼	邵/實照
影	ᅙᅧᇢ	幺/伊堯	杳/伊鳥	要/一笑
曉	혀ᇢ	鴞/吁/驕	曉/馨杳	歊/許照
喩	여ᇢ	堯/餘招		燿/弋笑
來	려ᇢ	聊/連條	了/盧皎	料/力弔
日	ᅀᅧᇢ	饒/如招	擾/爾紹	

4.2.12.2. 대역의 해석

운미 –ᄝ[-u]를 갖는 운목은 제12 소운(蕭韻), 제13 효운(爻韻), 제19 우운(尤韻)인데, 『홍무정운역훈』의 대역에서 이들은 상보적 관계에 있지 않고 대립적 관계에 있기 때문에, 기저의 핵모에 있어서도 서로 대립적 관계에 있다. 『홍무정운』의 제12 소운(蕭韻)은 『광운』 및 『중원음운』의 운부와 다음과 같은 관계를 갖는다. 이해의 편의를 위해서 제13 효운(爻韻)과 함께 보인다.

(1)	광운	운경	홍무정운	중원음운
가.	蕭篠嘯	外轉25開4等[iɛu]	蕭篠嘯	蕭豪(細音)
	宵小笑	〃 3等[jɛu]		
나.	爻巧效	〃 2等[au]	爻巧效	蕭豪(洪音)

37) 운 안의 중성은 모두 같다(韻中中聲同).

38) 운 안의 중성은 모두 같다(韻中中聲同).

39) 운 안의 중성은 모두 같다(韻中中聲同).

豪晧號　　〃　　1等[ɑu]

『광운』에서 네 개의 운목이던 것이 『홍무정운』에서 1, 2등의 구분과 3, 4등의 구분이 중화되면서 두 개의 운으로 합류되었다. 나아가 『중원음운』에서는 두 운의 핵모의 합류로 하나의 운이 되었는데, 『중원음운』의 소호운(蕭豪韻)은 저모음 /a/ 계열이기 때문에 『홍무정운』의 제12 소운(蕭韻)은 근대 이후 효운(爻韻)에 합류되는 과정을 밟았다고 할 수 있다(王力 1980: 357~361). 『홍무정운역훈』을 편찬할 때에도 『홍무정운』의 제12 소운(蕭韻)과 제13 효운(爻韻)은 현실적으로 구분하기가 어려웠던 것으로 보인다. 그래서 중성에 대한 일률적 속음을 『홍무정운역훈』에서 주석으로 기록해 놓은 것이지만, 다음과 같이 『홍무정운』의 분운 체제는 제12 소운(蕭韻)과 제13 효운(爻韻)을 대립적 관계로 처리하였고 『홍무정운역훈』의 대역도 이에 충실한 것이다.

(2) 운목	개	제	합	촬
가. 12蕭韻	--	/iɐu/ 뎧	--	--
나. 13爻韻	/au/ 앟	/iau/ 얗	--	--

제13 효운(爻韻)의 아음과 후음에서 발생한 개모 i로 인하여 제12 소운(蕭韻)과 제13 효운(爻韻)은 제치호(齊齒呼)에서 서로 대립을 이루게 되었으므로, 기저 핵모의 대립이 불가피하게 전제되게 되었다. 결국 (1)에 보인 『운경』의 추정 음가와 마찬가지로 『홍무정운』의 제12 소운(蕭韻)은 아직 저모음화하지 않아서 제13 효운(爻韻)과는 고저의 대립으로 파악될 성질이며, 『홍무정운역훈』의 대역은 (2)에서 보듯이 이러한 대립 관계를

적절히 반영했다고 할 수 있다.

음운미(陰韻尾, -ø, -i, -u)를 『홍무정운역훈』의 대역에서 처리하면서, 운미 -i는 '애, 예'와 같이 중성으로 처리하여도 국어의 음절 구조에서 문제가 없지만, 운미 -u는 국어의 음절내 중성의 결합에서 'ㅜ'가 운미로 올 수 없기 때문에(즉 'ㅏ + ㅜ'나 'ㅓ + ㅜ'가 한 음절이 될 수 없음) 대안을 모색해야 할 형편이었다. 이러한 상황하에서 순음[+labial]이면서 [+지속성/continuant, +공명성/sonorant] 자질을 갖는 'ㅱ'이 운미 -u의 대역에 선택된 것이다. 특히 미모(微母, ㅱ)는 근대 이후 반모음 [w]로 약화된 점을 감안하면, '-ㅱ'을 운미로 선택하여 부음 '-u'에 대응시킨 것은 음성적으로 최선의 모색이었다고 할 수 있겠다. 음가의 대응은 다음과 같다.

(3) 음가의 대응

홍무정운		홍무정운역훈
蕭篠嘯 /iɐu/	→	꿓

제12 소운(蕭韻)의 운모에 대한 『홍무정운역훈』의 속음은 『홍무정운역훈』 일람에 보인 것처럼 중성 '여'에 대한 일률적 속음 '야'를 각 성조의 첫 자에 주기하였다. 이것은 소운(蕭韻)의 효운화(爻韻化)를 말해주는 것으로서, 기저 핵모로는 /ɐ/ → /a/의 변화를 반영한 것이다. 『중원음운』의 소호운(蕭豪韻)의 실상에서 이미 예견되었듯이, 15세기 『홍무정운역훈』의 편찬 시기에 제12 소운(蕭韻)의 저모음화는 거의 완료되었다고 할 것이며, 『홍무정운역훈』의 일률적 속음은 이 사실을 뒷받침하고 있다.

4.2.13. 제13 爻巧效

4.2.13.1. 『홍무정운역훈』 일람

자모	역훈	평/반절/속음	상/반절/속음	거/반절/속음
見	가ᇦ	高/姑勞	杲/古老	誥/居號
	갸ᇦ	交/居肴	佼/古巧	敎/居效
溪	카ᇦ	尻/苦高	考/苦浩	犒/口到
	캬ᇦ	敲/丘交	巧/苦絞	敲/口敎
義	ᅌᅡᇦ	敖/牛刀/아ᇦ		慠/魚到/아ᇦ
	ᅌᅣᇦ		齩/五巧/야ᇦ	樂/魚敎/야ᇦ
端	다ᇦ	刀/都高	倒/都皓	到/都導
透	타ᇦ	饕/他刀	討/土皓	
定	따ᇦ	匋/徒刀	道/杜皓	導/杜到
泥	나ᇦ	鐃/尼交	橈/女巧	鬧/女敎
		猱/奴刀	腦/乃老	臑/奴報
幫	바ᇦ	包/班交	飽/博巧	豹/布校
		褒/博毛	寶/博浩	
滂	파ᇦ	胞/披交		砲/披敎
並	빠ᇦ	庖/蒲交	鮑/部巧	暴/蒲報
			抱/蒲皓	
明	마ᇦ	茅/謨交	卯/莫飽	貌/眉敎
				帽/莫報
精	자ᇦ	遭/則刀	早/子皓	竈/則到
淸	차ᇦ	操/倉刀	草/采早	操/七到
從	짜ᇦ	曹/財勞	皁/在早	漕/在到
心	사ᇦ	騷/蘇曹	掃/蘇老	噪/先到
照	자ᇦ	嘲/陟交	爪/側絞	罩/陟敎
				抓/側敎
穿	차ᇦ	謿/楚交	煼/楚絞	鈔/楚敎

				趠/敕敎
牀	짜ᇢ	巢/鋤交		櫂/直敎
審	사ᇢ	梢/所交	稍/山巧	稍/所敎
影	ᅙᅡᇢ	鏖/於刀	媪/烏皓	奥/於到
	ᅙᅣᇢ	坳/於交	拗/於巧	拗/於敎
曉	하ᇢ	蒿/呼高	好/許皓	耗/虛到
	햐ᇢ	哮/虛交		孝/許敎
匣	ᅘᅡᇢ	豪/胡刀	皓/胡老	號/胡到
	ᅘᅣᇢ	爻/何交	骹/胡飽	效/胡孝
來	라ᇢ	勞/郎刀	老/魯皓	勞/郎到

4.2.13.2. 대역의 해석

운도(韻圖)의 체계에 의하면 제13 효운(爻韻)과 제12 소운(蕭韻)은 체계적 상보 관계의 가능성도 있으나, 제13 효운(爻韻)의 아음 및 후음의 자가 제치호(齊齒呼)로 변함에 따라 『홍무정운』에서는 상보 관계의 가능성이 배제되었다. 『홍무정운역훈』에서는 제13 효운(爻韻)에 대해 핵모 '아' 계열로, 제12 소운(蕭韻)에 대해서는 핵모 '어' 계열로 대역하여 음성적 유사성을 충족시키면서도, 두 운의 변별성을 음운론적으로 유지시켜 최선의 대응을 모색하였다(기타의 논의는 제12 蕭韻을 참조). 음가의 대응은 다음과 같다.

(1) 음가의 대응

홍무정운			홍무정운역훈
爻巧效	/au/	→	아ᇢ
	/iau/	→	야ᇢ

4.2.14. 제14 歌哿箇

4.2.14.1.『홍무정운역훈』일람

자모	역훈	평/반절/속음	상/반절/속음	거/반절/속음
見	거	歌/居何	哿/嘉我	箇/古荷
	궈	戈/古禾	果/古火	過/古臥
溪	커	珂/丘何	可/口我	軻/口个
	쿼	科/苦禾	顆/苦果	課/苦臥
疑	어	莪/牛何/어	我/五可/어	餓/五箇/어
	워	訛/吾禾/워	姽/五果/워	
端	더	多/得何	癉/丁可	癉/丁佐
			朶/都火	
透	터	佗/湯何/타	妥/吐火	唾/吐臥
定	떠	駝/唐何	拕/待可	惰/杜臥
泥	너	那/奴何/나	娜/奴可/나	奈/乃个
幫	붜	波/補禾	跛/補火	播/補過
滂	풔	頗/普禾	頗/普火	破/普過
並	뿨	婆/蒲禾		
明	뭐	摩/眉波	麽/忙果	磨/莫臥
奉	ᄬᅯ			縛/符臥
精	저		左/臧可	
清	처	蹉/倉何	瑳/千可	
從	쩌	醝/才何		剉/才臥
	쭤		坐/徂果	坐/徂臥
心	서	娑/桑何	娑/素可	些/蘇箇
	숴		鎖/蘇果	
影	허	阿/於何/하	婀/烏可/하	
	훠	渦/烏禾	婐/烏果	涴/烏臥
曉	허	訶/虎何		呵/呼个

	훠		火/虎果	貨/呼臥
匣	허	何/寒歌	荷/下可	賀/胡臥
				荷/胡箇
	훠	和/戶戈	禍/胡果	
來	러	羅/郎何	裸/魯果	邏/郎佐

4.2.14.2 대역의 해석

『홍무정운』의 제14 가운(歌韻)은 제16 차운(遮韻)과 운모 전개에 있어서 상보적 관계가 성립하여 동일 운부가 된다. 제14 가운(歌韻)은『광운』및『중원음운』의 운부와 다음과 같은 관계를 갖는다.

(1) 광운	운경	홍무정운	중원음운
歌哿箇	內轉27開1等[ɑ]	歌哿箇	歌戈
戈果過	〃 28合1等[uɑ]		

『광운』에서 가운(歌韻)과 과운(戈韻)은 저모음 2등운으로 핵모는 [ɑ]로 추정되지만, 근대음 이후 중모음 계열에 소속되어 핵모의 '저모음>중모음'의 통시적 변화를 겪었다. 현대음까지를 고려하면『홍무정운』은 다음과 같이 한어 중고음에서 현대음에 이르는 중간 단계를 보여주어 주목된다.

(2) 가운(歌韻) 및 과운(戈韻)의 핵모 변화

중고	홍무정운		현대
/ɑ/	/ɐ/	→	/ə/
(저모음)	(중저모음)		(중모음)

1등운이 2등운에 합류되는 과정에서 1등운이 중저모음화를 거쳐 전설저모음으로 귀결되는 경우가 일반적이지만(제9 寒韻, 제11 先韻 참조), 『광운』의 가운(歌韻) 및 과운(戈韻)은 다시 저모음화하지 않고, 한어 현대음에서 중모음 /ə/ 계열에 속하여 완전히 중모음화를 완성한 경우에 속한다. 이러한 한어 음운사의 관점에서도 『홍무정운』의 기저모음으로 중저모음 /ɐ/ 계열이 설정된 것은 중고음과 현대음을 이어주는 중간 단계로서 그 적절성이 확립된다고 할 수 있다.

『홍무정운역훈』의 대역에서 개합등운의 정보와 부합되지 않는 설음(설두음, 반설음)의 경우는 당시의 현실음을 수용한 결과로 해석된다. 우선 『광운』의 가운(歌韻) 및 과운(戈韻)의 변화 과정을 성모별로 보이면 다음과 같다(王力 1980: 146~157).

(3) 가운(歌韻) 및 과운(戈韻)의 변화

		중고		근대		현대
가. 歌韻	설, 치	ɑ	→	ɔ	→	/uə/[uo]
	아, 후(예외)	ɑ	→	ɔ	→	/uə/[uo]
	아, 후	ɑ	→	ɔ	→	/ə/
나. 戈韻	설, 치, 후	uɑ	→	uɔ	→	/uə/[uo]
	순	uɑ	→	ɔ	→	/ə/[o]
	아, 후(주로 평성)	uɑ	→	ɔ	→	/ə/

위에서 한어 근대음의 추정음을 보면 모두 원순모음으로 되어 있는데, 이것은 가운(歌韻)과 과운(戈韻)의 개합의 변별성이 거의 중화되었음을 말해주는 것이다. 『사성통해』의 가운(歌韻)에 대한 금속음(今俗音)은 이러한 사정을 잘 나타내주고 있다.

(4) 『사성통해』의 가운(歌韻)에 대한 금속음[40]

오음	홍무정운역훈	금속음
牙(開)	어	어(오)
(合)	워	오
舌(開合)	어	오
脣(合)	워	오
齒(開)	어	오
(合)	워	오
喉(開)	어	어(오)
(合)	워	오

즉 설음과 치음은 금속음에서 개합의 차이가 없어졌음을 나타내고 있다. 그런데 『홍무정운역훈』의 대역에서는 설음의 경우만 개합의 분별을 두지 않고, 치음의 경우는 개합을 분별하여 대역한 것을 보면,[41] 설음과 치음은 그 변화 시기에 있어서 약간의 선후 차이가 있었던 것으로 생각된다. (3)을 참조하여 다음과 같은 과정을 상정할 수 있다.

(5)

중고		홍무정운		현대
歌韻(舌) ɑ	→	[ɔ]	→	[uo]
(齒) ɑ	→	[ɔ]	→	[uo]
戈韻(舌)uɑ	→	[ɔ]	→	[uo]
(齒)uɑ	→	[uɔ]	→	[uo]

사실상 [ɔ]는 원순모음이기 때문에 한 음절내에서는 음성적으로 [uɔ]와 거의 변별될 수 없는 것이므로, 『사성통해』의 금속음 표기 'ㅝ'가 'ㅗ'와

40) ( )는 예외적인 경우로, 예를 들어 疑母(開)의 금속음은 'ㅗ'이다. 泥母字에는 다양한 금속음 주기가 있다.

41) 치음에서 '剉'는 합구이나 개구로 대역되어 치음에서도 개합의 부분적 중화가 있었음을 알게 한다.

거의 분별될 수 없는 이치와 같은 것이다. 요컨대 운도상의 개합의 분류에 의미가 없었던 설음의 경우는 무표적 대역 '어'로 통일시킬 수밖에 없었다고 하겠는데, 그 이유를 들면 다음과 같다.

(6) 대역 핵모 '어'의 선택 이유
가. 설음의 합구는 개구와 동일하게 단모음화했기 때문에 '워'의 대역은 이미 적절치 못하고, 음성적으로는 '오'로 대역하는 것이 최선이다.
나. 그러나 '오'는 제14 가운(歌韻)의 운모 전개에서 동일한 계열의 운모가 될 수 없으므로 선택되지 못한다.

이러한 이유로 인하여 개구호의 대역 '어'로 통일시키면서, 아울러 여기에서 노출된 음성적 미비점은 제14 가운(歌韻)에 대한 발음주석을 통해서 보충한 것이다. 한편 (3)에 보인 근대음 [ɔ]는 가운(歌韻)의 현대음을 고려할 때 원순성은 강하지 못하여 [ʌ~ɔ] 정도로 추정된다. 이렇게 되면 훈민정음의 '오'보다는 원순성이 훨씬 약하다고 할 수 있다. 음가의 대응은 다음과 같다.

(7) 음가의 대응

	홍무정운		홍무정운역훈
歌哿箇	/ɐ/[ʌ~ɔ]	→	어
	/uɐ/[uɔ]	→	워

제14 가운(歌韻)에 대한 『홍무정운역훈』의 운모상의 속음은 『홍무정운역훈』 일람에 보인 바와 같이 '어 → 아'의 한 경우이다. 그 실태를 『중원음운』 및 현대음과 함께 보이면 다음과 같다.

(8) 속음의 상황

자	정음	속음	중원음운	現代音
佗	터	타	歌戈韻	[tʰuo]
那	너	나	歌戈, 家痲韻	[na]
娜	너	나	歌戈	[na], [nuo]
阿	허	하	〃	[a], [ə]
婀	허	하	〃	[ə]

『중원음운』에서는 '那'만이 가마운(家痲韻)에 소속되어 '那'에 대한 속음의 사정을 알 수 있으나, 기타는 여전히 가과운(歌戈韻)에 소속되어 『홍무정운역훈』의 정음과 일치되고 있다. 한편 현대음에서는 '佗, 婀'를 제외한 기타 자의 속음에 대한 정보를 주고 있다. 이것은 (2)에 보인 가과운(歌戈韻)의 일반적 변화 과정, 즉 'ɑ → ɐ → ə'의 과정을 따른 것이 아니라, 저모음 계열인 마운(痲韻)에 합류되는 변화를 겪은 것이라 할 수 있다. '佗, 婀'의 속음에 대해서는 그 근거를 밝히기 어려우나, 다른 자와 마찬가지로 당시에 'ɐ ~ a'의 변이를 보였을 가능성은 충분한 것이다.

4.2.15. 제15 痲馬禡

4.2.15.1. 『홍무정운역훈』 일람

자모	역훈	평/반절/속음	상/반절/속음	거/반절/속음
見	갸	嘉/居牙	賈/舉下	駕/居亞
	과	瓜/古華	寡/古瓦	卦/古畵
溪	캬	呿/丘加		髂/枯架
	콰	誇/枯瓜	跨/苦瓦	跨/苦化
	群	꺄	伽/具牙	
疑	야	牙/牛加/야	雅/語下/야	訝/五駕/야

	와		瓦/五寡/와	와[42]/五吴/와
端	다		打/都瓦	
泥	나	拏/女加		
幫	바	巴/邦加	把/補下	霸/必駕
滂	파	葩/披巴		怕/普駕
並	빠	杷/蒲巴		罷/皮駕
明	마	麻/謨/加	馬/莫下	禡/莫駕
照	자	樝/莊加	鮓/側下	詐/側駕
	좌	檛/職瓜		
穿	차	叉/初加	姹/齒下	咤/丑亞
牀	짜	槎/鋤加	槎/茶下	乍/助駕
審	사	沙/師加	灑/沙下	嗄/所嫁
	솨		葰/數瓦	
影	햐	鴉/於加	啞/倚下	亞/衣架
	화	窊/烏瓜		
曉	햐	呀/虛加	閜/許下	罅/虛訝
	화	花/呼瓜		化/呼霸
匣	ᅘᅣ	遐/何加	下/亥雅	暇/胡駕
	ᅘᅪ	華/胡瓜	踝/戶瓦	畫/胡挂

4.2.15.2. 대역의 해석

『홍무정운』의 제15 마운(麻韻)은 『광운』 및 『중원음운』의 운부와 다음과 같은 관계를 갖는다.

(1)

광운	운경	홍무정운	중원음운
麻馬禡	內轉29開2等[a]		
	外轉30合2等[ua]	麻馬禡	家麻
佳 卦	外轉15開2等[ai]		

42) 宀 밑에 瓦

〃 16合2等[uai]
(佳卦韻은 牙, 喉音 부분)

『홍무정운』의 제15 마운(麻韻)은 『광운』의 마운(麻韻)을 그대로 계승한 것으로 음가의 변동도 거의 없다. 『광운』의 가운(佳韻)에 소속된 자가 『홍무정운』의 제15 마운(麻韻)에 들게 된 것은 예외적인 경우로서, 운미 i가 탈락하면서 마운(麻韻)과 음가가 같아졌기 때문이다. 예를 들면 다음과 같은 경우이다.

(2)

자	광운	현대음
卦	卦韻	[kua]
畫	〃	[hua]
娃	佳韻	[ua]

즉 이들 자는 운미가 탈락하면서 마운(麻韻)에 합류되었음을 현대음에 의해서도 알 수 있는데, 이미 근대음에서 이러한 변화가 있었음을 『홍무정운』을 통해 알 수 있다.

『홍무정운역훈』 일람에서 등운과 대역이 일치하지 않는 것과 등운에서 특수한 경우를 분류하면 다음의 네 경우로 나뉜다.

(3) 등운과 일치하지 않거나 특수한 대역
가. 합1등에 속한 '卦, 畫'
나. 개3등에 속한 '呿, 伽'
다. 단모자(端母字) '打'
라. 합2등에 속한 순음자 전부

(3-가)의 경우는 (2)에 보인 것처럼 『광운』의 가괘운(佳卦韻)에 속했던

자들이 제15 마운(痲韻)에 편입된 경우로서, 운도에서는 아직 이러한 상황이 반영되지 않았기 때문이다. (3-나)의 '呿, 伽'는 『광운』의 과운(戈韻)에 들어 있으며 『운경』에는 이들 자가 수록되어 있지 않으나, 龍宇純(1982: 202~204)의 교주에 의하면 內轉27開3等(歌韻)에 들어야 할 자로 분류하였고, 『절운지장도』에는 11개3등(痲韻)에 들어 있다. 『홍무정운』의 이들 자에 대한 반절하자는 모두 마운(痲韻, 2등)에 속한 자임을 고려하면, 이들 자는 마운(痲韻, 2등)에 편입된 것임을 알 수 있다. 현대음에서 이러한 자들은 대개 핵모 /a/ 계열의 제치호에 속해 있으므로, 마운(痲韻, 2等)과 계통을 같이했다고 할 수 있으나, 부분적으로 핵모 /ə/ 계열의 제치호에 속한 음도 가지고 있는 것은 원래의 3등운의 성격을 그대로 유지한 경우라고 할 수 있다.

설두음은 원래 2등운이 없으므로 (3-다)의 단모자(端母字)는 특례에 속한다. '打'는 『광운』에서 경운(梗韻)과 형운(迥韻)에 들어 양운미 -ŋ을 가진 자이지만, 송대의 육서고(六書故)[43]에 '打'의 반절이 '都假切'로 되어 있으며, '假'는 상성으로는 『광운』의 마운(馬韻)에 속하므로, 진즉부터 '打'는 마운(馬韻)에 편입되었음을 알 수 있다. 『중원음운』에서도 '打'는 가마운(家痲韻)에 들어 있고 현대음도 [ta]로서 마운(馬韻)의 계통을 잇고 있다.

(3-라)에 언급한 순음자는 『절운지장도』에서 모두 합구에 배열되어 있지만 『운경』에서는 內轉29開2等에 배열되어 개구로 분류되어 있다(『칠음략』도 『운경』과 동일). 순음에 있어서는 현실적으로 개합의 구분이 중화되지만 『홍무정운역훈』의 대역은 개구와 합구로 나뉘어 대역되어 있다. 이 경우 개합의 정보는 『운경』이나 『칠음략』과 일치하고 『절운지장도』와는 맞지 않는다.

요컨대, 『홍무정운』의 제15 마운(痲韻)은 『광운』의 마운(痲韻, 2等)을 계승한 것으로서, 핵모는 전설적인 [a]이기 때문에 훈민정음의 '아'와 음

43) 총 33권, 송(宋)의 戴侗이 편찬(『大漢和辭典』 참조).

가가 근사하여 ‘아’에 대한 발음주석이 필요 없었을 것이다. 아음과 후음의 개2등자에서 개모 i가 생기는 것은 앞에서 반복되었으므로 논의를 생략한다(제10 删韻, 제3 爻韻 참조). 음가의 대응은 다음과 같다.

(4) 음가의 대응

	홍무정운		홍무정운역훈
麻馬禡	/a/	→	아
	/ia/	→	야
	/ua/	→	와

4.2.16. 제16 遮者蔗

4.2.16.1.『홍무정운역훈』일람

자모	역훈	평/반절/속음	상/반절/속음	거/반절/속음
見	껴	茄/具遮		
	꿔	瘸/巨靴		
端	뎌	爹/丁邪		
精	져	嗟/咨邪	姐/子野	借/子夜
淸	쳐		且/七野	
從	쪄		苴/才野	
心	셔	些/思遮	寫/先野	瀉/司夜
邪	쎠	邪/徐嗟		謝/詞夜
照	져	遮/之奢	者/止野	蔗/之夜
穿	쳐	車/昌遮	奲/昌者	
審	셔	奢/詩遮	捨/始野	舍/式夜
禪	쎠	蛇/石遮	社/常者	射/神夜
曉	훠	靴/毁遮		
喩	여	耶/于遮	野/以者	夜/寅射
日	ᅀᅧ		惹/爾者	

4.2.16.2. 대역의 해석

『홍무정운』의 제16 차운(遮韻)은 제14 가운(歌韻)과 상보적 관계로 운모가 전개되는데, 『광운』 및 『중원음운』의 운부와는 다음과 같은 관계를 갖는다.

(1)

광운	운경	홍무정운	중원음운
麻馬禡	內轉29開3等[ja]	遮者蔗	車遮
戈	〃 28合3等[jua]		

『광운』의 마운(麻韻) 2등자는 저모음 계열을 그대로 유지한 반면에, 3등자가 중모음 계열로 변화한 것은 개모의 영향에 의한 것이라고 할 수밖에 없다. 제16 차운(遮韻)은 『중원음운』의 차차운(車遮韻)과 바로 연결되어 제치호의 음가는 /iɐ/[iɛ] 정도로 추정된다. 이것은 중설에서 전설로 향하는 음가의 변이를 갖기 때문에 훈민정음의 '여'와 음가가 근사했다고 할 수 있다. 그러므로 제16 차운(遮韻)의 '여'에 대한 발음주석은 없는 것이 당연하다. 음가의 대응은 다음과 같다.

(2) 음가의 대응

홍무정운		홍무정운역훈
遮者蔗 /iɐ/[iɛ]	→	여
/iuɐ/[iuɛ]	→	newline

4.2.17. 제17 陽養漾藥

4.2.17.1.『홍무정운역훈』일람

자모	역훈	평/반절/속음	상/반절/속음	거/반절/속음	입/반절/속음
見	강/각	岡/居郞	甿/擧盎		各/葛鶴
	걍/갹	薑/居良	繈/居仰	絳/古巷	覺/訖岳
			講/古項		矍/厥縛
	광/곽	光/姑黃	廣/古滉	誑/古況	郭/古博
				廣/古曠	
溪	캉/칵	康/丘剛	忼/口黨	亢/口浪	恪/克各
	캏/캭	羌/驅羊			却/乞約/켱
					躩/丘縛
	쾅/콱	匡/曲王	廰/苦廣	曠/苦謗	廓/苦郭
群	꺙/꺅	彊/渠良	彊/巨兩	强/其亮	噱/極虐
	꽝	狂/渠王	迋/具往	狂/渠放	
疑	앙	卬/五剛	仰/魚兩/양	仰/魚向	
			馴/語甿	枊/魚浪	
端	당	當/都郞	黨/多囊	當/丁浪	
透	탕/탁	湯/他郞	儻/他囊	儻/他浪	託/他各
定	땅/딱	唐/徒郞	蕩/徒黨	宕/徒浪	鐸/達各
泥	낭/낙	囊/奴當	灢/乃黨	儾/奴浪	諾/奴各
	냥	娘/女良			
幫	방/박	邦/搏旁	榜/補囊	謗/補曠	博/伯各
滂	팡/팍	滂/普郞		滂/普浪	朴/匹各
				胖/匹絳	
並	빵/빡	旁/蒲光	棒/步項	傍/蒲浪	雹/弼各
明	망/막	茫/謨郞	莽/母黨	漭/莫浪	莫/末各
非	방	芳/敷房	髣/妃兩	訪/敷亮	
奉	빵/빡	房/符方			縛/符約

微	ᄝᅡᆼ	亡/無方	罔/文紡		
精	장/작	臧/茲郎	駔/子黨	葬/則浪	作/卽各
	쟝/쟉	將/資良	奬/子兩	將/子亮	爵/卽約
淸	창/착	倉/千剛	蒼/采莽		錯/七各
	챵/챡	鏘/千羊	搶/七兩	蹡/七亮	鵲/七雀
從	짱/짝	藏/徂郎	奘/在黨	藏/才浪	昨/疾各
	쨩/쨕	牆/慈良		匠/疾亮	嚼/疾雀
心	상/삭	桑/蘇郎	顙/寫曩	喪/蘇浪	索/昔各
	샹/샥	襄/息良	想/息兩	相/息亮	削/息約
邪	썅	祥/徐羊	象/似兩		
照	장	莊/側霜/좡		壯/側况/좡	
				撞/陟降/좡	
	쟝/쟉	章/止良	掌/止兩	障/知亮	灼/職略
			長/展兩		
	/좍				捉/竹角
穿	창/착	瘡/初莊/촹		創/楚浪/촹	婭/側角/촿
				覩/丑降/촹	
	챵/챡	昌/齒良	甈/楚兩	唱/尺亮	綽/尺約
			敞/昌兩	墁/楚降	
牀	짱	牀/助莊/쫭		狀/助浪	
				漴/士降/쫭	
	쨩/쨕	常/陳羊	丈/呈兩	仗/直亮	箸/直略
		長/仲良			
	/쫙				濁/直角
審	상/삭	霜/師莊/솽	爽/所兩/솽	淙/色降/솽	朔/色角/솿
	샹/샥	商/尸羊	賞/始兩	餉/式亮	鑠/式灼
禪	/싹				浞/食角
	썅/쌱		上/是掌	尙/時亮	杓/裳灼
影	항/학		坱/於黨	盎/於浪	惡/遏各

	ᅙᅣᆼ/ᅙᅣᆨ	央/於良	鞅/倚兩	怏/於亮	渥/乙角 約/乙却
	ᅙᅪᆼ/ᅙᅪᆨ	汪/烏光	枉/嫗往		臒/烏郭
曉	/학				𦞦/黑各
	향/햑	香/虛良 舡/許江	響/許兩	向/許亮	謔/迄却
	황/확	荒/呼光	怳/詡往	況/虛放/황	霍/忽郭 戄/許縛
	ᅘᅣᆼ	降/胡江	項/戶講	巷/胡降	
	ᅘᅪᆼ/ᅘᅪᆨ	黃/胡光	晃/戶廣		穫/胡郭
喩	/악				諤/逆各
	양/약	陽/移章	養/以兩	漾/餘亮	藥/弋灼/양44)
					嶽/逆角
	왕	王/于方	往/羽枉	王/于放	
來	랑/락	郞/魯堂	朗/里黨	浪/郞宕	洛/歷各
	량/략	良/龍張	兩/良獎	諒/力仗	略/力灼
日	ᅀᅣᆼ/ᅀᅣᆨ	穰/如羊	壤/汝兩	讓/而亮	若/如灼

4.2.17.2. 대역의 해석

『홍무정운』의 제17 양운(陽韻)은 『광운』 및 『중원음운』의 운부와 다음과 같은 관계를 갖는다.

(1) 광운	운경	홍무정운	중원음운
江講絳覺	外轉 3開2等[ɔŋ]		
唐蕩宕鐸	內轉31開1等[ɑŋ]		
	〃 32合1等[uɑŋ]	陽養漾藥	江陽
陽養漾藥	〃 31開3等[jɑŋ]		
	〃 32合3等[juɑŋ]		

44) 운 안의 종성은 모두 같다(韻中終聲同).

『운경』에서 강섭(江攝: 江韻)과 탕섭(宕攝: 唐韻, 陽韻)은 아직 합류되지 않은 상태이나, 『절운지장도』에서는 이들 운이 13개와 14합에 배열되어 이미 핵모에 있어서는 변별될 수 없었음을 나타내고 있다.45) 등운도의 체계로는 대역에 있어서 촬구호가 예상되나, 모두 합구호로 된 것은 당시의 현실음을 반영한 결과인데, 한어 근대음에서 촬구호는 합구호로 변화했기 때문이다.

의모자(疑母字)는 운도에서 1등과 3등으로 나뉘고, 『홍무정운』에서도 각각 소운으로 분운되어 있으나, 『홍무정운역훈』의 대역에서는 모두 개구호로 대역되어 이들이 모두 합병된 결과를 가져왔다. 그러나 어느 운서나 운도에서도 이들의 합류를 찾아볼 수 없고, 현대음도 다음과 같아서 『홍무정운역훈』의 대역이 정밀치 못했다고 생각된다.

(2) 자 현대음
卬 [aŋ]
仰 [jaŋ]

견모(見母)와 계모(溪母)의 입성자 가운데 '矍, 躩'은 『운경』이나 『절운지장도』에서 모두 합3등에 배열되어 촬구호에 해당하고, 이들 촬구호는 근대음에서 합구호로 변했으므로 합구호로 대역되어야 할 것이나, 제치호로 대역되어 있다. 그러나 이들 자의 대역이 어떤 기준에 의해서 제치호로 되었는지 가늠할 수 없다. 한어 현대음에서도 이들은 합구성을 유지하고 있으니 『홍무정운역훈』의 대역에 어떤 문제가 있다고 생각된다. 천모(穿母)의 '麨(上聲), 㲄(去聲)'도 다른 정치음 2등자와 마찬가지로 개구호로 대역되어야 할 것 같으나, 이들의 근현대음을 알 수 없으니, 당시의

45) 『사성등자(四聲等子)』에서도 江攝과 宕攝은 나뉘지 않았으므로, 이들의 합류는 매우 이른 시기로 추정된다(王力 1980: 188).

상황에 미룰 수밖에 없다. 음가의 대응은 다음과 같다.

(3) 음가의 대응

홍무정운		홍무정운역훈
陽養漾藥 /aŋ/ /-k/	→	앙, 악
/iaŋ/ /-k/	→	양, 약
/uaŋ/ /-k/	→	왕, 왁

제17 양운(陽韻)에 대한 『홍무정운역훈』의 운모상의 속음은 다음의 세 부류로 나뉜다.

(4) 속음의 종류

가. 입성운미에 대한 일률적 속음: ㄱ → ㅸ

나. 정치음 개구호에 대한 합구화 속음: 앙 → 왕

다. 개별 자에 대한 속음

却 캭 → 컹

仰 앙 → 양

況 황 → 향

『홍무정운』의 입성 약운(藥韻)은 『중원음운』에서 대개 소호운(蕭豪韻)에 속해 있는데, 소호운은 음운미 -u를 가지므로, 약운(藥韻)의 입성운미 -k는 근대음에서 -u로 변화했음을 알 수 있다. 이러한 변화는 입성운미 '-k, -t, -p'의 약화에 이은 탈락이라는 일반적 변화 과정과 구별되는 것으로서, 『홍무정운역훈』과 『사성통해』의 범례에도 다음처럼 지적되어 있다.

(5) 범례에서

가. 지금의 속음에 있어서는 비록 종성을 사용하지 않으나 평, 상, 거성의

소리가 늘어짐과 같은 정도에는 아직 이르지 않았으므로, (입성인) 속음의 종성에 있어서는 모든 운(韻)에 후음의 전청자인 'ㆆ'을 사용하고, 약운(藥韻)에 있어서만은 순경음의 전청자인 'ㅸ'을 사용하여 구별하였다. / 今俗音雖不用終聲而不至如平上去之緩弛故俗音終聲於諸韻用喉音全淸ㆆ藥韻用脣輕全淸ㅸ以別之(『홍무정운역훈』 범례 제8조에서)

나. 이제 『사성통해를 편찬함에 있어서 또한 (입성의) 종성을 붙이지 않았다. 『사성통고』에 있어서는 입성의 운미에 'ㆆ'을 붙여서 대역하였고, 오직 약운(藥韻)에 있어서는 그 종성의 발음이 효운(効韻)과 유사한 까닭에 몽운에서는 종성으로 'ㅱ'을 붙였고, 『사성통고』에서는 'ㅸ'을 덧붙였다. 이제 『사성통고』를 좇아 'ㅸ'을 붙인다. / 今撰通解亦不加終聲通攷於諸韻入聲則皆加影母爲字唯藥韻則其呼似乎効韻之音故蒙韻加ㅱ爲字通攷加ㅸ爲字今亦從通攷加ㅸ爲字(『사성통해』 범례 제13조에서)

즉 입성운미의 일반적인 중화적 약화에는 'ㆆ'을 쓰고, -k의 -u화에는 'ㅸ'을 써서 구분한 것이다. (5-나)에서 알 수 있는 것처럼 운미 'ㅸ'으로 나타내고자 했던 음가는 운미 'ㅱ'의 그것과 현실적으로는 차이가 없었음을 알 수 있다. 그럼에도 불구하고 'ㅱ'을 쓰지 않은 것은 훈민정음의 초성 체계에서 'ㅱ'이 불청불탁으로 분류되는 반면에, 'ㅸ'은 전청음으로 분류되는 때문이다. 다시 말하면 입성운미의 속음에 쓰인 'ㆆ'과 'ㅸ'은 모두 전청음으로서 원래의 입성운미 'ㅂ, ㄷ, ㄱ'의 전청음 계열과 동일 계열을 이룰 수 있기 때문이다. 역으로 제12 소운(蕭韻), 제13 효운(爻韻), 제19 우운(尤韻) 등의 운미 -u를 대역함에 있어서 'ㅱ'을 사용하고 'ㅸ'을 사용하지 않은 것은, 이들 운의 운미가 원래부터 음운미이기 때문에, 불청불탁음 'ㅱ'을 써서 계열적 동질성을 확보하고자 한 것이다.

(5-나)의 정치음의 개구호에 대한 합구화 속음은 당시의 현실음의 경향을 반영한 것이다. 강운(江韻)과 양운(陽韻)의 지조계(知, 照系)는 운모에 있어서 다음과 같은 양상으로 변화하였다(王力 1980: 188~189).

(6)	중고		현대
	知, 照系 2等(江, 陽韻)	→	uaŋ
	3等(陽韻)	→	aŋ

『중원음운』의 추정음에서(趙蔭棠 1936) 강운(江韻)과 양운(陽韻)의 지계(知系), 조계(照系) 2등자의 합구화는 반영되어 있는 반면에, 3등자의 개구호화는 반영되어 있지 않다. 이것은 (6)의 변화 양상에서 2등자의 위와 같은 변화는 당시에 이미 형성되어 있었지만, 3등자의 위와 같은 변화는 형성되지 않았음을 말해주는 것이다. 『홍무정운역훈』에서도 양운(陽韻)의 정치음 3등자에 대해 (6)과 같은 정보의 속음이 전혀 없는 것은 이러한 시간적 차이를 충분히 뒷받침하는 것이라 할 수 있다. 거성의 '狀'에는 합구화 속음 주기가 없으나, 『중원음운』이나 현대음에서 모두 합구이므로 단순한 속음 주기의 누락으로 생각된다.

(4-다)의 개별적 속음에서, '却'은 현대음이 [tɕʰue]로서 운미가 -u화하지 않고, 다른 입성자와 같은 일반적인 약화, 탈락의 과정을 거쳤음을 알 수 있다. 아울러 핵모의 변화가 저설에서 중설로 되었으므로, 이로써 속음 '켱'의 정체를 짐작할 수 있다. '仰'은 앞에서 논의한 바와 같이 오히려 속음이 정음으로 되어야 할 것 같다. '況'의 속음은 아직 합구호로 변화하기 이전의 단계를 보여주는 것으로, 당시에 '況'의 촬구호음이 남아 있었을 가능성을 추측하게 한다. 현대음은 물론 운모가 -uaŋ이므로 '況'에 대한 속음은 구음의 잔영이라 할 수 있다.

4.2.18. 제18 庚梗敬陌

4.2.18.1.『홍무정운역훈』일람

자모	역훈	평/반절/속음	상/반절/속음	거/반절/속음	입/반절/속음
見	긩/긕	庚/古衡/긍,깅	梗/古杏/긍,깅	更/居孟/긍,깅	格/各額
		扤/居登/긍,깅		亘/居鄧/긍,깅	
	깅/긱	京/居卿	景/居影	敬/居慶	玃/俱碧
		經/堅丁	憬/居永	勁/居正	戟/訖逆
			耿/古幸	徑/吉正	
	궝/궉	觥/姑横	礦/古猛		虢/古伯
	ᄀᆎᆼ/ᄀᆎᆨ	扃/涓熒/궁			狊/古闃
溪	킁/킄	阬/丘庚/킁	肯/苦等/큰		客/乞格
	킹/킥	卿/丘京	謦/棄挺	慶/丘正	躩/驅碧
					隙/乞逆
					喫/苦擊
	퀑	鞃/丘肱			
	ᄏᆎᆼ/ᄏᆎᆨ	傾/窺營/킹	頃/丘穎/킹		闃/苦狊
群	낑/끽	勍/渠京		競/具映	劇/竭戟
	ᄁᆎᆼ	瓊/渠營/낑			
疑	잉	凝/魚陵		迎/魚慶	
				硬/魚孟	
	/ᄋᆎᆨ				域/越逼/잉
端	딍/듹	登/都騰/등	等/多肯/등	嶝/丁鄧/등	德/多則
	딩/딕	丁/當經	頂/都領	釘/丁定	的/丁歷
透	틩/틕			滕/台鄧	忒/惕德
	팅/틱	聽/他經		聽/他定	逖/他歷
定	띙/띅	騰/徒登/뜽		鄧/唐亘/뜽	特/敵德
	띵/띡	庭/唐丁	挺/徒鼎/팅	定/徒逕	狄/杜歷
泥	닁	能/奴登/능			
	닝/닉	寧/奴經	濘/乃挺	甯/乃定	匿/女力

幫	븽/븩	絣/補耕/븡		榜/比孟/븡	百/博陌
				堋/逋鄧/븡	檗/搏厄
					北/必勒
	빙/빅	兵/補明	丙/補永	柄/陂病	壁/必歷
滂	픵/픡	烹/普庚/픙			拍/普伯
	핑	娉/披耕		聘/匹正	僻/匹亦
並	삉/쁵	彭/蒲庚/쁭			白/簿陌
					匐/步黑
	삥/삑	平/蒲明	竝/部迥	病/皮命	闢/毗亦/핑
	삉		鼊/蒲猛		
明	믱/믝	盲/眉庚/믕	猛/母梗/믕	孟/莫更/믕	陌/莫白/믝[46]
					墨/密北
	밍/믹	明/眉兵	皿/眉永	命/眉病	覓/莫狄
			黽/母耿		
			茗/莫迥		
精	즹/즥	增/咨登/증		甑/子孕/증	則/子德
	징/직	精/子盈	井/子郢		積/資昔
					即/節力
淸	칑			蹭/七鄧/층	
	칭/칙	淸/七情	請/七靜	倩/七正	刺/七逑
從	찅/쯱	繒/慈陵/쯩		贈/昨亘/쯩	崱/疾力
		層/才登			賊/疾則
	찡/찍	情/慈盈	靜/疾郢	淨/疾正	寂/前歷
心	싕/싁	僧/思登/승			塞/悉則
	싱/식	觪/思營/승	省/息井/승	性/息正	昔/思積
		星/先靑			
邪	씽/씩	餳/徐盈			席/祥亦
照	즹/즥	爭/甾耕/증		諍/側迸/증	窄/側格
	징/직	征/諸成	拯/之庱	正/之盛	隻/之石

46) 운 안의 종성은 모두 같다(韻中終聲同).

穿	칑/츽	崢/抽庚/츙		瞠/敕諍	坼/恥格
					測/初力
	칭/칙	檉/丑成	逞/丑郢	稱/丑正	尺/昌石
牀	찅/쯱	棖/除庚/쯍			宅/直格
		傖/士耕			
	찡	成/時征	瑒/杖梗	鄭/直正	擲/直隻
				鋥/除更	
審	싕/싁	生/師庚/승	省/所景/승	生/所敬/승	索/色窄
	싱/식	聲/書征	殑/色拯	聖/式正	釋/施隻
禪	/씩				賾/士革
	씽/씩	繩/神陵		盛/時正	石/裳隻
					寔/丞職
影	/ᅙᅴᆨ				厄/乙革
	ᅙᅵᆼ/ᅙᅵᆨ	英/於京	影/於丙	映/於命	益/伊昔
				應/於證	
	ᅙᅬᆼ	泓/烏宏			
	ᅙᆔᆼ		濙/烏迥	瑩/縈定/ᅙᅵᆼ	
			瑩/烏迥/ᅙᅵᆼ[47]		
曉	힁/흭	亨/虛庚/힝			赫/呼格/흥
					黑/迄得
	힝/힉	馨/醯經		興/許應	虩/迄逆
		興/虛陵			
	횡/획	鍧/呼宏			畫/霍虢
		轟/呼宏/훙[48]			
		薨/呼宏/훙[49]			
	휭/휙	兄/呼榮	詗/火迥	敻/呼正	殈/呼昊

47) '瑩'은 소운 '濙'에 소속된 자이나 속음이 있으므로 보인 것이다.
48) '轟'은 소운 '鍧'에 소속된 자이나 속음이 있으므로 보인 것이다.
49) '薨'은 소운 '鍧'에 소속된 자이나 속음이 있으므로 보인 것이다.

匣	/ᅘᅴᆨ				劾/胡得
	ᅘᅵᆼ/ᅘᅵᆨ	行/何庚	杏/何梗	行/胡孟	檄/刑狄
		恒/何庚/ᅘᅳᆼ50)	悻/下頂	脛/形定	
		形/奚經	幸/下耿		
	ᅘᅬᆼ/ᅘᅬᆨ	橫/胡盲/ᅘᅮᆼ	卝/胡猛/귕	橫/戶孟	或/穫北
					獲/胡麥
	ᅘᆔᆼ		迥/戶頂		
喩	/ᅙᅴᆨ				額/鄂格/ᅌᅴᆨ
	잉/익	盈/餘輕	潁/庾頃	孕/以證	繹/夷益
					逆/宜戟/ᅌᅵᆨ
	윙	榮/于平/융,잉	永/于憬/융	詠/爲命/융	
來	릥/릑	棱/盧登/릉	冷/魯杏/릉	稜/魯鄧/릉	勒/歷德
	링/릭	令/離呈	領/里郢	令/力正	歷/郎狄
日	ᅀᅵᆼ	仍/如陵/ᅀᅵᆫ		認/而證	

4.2.18.2. 대역의 해석

제18 경운(庚韻)은『홍무정운역훈』에서 핵모를 이중모음으로 처리한 유일하면서도 특수한 경우이다. 이것은 사호(四呼)의 전개에서 제1 동운(東韻)과의 중복을 피하기 위한 불가피한 조치였다고 할 수 있다. 즉 단순히 '으'로써 핵모를 대역하면 제1 동운(東韻)의 합구음 및 촬구음과 꼭 같은 대역이 초래되어 운서로서의 변별적 체제가 성립할 수 없기 때문이다. 王力(1972: 23~29)의 현대한어 운모 제13 철(轍)에서 경운(庚韻)과 동운(東韻)을 합류시킨 것은 표면형의 상동에 의한 것이지만, 기저형으로는 두 운이 같을 수 없기 때문에 역사적인 언어 의식을 반영한 분류라고 하기는 어려울 것이다.『홍무정운』에서 제1 동운(東韻)은 고모음 계열에서, 제18 경운(庚韻)은 중고모음 계열에서 운모가 전개되기 때문에 두 운은 기저 핵모의 차원에서 분명히 분별된다.

50) '恒'은 소운 '行'에 소속된 자이나 속음이 있으므로 보인 것이다.

第18 경운(庚韻)은『광운』및『중원음운』의 韻部와 다음과 같은 관계를 갖는다.

(1)

	광운	운경	홍무정운	중원음운
梗攝	庚梗映陌	外轉33開2等[ɐŋ]		
		〃 〃 3等[jɐŋ]		
		〃 34合2等[uɐŋ]		
		〃 〃 3等[juɐŋ]		
	耕耿諍麥	外轉35開2等[ɛŋ]		
		〃 36合2等[uɛŋ]	庚梗敬陌	庚靑
	清靜勁昔	〃 35開3等[jɛŋ]		
		〃 36合3等[juɛŋ]		
	青迥徑錫	〃 35開4等[iɛŋ]		
		〃 36合4等[iuɛŋ]		
曾攝	登等嶝德	內轉42開1等[əŋ]		
		〃 43合1等[uəŋ]		
	蒸拯證職	〃 42開3等[jəŋ]		
		〃 43合3等[juəŋ]		

『중원음운』경청운(庚靑韻)의 음가에서도 알 수 있듯이 경섭(梗攝)과 증섭(曾攝)의 합류에 있어서는 증섭(曾攝)의 음가를 중심으로 하고 있다. 이들 운의 현대음에로의 변화 양상을 보이면 다음과 같다(王力 1980: 188~192).

(2) 일반적인 경우

庚・耕(開2等), 淸・蒸(知・照系) → əŋ : 개

庚・淸・靑・蒸(開3等) → iŋ : 제

登・耕(合) → uŋ : 합

庚・淸・靑(合3・4等) → yŋ : 촬

일반적인 변화의 경우 기저 /ə/ 모음 계열에서 전개되면서, 개구호를 제외하고는 핵모의 탈락이 일어나기 때문에, 『홍무정운』의 무표모음 /ə/에 대한 대역으로서 '으'가 선택될 수밖에 없다. 그러면 『홍무정운역훈』의 사호(四呼)도 '응, 잉, 웅, 융'의 전개가 가장 무난한 대역이라 할 것이다. 그러나 이와 같이 될 경우 '웅, 융'의 대역이 제1 동운(東韻)의 대역과 변별될 수 없으므로 문제가 된다. 제1 동운(東韻)은 핵모가 ø(zero)으로 설정되는 고모음 계열에 속하므로 '웅, 융' 이외의 다른 대역은 생각하기 어렵다.

(3) 제1 동운과 제18 경운의 사호 전개

	핵모	개	제	합	촬
1東	ø	--	--	/uŋ/	/iuŋ/
				[uŋ]	[iuŋ]
18庚	/ə/	/əŋ/	/iəŋ/	/uəŋ/	/iuəŋ/
		[əŋ]	[iŋ]	[uŋ]	[iuŋ]

이와 같이 합구호와 촬구호의 표면형이 같아지는 상황에서 제18 경운(庚韻)의 대역을 적절히 조절하여 제1 동운(東韻)과의 변별을 꾀하게 되었을 것인데, 이에 대한 결론으로 이중모음 핵모 '의'를 고안했다고 할 수 있다. 특별히 '이'가 선택되어 '으'에 첨가된 것은 다음과 같은 몇 가지 측면에서 그 복합적인 이유를 생각할 수 있다.

(4) '이' 첨가의 이유
가. 한어(漢語) 방언의 영향
나. 조선 한자음의 영향
다. '으'와 결합할 수 있는 모음의 제약(훈민정음에서)

중국 상해(上海) 이남의 복주(福州)를 중심으로 하는 방언(민북어)에는 경섭(梗攝) 계열의 대부분 운모가 [ɛiŋ]으로 되는데, 이것은 흡사『홍무정운역훈』의 대역을 연상케 한다. 간단한 용례를 보인다(자세한 예는 B. Karlgren의 方言字彙 참조).

(5)

	生	征
홍무정운역훈	싱	징
北京	ʂəŋ	tʂəŋ
福州	sɛiŋ	tɕiŋ

당시의 조선 한자음도 복주어(福州語)와 유사한 근거를 제시하지만 이러한 것들이 일차적인 중요성을 지닌다고는 할 수 없다. 훈민정음의 중성의 결합에서 '으'와 결합할 수 있는 중성은 단지 '이'밖에 없으며, 이러한 결합이 (4-가, 나)와 같은 현실적 근거를 토대로, 가장 근본적인 이유인 제1 동운(東韻)과 변별시키기 위한 핵모 '의'의 설정으로 귀결되었다고 하는 것이 가장 합리적일 것이다. 음가의 대응은 다음과 같다.

(6) 음가의 대응

	홍무정운			홍무정운역훈
庚梗敬陌	/əŋ/, /-k/		→	읭,읙
	/iəŋ/[iŋ],	〃	→	잉,익
	/uəŋ/[uŋ],	〃	→	윙,윅
	/iuəŋ/[iuŋ],	〃	→	윙,윅

제18 경운(庚韻)의 핵모에 대한『홍무정운역훈』의 대역이 중모음 '의'로 된 것은 앞에서 논의한 바와 같이 어느 정도 인위적 조작이 덧붙여진 결과이므로, 따라서 현실음(특히 북방음)과의 차이도 구조적으로 생길 수 밖에 없었을 것이다. 이러한 차이를 적절히 보완하는 측면에서『홍무정운역훈』에서는 속음 주기가 활용될 수 있다. 제18 경운(庚韻)의 운모에 대

한 속음은 특히 이러한 경향이 뚜렷하다. 제18 경운(庚韻)에 대한 운모상의 속음은 다음처럼 크게 세 부류로 나뉜다.

(7) 운모상의 속음의 유형
  가. 입성운미에 대한 일률적 속음: ㄱ → ㆆ
  나. 개구호 핵모에 대한 일률적 속음: ᅌᅴᆼ → ᅌᅳᆼ
  다. 기타 특례: 아래의 논의에 열거한다.

(7-가)는 입성운미의 중화적 약화를 나타내는 것으로 제1 동운(東韻)에서 논의한 바와 같다.

(7-나)의 속음 'ᅌᅳᆼ'은 오히려 정음이 되어야 할 것이나, 합구호, 촬구호에서 제1 동운(東韻)과의 변별을 위하여 핵모를 'ᅴ'로 하여 운모를 전개시켰기 때문에 속음으로 주기하여 현실성을 충족시킨 것이다. 거성 투모(透母)의 '𤃤'에는 (7-나)의 속음이 주기되지 않았으나 이것은 단순한 누락으로 생각된다. 입성자에 (7-나)의 속음이 적용되지 않은 것은 입성운미가 약화, 탈락하면서 운모의 다양한 변화 양상이 있었기 때문일 것이다(姜信沆 1973: 93~97).

(7-다)의 개별 자의 속음을 『중원음운』의 재구음 및 현대음과 함께 보이면 다음과 같다.

(8) 개별 자의 속음

자	정음	속음	중원음운	현대음
庚	긩	긍,깅	-iŋ	-əŋ
揯	〃	〃	---	---
梗	〃	〃	-eŋ,-iŋ	-əŋ
更	〃	〃	〃	〃
亘	〃	〃	〃	-ən
亨	힁	힝	-eŋ	-əŋ

觪	싱	숭	---	---
省	〃	〃	-eŋ,-iŋ	-əŋ,-iŋ
恒	ᅘᅵᆼ	ᅘᅳᆼ	-eŋ	-əŋ
轟	휭	훙	-uŋ	-uŋ
薨	〃	〃	〃	〃
橫	ᅘᅱᆼ	ᅘᅮᆼ	〃	〃
扃	ᄀᆔᆼ	궁	-iŋ	-yŋ
瑩	ᄒᆔᆼ	힝	-yŋ	-iŋ
榮	ᄋᆔᆼ	융,잉	-yŋ	-uŋ
永	〃	융	〃	-yŋ
詠	〃	〃	〃	〃
傾	ᄏᆔᆼ	킹	-iŋ	-iŋ
瓊	〃	〃	-yŋ	-yŋ
頃	〃	〃	〃	-iŋ
域	ᄋᆔᆨ	잉	---	-iu
陌	믹	맹	-ai	-u
赫	힉	헝	---	-ə
肯	킁	큰	-en	-ən
仍	ᅀᅵᆼ	ᅀᅵᆫ	-iŋ	-əŋ
認	ᅀᅵᆼ	ᅀᅵᆫ	-in	-ən

『중원음운』과 현대음으로부터 『홍무정운역훈』의 상기 속음에 대한 대부분의 정보를 얻을 수 있는 것은 속음의 음계가 북방음에 근거하고 있기 때문이다. 어느 시대의 언어음이란 것은 공시적으로도 다양한 계열이 존재하고, 또한 통시적 근거를 달리하기도 할 것이다. 그리하여 속음의 음계에 대한 근거 추적이 어려운 '仍, 域, 亨' 등의 속음은 당시의 다양한 언어 현실의 일면을 반영했으리라는 추측으로 결론을 삼을 수밖에 없다.

4.2.19. 제19 尤有宥

4.2.19.1.『홍무정운역훈』일람

자모	역훈	평/반절/속음	상/반절/속음	거/반절/속음
見	그ᇢ	鉤/居侯	耇/擧后	冓/居候
	기ᇢ	鳩/居尤	九/擧有	救/居又
溪	크ᇢ	彄/驅侯	口/苦厚	寇/丘候
	키ᇢ	丘/驅尤	糗/去九	糗/丘救
群	끼ᇢ	求/渠尤	臼/巨九	舊/巨又
疑	ᅌᅳᇢ	腢/魚侯/으ᇢ	偶/語口/으ᇢ	偶/五豆/으ᇢ
端	드ᇢ	兜/當侯	斗/當口	鬥/丁候
透	트ᇢ	偸/他侯	黈/他口	透/他候
定	뜨ᇢ	頭/徒侯	鋀/徒口	豆/大透
泥	느ᇢ	齈/奴侯	穀/乃后	耨/乃頭
	니ᇢ		紐/女九	狃/女救
幫	비ᇢ	彪/補尤		
滂	프ᇢ		剖/普厚	
	피ᇢ	秠/匹尤		
並	쁘ᇢ	裒/蒲侯		
	삐ᇢ	滮/皮休		
明	므ᇢ	謀/莫侯	母/莫厚	戊/莫候
	미ᇢ	繆/莫彪		謬/靡幼
非	ᄫᅳᇢ		缶/俯九	副/敷救
				不/俯救
奉	ᄬᅳᇢ	浮/房鳩	阜/房缶	復/扶富
精	즈ᇢ	鯫/將侯	走/子口	奏/則候
	지ᇢ	啾/卽由	酒/子酉	僦/卽就
清	츠ᇢ		趣/此茍	湊/千候
	치ᇢ	秋/此由		

從	찌ᇢ	酋/慈秋		就/疾僦
心	스ᇢ	漱/先侯	叟/蘇后	漱/先奏
	시ᇢ	脩/思留	滫/息有	秀/息救
邪	씨ᇢ			岫/似救
照	즈ᇢ	鄒/側鳩	掫/側九	縐/側救
	지ᇢ	周/職流	帚/止酉	祝/職救
穿	츠ᇢ	搊/楚蒐		簉/初救
	치ᇢ	抽/丑鳩	醜/齒九	臭/尺救
牀	쯔ᇢ	愁/鋤尤		驟/鉏救
	찌ᇢ	儔/除留	紂/丈九	冑/直又
審	스ᇢ	搜/疏鳩	溲/所九	瘦/所救
	시ᇢ	收/尸周	首/始九	狩/舒救
禪	씨ᇢ		受/是酉	授/承呪
影	ᅙᅳᇢ	謳/烏侯	歐/於口	漚/於候
	이ᇢ	憂/於尤	黝/於糾	幼/伊謬
曉	흐ᇢ		吼/許厚	吼/許候
	히ᇢ	休/虛尤	朽/許久	齅/許救
匣	ᅘᅳᇢ	侯/胡鉤	厚/胡口	候/胡茂
喩	이ᇢ	尤/于求	有/云九	宥/爰救
來	르ᇢ	樓/盧侯	塿/郎斗	漏/郎豆
		留/力求	柳/力九	溜/力救
日	ᅀᅵᇢ	柔/而由	蹂/忍九	輮/如又

4.2.19.2. 대역의 해석

음운미 -u를 갖는 제19 우운(尤韻)은 개구호와 제치호로 전개되면서 같은 운미를 갖는 제12 소운(蕭韻), 제13 효운(爻韻) 등과는 핵모에 있어서 대립을 이룬다. 『광운』 및 『중원음운』의 운부와는 다음과 같은 관계를 갖는다.

(1) 광운 운경 홍무정운 중원음운

광운	운경	홍무정운	중원음운
侯厚候	內轉37開1等[əu]		
尤有宥	〃 〃 3等[jəu]	尤有宥	尤侯
幽黝幼	〃 〃 4等[iəu]		

『홍무정운』의 제19 우운(尤韻)은 『광운』의 유섭(流攝)에 속하는 세 운을 그대로 계승한 것으로 음가의 변동도 거의 없다. 무표 핵모 /ə/는 제치호에서 탈락되는데, 『홍무정운역훈』의 대역에도 반영되어 있다. 제19 우운(尤韻)의 정치음 2등자는 『광운』의 우운(尤韻)에 속하여 사실상 3등운이지만 운도의 편제 관계로 2등에 놓여 있다. 정치음 2등자의 반절하자는 이 상황을 잘 나타내고 있다. 『홍무정운역훈』에서 정치음 2등자를 개구호로 대역한 것은 앞에서 살핀 바와 같이 조2계(照2系)의 설첨화가 조3계(照3系)에 선행하면서 개모 i가 흡수되었기 때문이다. 음가의 대응은 다음과 같다.

(2) 음가의 대응

홍무정운			홍무정운역훈
尤有宥 /əu/		→	흫
/iəu/	→ [iu]	→	힣

4.2.20. 제20 侵寢沁緝

4.2.20.1. 『홍무정운역훈』 일람

자모	역훈	평/반절/속음	상/반절/속음	거/반절/속음	입/반절/속음
見	김/깁	今/居吟	錦/居飮	禁/居廕	急/居立
溪	킴/킵	欽/驅音			泣/乞及
群	낌/낍	琴/渠金	噤/渠飮	紟/巨禁	及/忌立
疑	임	吟/魚音/인	吟/魚錦/인	吟/宜禁/인	

泥	님	南/乃林		賃/女禁	
精	짐/집		■/子袵[51]	浸/子鴆	湒/賫入
清	침	侵/七林/친	寑/七稔/친	沁/七鴆	緝/七入/칭[52]
從	/찝				集/秦入
心	심/십	心/思林	糝/桑錦		霫/息入
邪	씸/씹	尋/徐心			習/席入
照	즘	簪/緇深		譖/側禁	
	짐/집	斟/諸深	枕/章荏	枕/職任	戢/側入
					執/質入
穿	츰		墋/楚錦	讖/楚禁	
	침/칩	琛/丑森	瀋/昌枕/신	闖/丑禁	蟄/尺入
			踸/丑錦		
牀	쯤	岑/鋤簪			
	찜/찝	沈/持林	朕/呈稔	鴆/直禁	蟄/直立
審	슴/습	森/疏簪		滲/所禁	澀/色入
	심	深/式針	審/式荏	深/式禁	
			痒/所錦		
禪	씸/씹	諶/時任	甚/食枕	甚/時鴆	十/寔執
影	힘/힙	音/於禽	飮/於錦	蔭/於禁	揖/一入
曉	힘/힙	歆/虛金			吸/許及
喩	임	淫/夷斟			
來	림	林/犁沉	廩/力錦	臨/力禁	立/力入
日	심/십	壬/如深	餁/忍甚	任/汝鴆	入/日執/쉽

4.2.20.2. 대역의 해석

『홍무정운』의 제20 침운(侵韻)은 운미 -m(p)을 갖는 운으로 제21 담운(覃韻), 제22 염운(鹽韻) 등과는 핵모의 차이로 대립을 이룬다. 『광운』 및

51) ■는 穴 밑에 浸.
52) 운 안의 종성은 모두 같다(韻中終聲同).

『중원음운』의 운부와는 다음과 같은 관계를 갖는다.

(1) 광운	운경	홍무정운	중원음운
侵寢沁緝	內轉38開3等[jəm]	侵寢沁緝	侵尋

단일한 계통으로 형성된 제20 침운(侵韻)은 『중원음운』에까지 운미 -m을 유지하고 있었지만(입성운미는 탈락), 한어 근대음에서 이미 폭넓게 운미의 중화가 일어나서 -m운미의 -n화가 진행되었음을 『홍무정운역훈』의 속음을 통해서도 알 수 있다. 원래 침운(侵韻)은 모두 3등운이지만 조2계(照2系)의 개음 흡수에 의해 개구호와 제치호의 분화가 생긴 것이다. 침운(侵韻)의 통시적 변화 양상은 다음과 같다(王力 1980: 186).

(2) 침운(侵韻)의 통시적 변화

侵 iem → iəm ┌ 莊系 → əm → ən
　　　　　　 └ 기타 → iəm ┌ 知,章系 → ən
　　　　　　　　　　　　　 └ 기타 → in

(莊系: 照2系, 章系: 照3系)

『홍무정운역훈』의 대역은 장계(莊系)와 기타 계열이 개구호와 제치호로 분화된 변화 단계와 일치하며, 핵모 /ə/는 무표모음이므로 /iəm/ → [im]의 표면형으로 실현된다. 『홍무정운역훈』 일람에서 조2계자(照2系字)가 제치호로 대역된 예외적 경우를 들면 다음과 같다.

(3) 字	41聲類	現代音
戢	莊母	tɕi
痒	心,疏母	---

위의 두 자는 침운(侵韻)에서 모두 장계(莊系)에 속하지만 제치호로 대

역되었다. '戢'의 현대음을 보면 권설음이 아니라 설면음이기 때문에,『홍무정운역훈』의 대역과 상통함을 알 수 있다. '瘁'의 현대음은 알 수 없으나 이 자도 이와 같은 방향에서 이해되어야 할 것이다.『중원음운』에는 (3)의 자들이 들어 있지 않다.『홍무정운역훈』의 대역은 이와 같이 현실음을 고려하면서 이루어졌음을 이들 자의 대역을 통해서도 다시 확인할 수 있다. 음가의 대응은 다음과 같다.

(4) 음가의 대응

	홍무정운			홍무정운역훈
侵寢沁緝	/əm/,	/-p/	→	음, 읍
	/iəm/ [im],	/-p/	→	임, 입

『홍무정운역훈』의 제20 침운(侵韻)에 대한 운모상의 속음은 다음의 세 부류로 나뉜다.

(5) 속음의 종류

가. 양운미에 대한 일률적 속음[53]: ㅁ → ㄴ

나. 입성운미에 대한 일률적 속음: ㅂ → ㆆ

다. 개별적 속음: 入 십 → 슝

제20 침운(侵韻)의 양운미 -m의 -n화는 (2)에 보인 바와 같은데, 근대 이후에 일어난 음운 현상이다.『홍무정운역훈』에서 일률적 속음으로 처리한 점으로 미루어 15 세기경에는 이미 -m운미의 -n화가 거의 완료되었을 것으로 생각된다. -m의 -n화는 통시적 중화의 개념으로 이해되는 음운 현상이다. 즉 무표자음(default consonant)은 거의 언어 보편적으로

---

53) 거성의 머릿자 '沁'에는 이에 대한 속음 주기가 없으나 단순한 누락으로 생각된다.

설음 t이며, 자음 삽입의 과정에서 일반적으로 t가 선택되어 t의 무표성이 인정되고 있다. 국어에서도 사잇소리에 t가 삽입되는 것이 국어의 음운 현상에서도 확인되며, 모음 삽입에 무표모음이 선택되는 경우와 음운적으로 동일한 가치를 지닌다. 폐쇄음 'p, t, k'에 상대하는 비음 계열로 'm, n, ŋ'이 있는데, t와 조음위치가 같은 n이 비음 계열에 있어서는 무표음이 되며, 따라서 '유표(有標) → 무표(無標)'의 변화이기 때문에 중화로 이해하는 것이다. 입성운미 -p(ㅂ)의 -ʔ(ㆆ)화는 탈락의 과정에 이르는 중화적 약화 현상이며 '-k, -t'의 -ʔ화와 동일한 것이다. '入'에 대한 『중원음운』의 추정음은 다음과 같다.

(5) 入 齊微 [ʐʅ]
　　　魚模 [ʐy]

한어 현대음도 『중원음운』과 마찬가지이므로, '入'의 속음 'ᅀᅲᇰ'은 어모운(魚模韻) 계열의 촬구호음을 나타낸 것이며, 정음 'ᅀᅵᆸ'은 물론 제미운(齊微韻) 계열의 음을 반영한 것이다.

4.2.21. 제21 覃感勘合

4.2.21.1. 『홍무정운역훈』 일람

자모	역훈	평/반절/속음	상/반절/속음	거/반절/속음	입/반절/속음
見	감/갑	甘/沽三	感/古禫/간[54]	紺/古暗	閤/古沓
			敢/古覽		合/古沓/겅[55]
	갸/갹	監/古銜	減/古斬	鑑/古陷	夾/古洽

54) 운 안의 종성은 모두 같다(韻中終聲同).
55) '合'은 소운 '閤'에 소속된 자이나 속음이 있으므로 보인 것이다.

溪	캄/캅	堪/苦含	坎/苦感	勘/苦紺/칸[56]	榼/克盍
				闞/苦濫	
	캼/캽	嵌/丘銜			恰/苦洽
疑	암		頷/五感/안		
	얌	喦/魚咸/얀			
端	담/답	耽/都含	紞/都感	擔/都濫	答/得合
		儋/都監	膽/覩敢		
透	탐/탑	貪/他含	禫/他感	探/他紺	錔/託合
				賧/吐濫	榻/託甲
定	땀/땁	覃/徒含/딴[57]	禫/徒感	淡/徒濫	沓/達合
		談/徒監	啖/徒覽		
泥	남/납	南/那含			納/奴荅
	/냡				■/昵洽[58]
明	맘		鋄/忙范		
奉	빰/빱	凡/符咸	范/房啖	梵/扶泛	乏/扶沓
精	잠/잡	簪/祖含	寁/子感		帀/作荅
清	참/찹	參/蒼含	慘/七感	參/七紺	雜/七合
從	짬/짭	蠶/徂含	歜/徂感	暫/昨濫	雜/昨荅
			槧/在敢		
心	삼/삽	毿/蘇含	糝/桑感	三/息暫	趿/悉合
		三/蘇監			
照	잠/잡		斬/側減	蘸/莊陷	箚/竹洽
穿	참/찹	欃/初銜			臿/測洽
牀	짬/짭	讒/鋤咸	湛/丈減	讒/士監	霅/直甲
			嶄/士減	湛/丈陷	
審	삼/삽	攕/所含	摻/所斬	撕所鑑	歃/色洽

56) 운 안의 종성은 모두 같다(韻中終聲同).
57) 운 안의 종성은 모두 같다(韻中終聲同).
58) ■는 广 안에 図.

		衫/師銜			
影	암/압	諳/烏含	晻/鄔感	暗/烏紺	姶/遏合
	얌/얍		黯/乙減	韽/於陷	押/乙甲
曉	햠/햡		闞/虎覽		呷/呼甲
匣	ᅘᅡᆷ/ᅘᅡᆸ	含/胡南	頷/戶感	憾/胡紺	合/胡閤/헝[59]
		酣/胡甘			
	ᅘᅣᆷ/ᅘᅣᆸ	咸/胡嵒	豏/下斬	陷/乎韽	洽/胡夾
			檻/胡覽	檻/胡監	
來	람/랍	婪/盧含	壈/盧感	濫/盧耳敢	蠟/落合
		藍/盧監	覽/魯敢		

4.2.21.2. 대역의 해석

아음과 후음의 2등자가 제치호로 되어 개구호와 제치호의 분화가 일어난『홍무정운』의 제21 담운(覃韻)은 결과적으로 같은 함섭(咸攝)에 속하면서 제치호만 갖는 제22 염운(鹽韻)과는 핵모의 차이로 변별되게 되어 상보적 관계의 가능성이 배제되었다.『광운』및『중원음운』의 운부와는 다음과 같은 관계를 갖는다.

(1) 광운 / 운경 / 홍무정운 / 중원음운

광운	운경	홍무정운	중원음운
覃感勘合	外轉39開1等[Am]		
咸豏陷洽	〃 〃 2等[ɐm]		
談敢闞盍	〃 40開1等[ɑm]	覃感勘合	監咸
銜檻鑑狎	〃 〃 2等[am]		
凡范梵乏	〃 41合3等[juɐm]		

합구 3등자를 갖는 범운(凡韻)은 거의 순경음에만 해당 자를 갖고 있는

59) 운 안의 종성은 모두 같다(韻中終聲同).

데, 순음 성모하의 합구 개모의 중화적 탈락으로 『홍무정운』에서는 개구호에 속한다. 제21 담운(覃韻)의 핵모는 저모음 /a/로 『홍무정운역훈』에서는 '아'로 대역되었으므로, 운경의 등운에서 알 수 있듯이 1등과 2등의 차이가 있었던 만큼 발음주석이 예상되는 상황이다.

제21 담운(覃韻)의 등운과 대역의 관계는 거의 일치하지만 니모(泥母)의 '■[60]'이 제치호로 대역된 것은 잘 알 수 없는 일이다. 『중원음운』이나 현대음에서도 이 글자의 독음을 알 수 없는 벽자이기 때문에 예외적인 경우로 남겨둘 수밖에 없다. 음가의 대응은 다음과 같다.

(2) 음가의 대응

	홍무정운		홍무정운역훈
覃感勘合	/am/, /-p/	→	암, 압
	/iam/, /-p/	→	얌, 얍

제21 담운(覃韻)에 대한 『홍무정운역훈』의 운모상의 속음은 다음처럼 세 부류로 나뉜다.

(3) 속음의 종류
가. 양운미에 대한 일률적 속음: ㅁ → ㄴ
나. 입성운미에 대한 일률적 속음: ㅂ → ㆆ
다. 개별적 속음: 合 갑 → 걯
햅 → 혷

(3-가,나)의 운미에 대한 속음은 제20 침운(侵韻)에서 살핀 내용과 같이 -m운미의 -n화와 -p운미의 -ʔ화로 누차에 걸쳐 논의되었다. (3-다)의 '合'에 대한 『중원음운』의 추정음과 현대음을 보이면 다음과 같다.

60) ■은 广 안에 図, 국어 한자음은 '섭'이다.

(4) 자　　중원음운　　현대음
　　合　　歌戈[xo]　　[kə],[xə]

『중원음운』의 표음 [o]는 /ə/의 변이음으로 처리될 수 있으므로, 현대음과 차이 없이 중모음 /ə/ 계열로 파악되며, 현대음에서 두 종류의 음이 모두 /ə/ 계열에 속하고 성모에 있어서도 『홍무정운역훈』의 속음과 일치된다(匣母는 현대음에서 曉母에 귀결).

4.2.22. 제22 鹽琰豔葉

4.2.22.1. 『홍무정운역훈』 일람

자모	역훈	평/반절/속음	상/반절/속음	거/반절/속음	입/반절/속음
見	겸/겹	兼/古嫌	檢/居奄	劒/居欠	頰/古協
溪	켬/켭	謙/苦兼	歉/苦簟	歉/詰念	篋/乞協
				欠/去劒	
群	꼄/꼅	箝/其廉	儉/巨險		笈/極曄
疑	염/엽	噞/牛廉/연	隒/魚檢/연	釅/魚欠/연	業/魚怯
端	뎜/뎝		點/多忝	店/都念	喋/丁協
透	텸/텹	添/他兼	忝/他點	桥/他念	帖/他協
定	뗨	甜/徒兼	簟/徒點		
泥	념/녑	黏/尼占	淰/乃點	念/奴玷	聶/尼輒
				黏/尼欠	
幫	볌	砭/悲廉	貶/悲撿	窆/陂驗	
精	졈/졉	尖/將廉		僭/子念	接/卽涉
清	쳠/쳡	僉/千廉		塹/七豔	妾/七接
從	쪔/쪕	潛/慈鹽	漸/秦冉		捷/疾葉
心	셤/셥	銛/思廉			燮/悉協
邪	쎰	燅/徐廉			

照	졈/졉	詹/之廉	颭/職琰	占/章豔	讋/質涉
穿	쳠	襜/蚩占	諂/丑琰	襜/昌豔	
牀	/쪕				牒/直涉
審	셤/셥	苫/詩廉	閃/失冉	苫/舒贍	攝/失涉
禪	쎰	蟾/時占			
影	혐	淹/衣炎	奄/於檢	厭/於豔	
曉	혐/협	杴/虛嚴	險/虛檢	脅/虛欠	偞/呼協
匣	ᅘᅧᆷ/ᅘᅧᆸ	嫌/胡兼			協/胡頰
喻	염/엽	鹽/移廉/연[61]	琰/以冉/연[62]	豔/以贍/연[63]	葉/弋涉/영[64]
來	렴/렵	廉/力鹽	斂/力冉	斂/力驗	獵/力涉
日	ᅀᅧᆷ	髥/而占	冉/而琰	染/而豔	

4.2.22.2. 대역의 해석

제치호만으로 이루어진 제22 염운(鹽韻)은 저모음 계열인 제21 담운(覃韻) 및 중고모음 계열인 제20 침운(侵韻)과는 핵모의 차이로 대립하여 필연적으로 중저모음 계열에 속하게 된다.『광운』및『중원음운』의 운부와는 다음과 같은 관계를 갖는다.

(1) 광운	운경	홍무정운	중원음운
鹽琰豔葉	外轉39開3等[jɛm]		
添忝栎帖	〃 〃 4等[iɛm]	鹽琰艶葉	廉纖
嚴儼釅業	〃 40開3等[jɐm]		

『중원음운』에서도 아직 운미 -m을 유지한 제22 염운(鹽韻)은 근대에 운미의 -n화를 거쳤고, 핵모는 현대 한어에서 저모음 /a/ 계열에 속하게

61) 운 안의 종성은 모두 같다(韻中終聲同).
62) 운 안의 종성은 모두 같다(韻中終聲同).
63) 운 안의 종성은 모두 같다(韻中終聲同).
64) 운 안의 종성은 모두 같다(韻中終聲同).

되었지만, 『홍무정운』에서는 운미 -m을 그대로 유지하면서 핵모에 있어서도 저모음 및 중고모음 계열과 대립을 이루는 중저모음 계열에 해당된다. 『홍무정운역훈』에서는 제20 침운(侵韻)에 ‘으’, 제21 담운(覃韻)에 ‘아’, 제22 염운(鹽韻)에 ‘어’가 각각 핵모로 대역되어 뚜렷한 대립을 보여주고 있는데, 이러한 세 계열의 대립은 다음과 같은 -m, -n 운미 계열의 변화 양상을 참조하면, 『홍무정운역훈』의 대역이 이들의 체제와 등가의 관계에 있음을 알 수 있다. 제22 염운(鹽韻)이 제치호만으로 되어 있기 때문에 제치호만 들어보이면 다음과 같다(王力 1980: 185~186).

(2) 현대 한어 -n 운미(제치호)의 유래

	중고				근대		현대
刪(牙,喉)	an	→	an	→	ian	→	ian
山(〃)	æn	↗					
銜(〃)	am	→	am	→	ian	→	ian
咸(〃)	ɐm	↗					
嚴	iɐm	↘					
鹽	iɛm	→	iɛm	→	iɛm	→	ian
添	iem	↗					
眞	ien	↘					
欣	iən	→	iən	→	iən	→	iən
侵	iəm	→	iəm	→	iəm	→	iən

여기에서 현대와 근대의 핵모의 대립을 살펴보면, 현대에서는 [ə]와 [a]의 두 계열만의 대립이 있으나, 근대에는 같은 운미(여기서는 -m)에서 [ə], [ɛ], [a]의 세 계열로 대립함을 알 수 있다. 이것은 현대 한어의 기저모음 목록과 근대음의 기저모음 목록의 구조적 차이를 말해주는 것이다. 『홍무정운』의 분운은 물론 근대음의 구조와 일치하며 『홍무정운역훈』의 대역도 여기에 체계적으로 부합된다. 요컨대 제22 염운(鹽韻)의 핵모는

중저모음 /ɐ/로 확립되며, 표면형은 전설적 변이음인 [iɛm]에 가까울 것이다. 음가의 대응은 다음과 같다.

(3) 음가의 대응

	홍무정운		홍무정운역훈
鹽琰艶葉	/iɐm/ /-p/	→	염, 엽

第22 염운(鹽韻)에 대한『홍무정운역훈』의 운모상의 속음은 다음과 같이 운미에 대한 일률적인 것뿐이다.

(4) 속음의 종류

가. 운미 ㅁ → ㄴ

나. 운미 ㅂ → ㆆ

이에 대해서는 第21 담운(覃韻)의 속음에서 살핀 내용과 같은 성질의 것이므로 논의는 생략한다.

맺음말

『홍무정운역훈』에 대한 본 역주는 『홍무정운역훈』에 대한 해제 및 범례의 조항에 대한 해설, 그리고 『홍무정운역훈』의 대역 체계를 음운론적으로 해명하는 데에 그 목적을 두었다. 『홍무정운역훈』에 대한 해제에 있어서는 편찬의 동기, 목적, 과정 등을 설명하였고, 판본에 대한 간략한 서지 사항도 언급하였다. 역주의 본론이라 할 수 있는 대역 체계의 해석에 있어서는 성류와 운류로 나누어 논의를 진행하였는데, 성류에 있어서는 반절상자의 귀납과 음가의 대응을 설명하였고, 운류에 있어서는 변별적 운목 설정에 따른 일반적인 대역 체계와 함께 개별적인 속음 주기에 대한 것도 함께 다루었다.

『홍무정운역훈』은 『동국정운』과 함께 세종조의 한자음 관계 사업을 아우르는 것으로서, 『동국정운』이 국내의 전승 한자음의 규범적 교정에 그 목적이 있었다면 『홍무정운역훈』은 중국 한어음의 규범적 실상을 제공하는 데에 편찬의 취지가 있었다. 여기에서 주목할 것은 『동국정운』이나 『홍무정운역훈』이 모두 운서라는 점에 있으며, 운서는 분운(分韻), 즉 운목(韻目) 설정의 체계적 계열 관계가 요구되는 것이므로, 특히 한 운목 내의 운모 전개에서는 동일한 핵모에 의한 음운적 동질성의 확보를 필요로 한다는 점에 있다.

『홍무정운역훈』의 저본인 『홍무정운』은 운서이며, 『홍무정운』을 대역한 『홍무정운역훈』도 역시 운서의 체제를 갖추고 있으나, 『홍무정운역훈』

은 중세 국어의 음운 체계와 음절 구조에 따른 내적 체계의 질서를 유지함으로써, 『홍무정운』과는 여러 면에서 구조적 차이가 생기게 되었다. 그러므로 『홍무정운역훈』 자체의 체계적 조화를 위해서는 한어(漢語) 한자음의 실상이 재조정될 수밖에 없었다. 이러한 까닭으로 『홍무정운역훈』이 『홍무정운』에 대한 단순한 대음(對音, 또는 注音)이 아니라 대역(對譯)의 차원으로 이해되는 것이다.

『홍무정운역훈』에 대한 본 역주는 대역 체계에 대한 음운론적 해석에 내용의 중점이 있다. 그러므로 지금까지 서술한 대역의 해석을 개략적으로 종합하면서 맺음말을 맺는다.

1. 『홍무정운역훈』에 있어서 『홍무정운』 31성모의 귀납 과정은 반절상자의 분류를 종합하면서 살펴보았는데, 『홍무정운역훈』의 31성모의 귀납은 단순한 반절상자의 계련에 의한 것이 아니라, 『홍무정운』의 분운 체계, 운도의 등운 정보, 당시의 현실음 등을 반절계련과 종합함으로써 『홍무정운』의 반절 체계가 갖고 있는 반절계련의 한계를 적절히 극복하였다.

2. 운모의 사호(開, 齊, 合, 撮) 전개에 대한 대역에 있어서도, 어느 특정 운도를 기준으로 한 것이 아니라, 『홍무정운』의 분운 체계, 운도의 등운 정보, 현실음 등을 종합적으로 참조하여 이루어졌다고 할 수 있다.

3. 『홍무정운』의 기저 모음 체계는 개구도에 있어서 현대 한어의 3계열과는 달리 고, 중고, 중저, 저모음의 4계열로 파악되는데, 이것은 『홍무정운』 분운 체계의 대립과 상보의 분포로부터 귀납된 것이다. 『홍무정운』의 이러한 4계열의 기저 모음 체계는 중고와 현대 한어를 잇는 과도적 상황으로 기술될 수 있을 것이다.

4. 『홍무정운역훈』의 기저 모음은 고, 중, 저모음의 3계열이기 때문에, 『홍무정운』의 고, 중고 계열이 『홍무정운역훈』에서는 표면적으로 고계열 'ㅡ, ㅣ, ㅜ, ㅠ'에 통합되었다. 그러므로 『홍무정운』의 4계열이 『홍무정운

역훈』에서는 3계열로 조정되었다고 할 수 있다.

5.『홍무정운』의 분운은 자체의 기저형에 근거한 것이나,『홍무정운역훈』의 대역은『홍무정운』의 표면형을 기준으로 한 것이어서, 제1 동운(東韻)과 제18 경운(庚韻)의 표면적 중화가『홍무정운역훈』의 대역에서 문제되었다. 제18 경운(庚韻)에 대한 대역 핵모가 '의'로 된 것은 이러한 표면적 중화를 해소시키기 위한 조치라 할 수 있다.

6.『홍무정운』의 편찬자가 의도한 음계는, 성류에 있어서는 전통적 요소가 풍부한 남방계로, 운류에 있어서는 전통적인 입성을 유지하면서도 분운에 있어서는 북방음을 기준으로 하여 고금남북(古今南北)을 절충한 체계라 할 수 있다. 그러나『홍무정운역훈』의 대역은 성류에 있어서도 북방음을 규범적 기준으로 하였다고 생각되는데, 특히 일모(日母)의 대역이나 전탁음에 대한 당시의 기술은 이러한 추측을 뒷받침하는 것이다.

7.『홍무정운역훈』의 속음과 발음주석은 체계적이고 음운적인 대역에서 충분히 고려되지 못한 음성적 유사성을 어느 정도 보충해준다는 측면에서 그 공통적 가치를 찾을 수 있다. 물론 속음의 일반적인 용법은 정음에 대한 속음주기의 일반적인 경우 외에도, 일자다음 및 현실음에 잔존하는 고음 등을 보여주기도 하는 것이지만, 제3 제운(齊韻)이나 제18 경운(庚韻)의 운모에 대한 일률적인 속음에서처럼 체계적 대역으로 인하여 놓친 음성적 유사성을 속음 형식으로 나타낸 경우도 있음에 주목해야 할 것이다.

참고문헌

1. 자료

『古今韻會擧要』(1297). 亞世亞文化社(1975).
『東國正韻』(1449). 建國大出版部(1973).
『等韻五種』. 藝文印書館(1981).
『四聲通解』(1517). 大堤閣(1975).
『宋本廣韻』. 黎明文化事業公司(1976).
『中原音韻』(1324). 學海出版社(1978).
『洪武正韻』(1375). 英祖本(1770), 大堤閣(1987).
『洪武正韻譯訓』(1455). 高麗大出版部(1974).
『訓民正音』(1446). 한신문화사(1988).

2. 저서와 논문

(1) 국내

姜信沆(1973).『四聲通解研究』 신아사.
______(1983). "齒音과 한글表記"『國語學』12. 국어학회.
______(1988). "洪武正韻譯訓 歌韻의 한글 表音字에 대하여"『꼭 읽어야 할 국어학 논문집』 집문당.
______(1989). "洪武正韻譯訓 韻母音의 한글表音字에 대하여"『國語國文學論叢』1. 탑출판사.

國語史資料研究會(1995).『譯註 飜譯老乞大』태학사.
金武林(1987). "사잇소리와 語中硬音化의 音韻的 記述" 고려대 석사학위논문.
______(1989). "餘音說 批評"『周時經學報』4, 탑출판사.
______(1989). "中期國語 母音體系 一考"『語文論集』28.
______(1990). "洪武正韻譯訓의 音韻論的 研究" 고려대 박사학위논문.
______(1991). "齒音 不破音化의 通時的 照明"『國語學研究百年史』일조각.
______(1992).『國語音韻論』한신문화사.
______(1994). "『사성통고(四聲通攷)』범례의 고찰"『주시경학보』13. 주시경연구소. 탑출판사.
______(1996). "『東國正韻』의 編韻에 대하여"『한국어학』4. 한국어학회.
______(1997). "『東國正韻』의 編韻과 訓民正音의 中聲"『국어학 연구의 새지평』(성재 이돈주 선생 화갑기념) 태학사.
______(1999).『洪武正韻譯訓의 音韻論的 研究』월인.
______(2004).『국어의 역사』한국문화사.
金敏洙(1953). "各字竝書 音價論"『국어국문학』4. 국어국문학회.
______(1955). "合用竝書 音價論"『국어국문학』13. 국어국문학회.
______(1982).『新國語學史』일조각.
______(1983).『新國語學』일조각.
김석득(1965). "소실자운(Graphemes)고"『人文科學』13.
金善琪(1933). "硬音의 本質"『한글』126. 한글학회.
김승곤(1983).『음성학』정음사.
金永萬(1986). "國語超分節音素의 史的研究" 고려대 박사학위논문.
김영송(1981).『우리말 소리의 연구』과학사.
金完鎭(1966). "續添洪武正韻에 對하여"『震壇學報』29, 30.
______(1971).『國語音韻體系의 研究』일조각.
______(1972). "다시 β >w를 찾아서"『語學研究』8-1. 서울大學校 語學研究所.『음운과 문자』에 재수록.
______(1996).『음운과 문자』신구문화사.
김정숙(1985). "ㆆ末音研究" 고려대 석사학위논문.
金正泰(1996).『國語 過渡音 研究』박이정.

김진우(1967). "Some phonological rules in Korean"『語文硏究』5.
______(1988).『言語小典Ⅰ·Ⅱ』탑출판사.
南廣祐(1966).『東國正韻式 漢字音 硏究』한국연구원.
______(1972). "新發見인 崔世珍著『飜譯老乞大』卷上을 보고"『국어국문학』 55, 57 합병호. 국어국문학회.
文璇奎(1970a)."通攝韻母論"『中國學報』11.
______(1970b). 梗攝의 韻母論"『전북대논문집』12.
______(1971). "曾攝韻母論"『한국언어문학』8, 9.
______(1983). "山攝의 韻母"『한국어문학탐구』민족문화사.
______(1987).『中國古代音韻學』민음사.
朴炳采(1971).『古代國語의 硏究』고려대출판부.
______(1983).『洪武正韻譯訓의 新硏究』고대민족문화연구소.
______(1989).『국어발달사』세영사.
______(1990a).『古代國語의 音韻比較硏究』고려대출판부.
______(1990b).『古代國語學硏究』고대민족문화연구소.
朴榮順(1985).『韓國語 統辭論』집문당.
成光秀(1979).『國語助辭의 硏究』형설출판사.
成元慶(1970). "東國正韻과 洪武正韻譯訓音의 比較硏究"『建國大 學術誌』12.
신상돈 外(1988).『훈민정음의 이해』한신문화사.
吳貞蘭(1987). "硬音의 國語史的 硏究" 고려대 박사학위논문.
吳種甲(1988).『國語音韻의 通時的 硏究』계명대출판부.
兪昌均(1963). "訓民正音 中聲體系 構成의 根據."『語文學』10.『國語學論攷』 (1984, 啓明大出版部) 再錄.
______(1965). "中聲體系 構成의 根據를 再論함"『국어국문학』30.『國語學論攷』(1984, 啓明大出版部) 再錄.
______(1966).『東國正韻硏究』형설출판사.
______(1975).『蒙古韻略과 四聲通攷의 硏究』형설출판사.
柳　僖(1824).『諺文志』.
李基文(1972).『國語史槪說』(改訂版) 탑출판사.
______(1977).『國語音韻史硏究』탑출판사.

李敦柱(1979a).『漢字學總論』박영사.
______(1979b). "訓蒙字會 漢字音硏究" 전남대 박사학위논문.
______(1988). "『飜譯老乞大・朴通事凡例』攷(Ⅱ)"『湖南文化硏究』18. 전남대 호남문화연구소.
______(1989). "『飜譯老乞大・朴通事凡例』攷(Ⅰ)"『語文論叢』10・11. 전남대 국어국문학연구회.
______(1995).『漢字音韻學의 理解』탑출판사.
李東林(1963). "訓民正音의 制字上 形成 問題."『无涯梁柱東博士華誕紀念論文集』東國大學校.
______(1968). "洪武正韻譯訓과 四聲通解의 比較"『동국대 논문집』5.
______(1970). "東國正韻硏究" 동국대 박사논문.
李崇寧(1949).『朝鮮語音韻論硏究 第1輯 "・"音攷』을유문화사.
______(1959). "洪武正韻譯訓의 硏究"『震壇學報』20.
李潤東(1988).『中期韓國漢字音의 硏究』우골탑.
李在敦(1990). "中國 近世官話의 音韻 演變 硏究" 서울대 석사학위논문.
張馨實(1994). "『飜譯老乞大』의 中國語 注音에 對한 硏究" 고려대 석사학위논문.
田相範(1980).『生成音韻論』탑출판사.
鄭 光(1995). "飜譯老朴凡例의 國音・漢音・諺音에 대하여"『大東文化硏究』30. 성균관대 대동문화연구원.
鄭卿一(1984). "奎章全韻 硏究" 고려대 석사학위논문.
______(1989). "華東正音通釋韻考 漢字音聲母硏究" 고려대 박사학위논문.
______(2002).『한국 운서의 이해』아카넷.
______(2004).『조선 후기운서 한자음 연구』고대민족문화연구원.
鄭然粲(1970). "餘音說詮議"『學術院論文集』9.
______(1972).『洪武正韻譯訓의 硏究』일조각.
趙紀貞(1983). "等韻圖考" 전남대 석사학위논문.
崔世和(1976/1982).『15世紀國語의 重母音硏究』아세아문화사.
최현배(1976).『고친 한글갈』정음사.
최희수(1986).『조선한자음연구』흑룡강조선민족출판사.
______, 李義活(1990).『漢語音韻學通論』중문출판사.

許　雄(1965).『國語音韻學』정음사.
洪起文(1946).『正音發達史』서울신문사출판부.

⑵ 국외

高本漢(1940).『中國音韻學研究』趙元任, 李方桂譯 臺灣 商務印書館.
孔仲溫(1987).『韻鏡研究』臺灣 學生書局.
羅常培(1978).『羅常培語言學論文選集』九思出版社.
唐作藩(1972).『漢語音韻學常識』中華書局.
董同龢(1979).『漢語音韻學』文史哲出版社, 공재석 譯(1979).
藤堂明保(1957).『中國語音韻論』江南書院.
方孝岳(1979).『漢語語音史概要』商務印書館.
服部四郎, 藤堂明保(1958).『中原音韻の研究』江南書院.
謝雲飛(1987a).『中國聲韻學大綱』臺灣 學生書局.
______(1987b).『語音學大綱』臺灣 學生書局.
王　力(1972).『漢語音韻』中華書局.
______(1980).『漢語史稿』中華書局.
______(1985).『漢語語音史』中國社會科學出版社.
王育德(1967). "中國の方言" 中國文化叢書 1『言語』.
龍宇純(1982).『韻鏡校注』藝文印書館.
劉文錦(1931). "洪武正韻聲類考" 中央歷史語言研究所 集刊 3本.
陸志韋(1941). "釋中原音韻"『燕京學報』31期.
應裕康(1970a). "洪武正韻聲母音値之擬定"『中華學苑』6.
______(1970b). "洪武正韻韻母音値之擬定"『漢學論文集』
李新魁(1983).『漢語等韻學』中華書局.
______(1985).『古音概說』崧高書社, 박만규 譯(1990).
______(1986).『漢語音韻學』北京出版社.
林　尹(1982).『中國聲韻學通論』黎明文化事業公司.
張　琨(1987).『漢語音韻史論文集』張賢豹譯 聯經出版事業公司.
丁邦新 編(1974).『董同龢先生語言學論文選集』食貨出版社.

趙蔭棠(1936).『中原音韻硏究』商務印書館.

______(1957).『等韻原流』商務印書館.

周法高(1975).『中國語言學論文集』聯經出版事業公司.

______(1984).『中國音韻學論文集』中文大學出版社.

陳新雄(1975).『等韻述要』藝文印書館.

______(1981).『中原音韻槪要』臺北 學海出版社.

______(1982).『聲類新編』臺灣 學生書局.

崔玲愛(1975). "洪武正韻硏究" 臺灣大學 博士論文.

竺家寧(1986).『古今韻會擧要的語音系統』臺灣 學生書局.

河野六郎(1968). "朝鮮漢字音の硏究"『河野六郎著作集』(1979) 平凡社.

黃淬伯(1930). "慧琳一切經音義反切聲類攷" 中央歷史語言硏究所 集刊 1本.

▸부록 1

『홍무정운역훈』 권별 운목 배열(洪武正韻譯訓 卷別 韻目 配列)

【洪武正韻卷第一】

平聲

一東

〔端〕두ᇰ 東 〔透〕투ᇰ 通 〔定〕뚜ᇰ 同 〔來〕류ᇰ 龍 〔來〕류ᇰ 隆 〔並〕뿌ᇰ 蓬
〔明〕무ᇰ 蒙 〔淸〕추ᇰ 悤 〔精〕주ᇰ 宗 〔情〕쥬ᇰ 縱 〔從〕쭈ᇰ 叢 〔從〕쮸ᇰ 從
〔匣〕ᅘᅮᇰ 洪 〔曉〕후ᇰ 烘 〔見〕구ᇰ 公 〔影〕ᅙᅮᇰ 翁 〔非〕ᄫᅮᇰ 風 〔奉〕ᄬᅮᇰ 馮
〔心〕슈ᇰ 松 〔穿〕츄ᇰ 充 〔照〕쥬ᇰ 中 〔日〕ᅀᅲᇰ 戎 〔牀〕쭈ᇰ 崇 〔牀〕쮸ᇰ 蟲
〔喩〕유ᇰ 融 〔疑〕ᅌᅲᇰ 顒 〔見〕규ᇰ 弓 〔溪〕큐ᇰ 穹 〔群〕뀨ᇰ 窮 〔泥〕누ᇰ 農
〔審〕슈ᇰ 舂 〔曉〕휴ᇰ 胸 〔影〕ᅙᅲᇰ 邕 〔匣〕ᅘᅲᇰ 雄

二支

〔照〕지 支 〔審〕시 施 〔穿〕츠 差 〔禪〕씨 時 〔日〕ᅀᅵ 兒 〔心〕스 斯
〔淸〕츠 雌 〔精〕즈 貲 〔從〕쯔 疵 〔照〕지 知 〔穿〕치 摛 〔牀〕찌 馳
〔滂〕피 紕 〔幫〕비 悲 〔並〕삐 皮 〔明〕미 糜 〔喩〕이 夷 〔群〕끼 奇
〔曉〕히 羲 〔影〕ᅙᅵ 伊 〔邪〕쓰 詞 〔微〕ᄝᅵ 微 〔奉〕ᄬᅵ 肥 〔非〕ᄫᅵ 霏

三齊

〔從〕쪠 齊 〔心〕셰 西 〔淸〕쳬 妻 〔精〕졔 齎 〔端〕뎨 氐 〔透〕톄 梯
〔定〕뗴 題 〔泥〕녜 泥 〔喩〕예 倪 〔來〕례 離 〔見〕계 雞 〔溪〕켸 谿
〔匣〕ᅘᅨ 兮 〔明〕몌 迷 〔幫〕볘 篦 〔影〕ᅙᅨ 烓

【洪武正韻卷第二】

四魚

〔疑〕ᅌᅲ 魚 〔喩〕유 于 〔影〕ᅙᅲ 於 〔曉〕휴 虛 〔溪〕큐 區 〔見〕규 居
〔群〕뀨 渠 〔心〕슈 胥 〔精〕쥬 疽 〔邪〕쓔 徐 〔審〕슈 書 〔照〕쥬 諸
〔牀〕쮸 除 〔禪〕쓔 殊 〔日〕ᅀᅲ 如 〔泥〕뉴 袽 〔穿〕츄 樞 〔來〕류 閭
〔淸〕츄 趨

五模

〔明〕무 模 〔滂〕푸 鋪 〔幫〕부 逋 〔精〕주 租 〔從〕쭈 徂 〔並〕뿌 蒲

〔端〕두 都 〔定〕뚜 徒 〔來〕루 盧 〔泥〕누 奴 〔匣〕ᅘᅮ 胡 〔見〕구 孤

〔溪〕쿠 枯 〔曉〕후 呼 〔疑〕ᅌᅮ 吾 〔淸〕추 麤 〔影〕ᅙᅮ 烏 〔心〕수 蘇

〔穿〕추 初 〔審〕수 蔬 〔非〕ᄫᅮ 敷 〔奉〕ᄬᅮ 扶 〔微〕ᄝᅮ 無

六皆

〔見〕개 皆 〔匣〕ᅘᅢ 諧 〔見〕괘 乖 〔匣〕ᅘᅫ 懷 〔穿〕채 差 〔照〕재 齋

〔牀〕째 豺 〔並〕빼 排 〔明〕매 埋 〔審〕새 簁 〔喩〕애 涯 〔曉〕해 咍

〔溪〕캐 開 〔見〕개 該 〔匣〕ᅘᅢ 孩 〔影〕ᅙᅢ 哀 〔疑〕ᅌᅢ 皚 〔透〕태 胎

〔定〕때 臺 〔泥〕내 能 〔來〕래 來 〔心〕새 鰓 〔淸〕채 猜 〔精〕재 哉

〔從〕째 裁

七灰

〔曉〕휘 灰 〔溪〕퀴 恢 〔影〕ᅙᅱ 煨 〔見〕귀 傀 〔見〕귀 規 〔匣〕ᅘᅱ 回

〔疑〕ᅌᅱ 危 〔端〕뒤 堆 〔透〕튀 推 〔定〕뛰 隤 〔來〕뤼 雷 〔淸〕취 崔

〔幫〕뷔 杯 〔滂〕퓌 丕 〔明〕뮈 枚 〔牀〕쮜 垂 〔邪〕쒸 隨 〔照〕쥐 隹

〔日〕ᅀᅱ 甤 〔心〕쉬 雖 〔喩〕위 爲 〔群〕뀌 葵 〔精〕쥐 嗺 〔並〕쀠 裴

〔審〕쉬 衰 〔日〕ᅀᅱ 痿 〔精〕쥐 厜 〔禪〕쒸 誰 〔曉〕휘 睢 〔穿〕취 吹

〔從〕쮜 摧

【洪武正韻卷第三】

八眞

〔照〕진 眞 〔審〕신 申 〔禪〕씬 辰 〔日〕ᅀᅵᆫ 人 〔心〕신 辛 〔淸〕친 親

〔精〕진 津 〔從〕찐 秦 〔滂〕핀 繽 〔幫〕빈 賓 〔並〕삔 頻 〔明〕민 民

〔牀〕찐 陳 〔來〕린 鄰 〔影〕ᅙᅵᆫ 因 〔影〕ᅙᅲᆫ 氳 〔泥〕닌 紉 〔喩〕윤 雲

〔見〕균 鈞 〔見〕긴 巾 〔群〕낀 勤 〔疑〕ᅌᅵᆫ 銀 〔溪〕큔 囷 〔曉〕휸 熏

〔群〕뀬 羣 〔曉〕힌 欣 〔照〕쥰 諄 〔穿〕츈 春 〔禪〕쓘 純 〔心〕슌 荀

〔淸〕츈 逡 〔從〕쭌 存 〔邪〕쓘 旬 〔來〕륜 倫 〔微〕ᄝᅮᆫ 文 〔非〕ᄫᅮᆫ 芬

〔奉〕ᄬᅮᆫ 汾 〔匣〕ᅘᅮᆫ 黿 〔見〕군 昆 〔影〕ᅙᅮᆫ 溫 〔曉〕훈 昏 〔溪〕쿤 坤

〔幫〕분 奔 〔滂〕푼 歕 〔並〕뿐 盆 〔明〕문 門 〔心〕순 孫 〔淸〕춘 村

〔精〕준 尊 〔透〕툰 暾 〔定〕뚠 屯 〔來〕룬 論 〔端〕둔 敦 〔照〕즌 臻

〔審〕슨 莘 〔牀〕쯘 榛 〔匣〕ᅘᅳᆫ 痕 〔見〕근 根 〔影〕ᅙᅳᆫ 恩 〔疑〕ᅌᅳᆫ 垠

九寒

〔匣〕ᅘᅥᆫ 寒 〔溪〕컨 看 〔見〕건 干 〔影〕ᅙᅥᆫ 安 〔曉〕훤 歡 〔溪〕퀀 寬
〔見〕권 官 〔影〕ᅙᅯᆫ 剜 〔疑〕ᅌᅯᆫ 岏 〔滂〕풘 潘 〔幫〕붠 般 〔並〕뿬 槃
〔明〕뭔 瞞 〔心〕숸 酸 〔精〕줜 鑽 〔從〕쭨 欑 〔端〕둰 端 〔透〕퉌 湍
〔定〕뚼 團 〔來〕뤈 鸞 〔匣〕ᅘᅯᆫ 桓 〔曉〕헌 暵

十删

〔審〕산 删 〔心〕산 散 〔見〕관 關 〔影〕ᅙᅪᆫ 彎 〔匣〕ᅘᅪᆫ 還 〔照〕좐 跧
〔見〕갼 姦 〔疑〕ᅌᅣᆫ 顏 〔疑〕ᅌᅪᆫ 頑 〔幫〕반 班 〔疑〕ᅌᅣᆫ 虥 〔滂〕판 攀
〔明〕만 蠻 〔牀〕짠 潺 〔清〕찬 餐 〔來〕란 爛 〔匣〕ᅘᅣᆫ 閑 〔並〕빤 瓣
〔溪〕캰 慳 〔影〕ᅙᅣᆫ 黫 〔非〕ᄫᅪᆫ 翻 〔奉〕ᄬᅪᆫ 煩 〔從〕짠 殘 〔端〕단 單
〔透〕탄 灘 〔定〕딴 壇 〔曉〕환 儇 〔泥〕난 難 〔審〕솬 ■[1]

【洪武正韻卷第四】

十一先

〔心〕션 先 〔透〕텬 天 〔清〕쳔 千 〔精〕젼 箋 〔從〕쪈 前 〔幫〕변 邊
〔滂〕편 篇 〔明〕면 眠 〔端〕뎐 顚 〔定〕뗜 田 〔泥〕년 年 〔來〕련 蓮
〔見〕견 堅 〔溪〕켠 牽 〔匣〕ᅘᅧᆫ 賢 〔喩〕연 延 〔影〕ᅙᅧᆫ 煙 〔見〕ᄀᆑᆫ 涓
〔牀〕ᄍᆑᆫ 椽 〔匣〕ᅘᆑᆫ 玄 〔來〕ᄅᆑᆫ 攣 〔影〕ᅙᆑᆫ 淵 〔日〕ᅀᅧᆫ 然 〔邪〕쎤 涎
〔審〕션 羶 〔禪〕쎤 鋋 〔照〕젼 饘 〔牀〕쪈 蟬 〔曉〕현 軒 〔群〕껸 乾
〔並〕뼌 緶 〔心〕ᄉᆑᆫ 宣 〔清〕ᄎᆑᆫ 詮 〔精〕ᄌᆑᆫ 鐫 〔邪〕ᄊᆑᆫ 旋 〔從〕ᄍᆑᆫ 全
〔穿〕ᄎᆑᆫ 穿 〔照〕ᄌᆑᆫ 專 〔日〕ᅀᆑᆫ 䁐 〔曉〕ᄒᆑᆫ 暄 〔喩〕ᄋᆑᆫ 員 〔溪〕ᄏᆑᆫ 圈
〔群〕ᄁᆑᆫ 權

十二蕭

〔心〕셔ᇢ 蕭 〔端〕뎌ᇢ 貂 〔透〕텨ᇢ 祧 〔定〕뗘ᇢ 迢 〔來〕려ᇢ 聊 〔見〕겨ᇢ 驍
〔影〕ᅙᅧᇢ 幺 〔溪〕켜ᇢ 橇 〔清〕쳐ᇢ 篍 〔精〕져ᇢ 焦 〔從〕쪄ᇢ 樵 〔幫〕벼ᇢ 猋
〔滂〕펴ᇢ 漂 〔並〕뼈ᇢ 瓢 〔明〕며ᇢ 苗 〔審〕셔ᇢ 燒 〔穿〕쳐ᇢ 弨 〔照〕져ᇢ 昭
〔禪〕쎠ᇢ 韶 〔日〕ᅀᅧᇢ 饒 〔牀〕쪄ᇢ 潮 〔喩〕여ᇢ 堯 〔群〕껴ᇢ 橋 〔曉〕혀ᇢ 鴞

十三爻

〔匣〕ᅘᅣᇢ 爻 〔見〕갸ᇢ 交 〔溪〕캬ᇢ 敲 〔曉〕햐ᇢ 哮 〔影〕ᅙᅣᇢ 坳 〔幫〕바ᇢ 包
〔滂〕파ᇢ 胞 〔並〕빠ᇢ 庖 〔明〕마ᇢ 茅 〔審〕사ᇢ 梢 〔穿〕차ᇢ 譟 〔牀〕짜ᇢ 巢

---

1) ■에 들어갈 글자는 檳에서 머리 宀를 빼고 대신 戶를 넣은 자이다.

〔照〕 자ᇢ 嘲 〔泥〕 나ᇢ 鐃 〔匣〕 ᅘᅡᇢ 豪 〔曉〕 하ᇢ 蒿 〔見〕 가ᇢ 高 〔影〕 ᅙᅡᇢ 鏖
〔疑〕 아ᇢ 敖 〔幫〕 바ᇢ 褒 〔心〕 사ᇢ 騷 〔淸〕 차ᇢ 操 〔精〕 자ᇢ 遭 〔從〕 짜ᇢ 曹
〔端〕 다ᇢ 刀 〔透〕 타ᇢ 饕 〔定〕 따ᇢ 匋 〔來〕 라ᇢ 勞 〔泥〕 나ᇢ 猱 〔溪〕 카ᇢ 尻

十四歌

〔見〕 거 歌 〔溪〕 커 珂 〔曉〕 허 訶 〔影〕 ᅙᅥ 阿 〔匣〕 ᅘᅥ 何 〔疑〕 어 莪
〔心〕 서 娑 〔淸〕 처 蹉 〔從〕 쩌 醝 〔端〕 더 多 〔透〕 터 佗 〔定〕 떠 駝
〔來〕 러 羅 〔泥〕 너 那 〔見〕 궈 戈 〔溪〕 쿼 科 〔影〕 ᅙᅯ 渦 〔匣〕 ᅘᅯ 和
〔疑〕 워 訛 〔幫〕 붜 波 〔滂〕 풔 頗 〔並〕 뿨 婆 〔明〕 뭐 摩

【洪武正韻卷第五】

十五麻

〔明〕 마 麻 〔滂〕 파 葩 〔幫〕 바 巴 〔並〕 빠 杷 〔審〕 사 沙 〔穿〕 차 叉
〔照〕 자 樝 〔照〕 좌 檛 〔牀〕 짜 槎 〔泥〕 나 拏 〔匣〕 ᅘᅣ 遐 〔曉〕 햐 呀
〔溪〕 캬 呿 〔見〕 갸 嘉 〔群〕 꺄 伽 〔影〕 ᅙᅣ 鴉 〔疑〕 야 牙 〔匣〕 ᅘᅪ 華
〔曉〕 화 花 〔溪〕 콰 誇 〔見〕 과 瓜 〔影〕 ᅙᅪ 窊

十六遮

〔照〕 져 遮 〔審〕 셔 奢 〔心〕 셔 些 〔穿〕 쳐 車 〔精〕 져 嗟 〔邪〕 쎠 邪
〔禪〕 쎠 蛇 〔喩〕 여 耶 〔群〕 껴 茄 〔端〕 뎌 爹 〔曉〕 ᄒᆑ 靴 〔群〕 ᄁᆑ 瘸

十七陽

〔喩〕 양 陽 〔非〕 ᄫᅡᆼ 芳 〔奉〕 ᄬᅡᆼ 房 〔微〕 ᄝᅡᆼ 亡 〔心〕 샹 襄 〔淸〕 챵 鏘
〔精〕 쟝 將 〔邪〕 썅 詳 〔從〕 쨩 牆 〔審〕 샹 商 〔穿〕 챵 昌 〔照〕 쟝 章
〔牀〕 쨩 常 〔日〕 ᅀᅣᆼ 穰 〔泥〕 냥 娘 〔審〕 상 霜 〔穿〕 창 瘡 〔照〕 장 莊
〔牀〕 쨩 牀 〔牀〕 쨩 長 〔來〕 량 良 〔曉〕 향 香 〔溪〕 컁 羌 〔見〕 걍 薑
〔群〕 꺙 彊 〔影〕 ᅙᅣᆼ 央 〔喩〕 왕 王 〔群〕 꽝 狂 〔溪〕 쾅 匡 〔定〕 땅 唐
〔端〕 당 當 〔透〕 탕 湯 〔來〕 랑 郎 〔泥〕 낭 囊 〔滂〕 팡 滂 〔並〕 빵 旁
〔明〕 망 茫 〔心〕 상 桑 〔淸〕 창 倉 〔精〕 장 臧 〔從〕 짱 藏 〔溪〕 캉 康
〔見〕 강 岡 〔疑〕 앙 卬 〔匣〕 ᅘᅡᆼ 杭 〔影〕 ᅙᅪᆼ 汪 〔曉〕 황 荒 〔見〕 광 光
〔匣〕 ᅘᅪᆼ 黃 〔幫〕 방 邦 〔匣〕 ᅘᅣᆼ 降 〔曉〕 향 舡

【洪武正韻卷第六】

十八庚

〔見〕긩 庚 〔溪〕킝 阬 〔明〕믱 盲 〔曉〕힁 亨 〔匣〕ᅘᅴᆼ 行 〔匣〕ᅘᅱᆼ 横
〔見〕궝 觥 〔滂〕픵 烹 〔並〕삉 彭 〔穿〕칑 崢 〔牀〕찅 棖 〔幫〕빙 兵
〔並〕삥 平 〔明〕밍 明 〔審〕싕 生 〔見〕깅 京 〔溪〕킹 卿 〔群〕낑 勍
〔影〕ᅙᅵᆼ 英 〔喩〕윙 榮 〔牀〕찅 傖 〔曉〕휭 兄 〔曉〕휭 鍧 〔照〕즹 爭
〔泥〕닁 能 〔泥〕닝 寧 〔幫〕븽 絣 〔滂〕핑 娉 〔淸〕칭 清 〔精〕징 精
〔邪〕씽 餳 〔從〕찡 情 〔心〕싱 觪 〔審〕싱 聲 〔照〕징 征 〔牀〕찡 成
〔穿〕칭 檉 〔來〕링 令 〔喩〕잉 盈 〔匣〕ᅘᅵᆼ 形 〔溪〕큉 傾 〔群〕꿩 瓊
〔心〕싱 星 〔端〕딩 丁 〔透〕팅 聽 〔定〕띵 庭 〔曉〕힝 馨 〔見〕귕 扃
〔禪〕씽 繩 〔日〕ᅀᅵᆼ 仍 〔疑〕잉 凝 〔曉〕힝 興 〔端〕딍 登 〔定〕띙 騰
〔來〕릥 棱 〔心〕싕 僧 〔精〕즹 增 〔從〕찅 繒 〔見〕긩 揯 〔溪〕킝 輷
〔影〕ᅙᅱᆼ 泓

十九尤

〔喩〕이ᇢ 尤 〔穿〕치ᇢ 抽 〔穿〕츠ᇢ 搊 〔曉〕히ᇢ 休 〔溪〕키ᇢ 丘 〔見〕기ᇢ 鳩
〔群〕끼ᇢ 求 〔影〕ᅙᅵᇢ 憂 〔照〕지ᇢ 周 〔牀〕찌ᇢ 儔 〔來〕리ᇢ 留 〔心〕시ᇢ 脩
〔淸〕치ᇢ 秋 〔精〕지ᇢ 啾 〔從〕찌ᇢ 酋 〔審〕시ᇢ 收 〔日〕ᅀᅵᇢ 柔 〔審〕스ᇢ 搜
〔照〕즈ᇢ 鄒 〔奉〕ᄬᅮᇢ 浮 〔幫〕비ᇢ 彪 〔並〕삐ᇢ 滮 〔牀〕쯔ᇢ 愁 〔明〕미ᇢ 繆
〔滂〕피ᇢ 秠 〔匣〕ᅘᅳᇢ 侯 〔影〕ᅙᅳᇢ 謳 〔溪〕크ᇢ 彄 〔疑〕으ᇢ 腢 〔見〕그ᇢ 鉤
〔並〕쁘ᇢ 裒 〔明〕므ᇢ 謀 〔心〕스ᇢ 潄 〔精〕즈ᇢ 鯫 〔端〕드ᇢ 兜 〔透〕트ᇢ 偸
〔定〕뜨ᇢ 頭 〔來〕르ᇢ 樓 〔泥〕느ᇢ 羺

二十侵

〔淸〕침 侵 〔邪〕씸 尋 〔審〕심 深 〔照〕짐 斟 〔禪〕씸 諶 〔日〕ᅀᅵᆷ 壬
〔審〕슴 森 〔照〕즘 簪 〔牀〕씀 岑 〔穿〕침 琛 〔牀〕찜 沈 〔來〕림 林
〔喩〕암 淫 〔心〕심 心 〔影〕ᅙᅵᆷ 音 〔疑〕임 吟 〔曉〕힘 歆 〔溪〕킴 欽
〔見〕김 今 〔群〕낌 琴 〔泥〕님 南

二十一覃

〔定〕땀 覃 〔透〕탐 貪 〔端〕담 耽 〔來〕람 婪 〔泥〕남 南 〔心〕삼 毿
〔淸〕참 參 〔精〕잠 簪 〔從〕짬 蠶 〔溪〕캄 堪 〔匣〕ᅘᅡᆷ 含 〔影〕ᅙᅡᆷ 諳
〔定〕땀 談 〔端〕담 儋 〔來〕람 藍 〔心〕삼 三 〔見〕감 甘 〔匣〕ᅘᅡᆷ 酣
〔匣〕ᅘᅣᆷ 咸 〔疑〕얌 嵒 〔審〕삼 攕 〔牀〕짬 讒 〔見〕걈 監 〔溪〕캄 嵌
〔審〕삼 衫 〔穿〕참 欃 〔奉〕ᄬᅡᆷ 凡

二十二鹽

〔喩〕염 鹽 〔心〕셤 銛 〔淸〕쳠 僉 〔精〕졈 尖 〔邪〕쎰 燗 〔從〕쪔 潛
〔心〕셤 苫 〔穿〕쳠 襜 〔照〕졈 詹 〔禪〕쎰 蟾 〔日〕ᅀᅧᆷ 髥 〔來〕렴 廉
〔影〕ᅙᅧᆷ 淹 〔疑〕ᅌᅧᆷ 噞 〔泥〕념 黏 〔群〕꼄 箝 〔幫〕볌 砭 〔透〕텸 添
〔溪〕켬 謙 〔見〕겸 兼 〔匣〕ᅘᅧᆷ 嫌 〔曉〕혐 杴

【洪武正韻卷第七】

上聲

一董

〔端〕둥 董 〔透〕퉁 統 〔定〕뚱 動 〔來〕룽 曨 〔幫〕붕 琫 〔明〕뭉 蠓
〔精〕중 總 〔匣〕ᅘᅮᆼ 澒 〔溪〕쿵 孔 〔溪〕쿵 恐 〔影〕ᅙᅮᆼ 蓊 〔非〕ᄫᅮᆼ 捧
〔照〕중 腫 〔牀〕쭝 重 〔日〕ᅀᅲᆼ 宂 〔心〕숭 竦 〔穿〕츙 寵 〔喩〕융 勇
〔曉〕흉 兇 〔見〕궁 拱 〔泥〕늉 癑 〔精〕중 慫

二紙

〔照〕지 紙 〔牀〕찌 豸 〔穿〕치 齒 〔淸〕츠 此 〔精〕즈 子 〔審〕시 始
〔禪〕씨 市 〔喩〕이 以 〔影〕ᅙᅵ 倚 〔日〕ᅀᅵ 耳 〔幫〕비 彼 〔滂〕피 庀
〔並〕삐 陛 〔群〕끼 技 〔邪〕쓰 似 〔心〕스 死 〔曉〕히 喜 〔審〕시 水
〔非〕ᄫᅵ 斐 〔微〕ᄝᅵ 尾

三薺

〔從〕쩨 薺 〔精〕제 濟 〔心〕셰 徙 〔端〕뎨 邸 〔定〕뗴 弟 〔淸〕쳬 泚
〔來〕례 里 〔透〕톄 體 〔泥〕녜 你 〔匣〕ᅘᅨ 徯 〔見〕계 己 〔溪〕켸 起
〔明〕몌 米

四語

〔疑〕ᅌᅲ 語 〔喩〕유 與 〔影〕ᅙᅲ 傴 〔曉〕휴 許 〔見〕규 擧 〔溪〕큐 去
〔群〕뀨 巨 〔精〕쥬 沮 〔禪〕쓔 墅 〔審〕슈 暑 〔禪〕쓔 豎 〔照〕쥬 主
〔穿〕츄 杵 〔來〕류 呂 〔日〕ᅀᅲ 汝 〔淸〕츄 取 〔從〕쮸 聚 〔泥〕뉴 女
〔邪〕쓔 敘 〔心〕슈 胥

【洪武正韻卷第八】

五姥

〔明〕무 姥 〔滂〕푸 普 〔幫〕부 補 〔並〕뿌 簿 〔精〕주 祖 〔從〕쭈 粗
〔端〕두 覩 〔透〕투 土 〔定〕뚜 杜 〔來〕루 魯 〔泥〕누 努 〔曉〕후 虎

〔溪〕쿠 苦 〔見〕구 古 〔匣〕ᅘᅮ 戶 〔影〕ᅙᅮ 塢 〔疑〕우 五 〔審〕ᄾᅮ 所
〔照〕ᅐᅮ 阻 〔穿〕ᅕᅮ 楚 〔非〕ᄫᅮ 撫 〔奉〕ᄬᅮ 輔 〔微〕ᄝᅮ 武 〔審〕ᄾᅮ 數

六解

〔見〕개 解 〔匣〕ᅘᅢ 蟹 〔幫〕배 罷 〔審〕ᄾᅢ 灑 〔牀〕ᅑᅢ 廌 〔穿〕ᅕᅢ 跐
〔明〕매 買 〔匣〕ᅘᅢ 夥 〔溪〕캐 鍇 〔疑〕애 騃 〔影〕ᅙᅢ 矮 〔曉〕해 海
〔溪〕캐 愷 〔見〕개 改 〔匣〕ᅘᅢ 亥 〔影〕ᅙᅢ 靉 〔淸〕ᅔᅢ 采 〔精〕ᅎᅢ 宰
〔從〕ᅏᅢ 在 〔穿〕ᅕᅢ 茝 〔定〕때 待 〔泥〕내 乃

七賄

〔曉〕휘 賄 〔影〕ᅙᅱ 猥 〔疑〕위 隗 〔並〕쀠 琲 〔明〕뮈 美 〔淸〕ᅔᅱ 漼
〔從〕ᅏᅱ 辠 〔定〕뛰 鐓 〔來〕뤼 壘 〔溪〕퀴 魁 〔泥〕뉘 餧 〔穿〕ᅕᅱ 揣
〔照〕ᅐᅱ 捶 〔日〕ᅀᅱ 蘂 〔心〕ᄼᅱ 髓 〔並〕쀠 岯 〔精〕ᅎᅱ 觜 〔淸〕ᅔᅱ 趡
〔溪〕퀴 跬 〔審〕ᄾᅱ 水 〔曉〕휘 毀 〔見〕귀 詭 〔群〕뀌 跪

八軫

〔照〕ᅐᅵᆫ 軫 〔禪〕ᄿᅵᆫ 蜃 〔日〕ᅀᅵᆫ 忍 〔審〕ᄾᅵᆫ 哂 〔並〕삔 牝 〔從〕ᅏᅵᆫ 盡
〔喩〕인 引 〔來〕린 嶙 〔精〕ᅎᅵᆫ 盡 〔穿〕ᅕᅵᆫ 囅 〔牀〕ᅑᅵᆫ 紖 〔明〕민 泯
〔見〕긴 緊 〔群〕뀬 窘 〔溪〕큔 稛 〔照〕ᅐᅲᆫ 準 〔日〕ᅀᅲᆫ 盾 〔心〕ᄼᅲᆫ 筍
〔喩〕윤 隕 〔微〕ᄝᅮᆫ 吻 〔奉〕ᄬᅮᆫ 憤 〔非〕ᄫᅮᆫ 粉 〔影〕ᅙᅲᆫ 蘊 〔見〕균 攟
〔影〕ᅙᅵᆫ 隱 〔曉〕힌 蠔 〔穿〕ᅕᅳᆫ 齔 〔群〕낀 近 〔疑〕인 听 〔匣〕ᅘᅮᆫ 混
〔溪〕쿤 梱 〔見〕군 袞 〔影〕ᅙᅮᆫ 穩 〔幫〕분 本 〔明〕문 懣 〔心〕ᄼᅮᆫ 損
〔淸〕ᅔᅮᆫ 忖 〔精〕ᅎᅮᆫ 撙 〔從〕ᅏᅮᆫ 鱒 〔定〕뚠 盾 〔匣〕ᅘᅳᆫ 狠 〔溪〕큰 懇
〔疑〕은 眼 〔幫〕빈 稟 〔滂〕핀 品

九旱

〔匣〕ᅘᅥᆫ 旱 〔曉〕헌 罕 〔溪〕컨 侃 〔見〕건 稈 〔匣〕ᅘᅯᆫ 緩 〔影〕ᅙᅯᆫ 盌
〔溪〕퀀 款 〔見〕권 管 〔明〕뭔 滿 〔並〕뿬 伴 〔心〕ᄼᅯᆫ 算 〔精〕ᅎᅯᆫ 纂
〔端〕둰 短 〔透〕퉌 疃 〔定〕뚼 斷 〔來〕뤈 卵 〔泥〕눤 煖

十産

〔穿〕ᅕᅡᆫ 産 〔審〕ᄾᅡᆫ 潸 〔牀〕ᅑᅡᆫ 撰 〔泥〕난 赧 〔匣〕ᅘᅣᆫ 限 〔影〕ᅙᅪᆫ 綰
〔幫〕반 版 〔非〕ᄫᅪᆫ 返 〔微〕ᄝᅪᆫ 晩 〔照〕ᅐᅡᆫ 醆 〔從〕ᅏᅡᆫ 棧 〔見〕갼 簡
〔疑〕얀 眼 〔從〕ᅏᅡᆫ 瓚 〔精〕ᅎᅡᆫ 儹 〔端〕단 亶 〔透〕탄 坦 〔定〕딴 但
〔來〕란 嬾 〔心〕ᄼᅡᆫ 散 〔審〕ᄾᅡᆫ 汕 〔明〕만 矕

十一銑

〔心〕션 銑 〔幫〕변 扁 〔並〕뼌 辮 〔明〕면 免 〔端〕뎐 典 〔透〕텬 腆
〔定〕뗜 殄 〔端〕뎐 典 〔泥〕년 撚 〔曉〕현 顯 〔見〕견 繭 〔匣〕ᅘᅧᆫ 峴
〔溪〕ᄏᆑᆫ 犬 〔見〕ᄀᆑᆫ 畎 〔匣〕ᅘᆑᆫ 泫 〔淸〕쳔 淺 〔精〕젼 翦 〔從〕쪈 踐
〔心〕ᄉᆑᆫ 選 〔從〕ᄍᆑᆫ 雋 〔穿〕쳔 闡 〔禪〕쎤 善 〔穿〕ᄎᆑᆫ 舛 〔照〕ᄌᆑᆫ 剸
〔日〕ᅀᆑᆫ 輭 〔牀〕쪈 撰 〔照〕젼 展 〔來〕련 輦 〔喩〕연 衍 〔泥〕년 輾
〔疑〕연 巘 〔牀〕ᄍᆑᆫ 篆 〔來〕ᄅᆑᆫ 臠 〔溪〕켠 遣 〔見〕견 蹇 〔群〕껸 鍵
〔群〕ᄁᆑᆫ 圈 〔見〕ᄀᆑᆫ 卷 〔疑〕ᄋᆑᆫ 阮 〔影〕ᅙᆑᆫ 宛 〔曉〕ᄒᆑᆫ 晅 〔影〕ᅙᅧᆫ 偃

【洪武正韻卷第九】

十二篠

〔心〕셔ᇢ 篠 〔精〕져ᇢ 湫 〔泥〕녀ᇢ 鳥 〔透〕텨ᇢ 朓 〔來〕려ᇢ 了 〔定〕뗘ᇢ 窕
〔影〕ᅙᅧᇢ 杳 〔見〕겨ᇢ 皎 〔照〕져ᇢ 沼 〔群〕껴ᇢ 糾 〔禪〕쎠ᇢ 紹 〔日〕ᅀᅧᇢ 擾
〔牀〕쪄ᇢ 趙 〔淸〕쳐ᇢ 悄 〔審〕셔ᇢ 少 〔曉〕혀ᇢ 曉 〔幫〕벼ᇢ 表 〔滂〕펴ᇢ 縹
〔並〕뼈ᇢ 摽 〔明〕며ᇢ 眇

十三巧

〔溪〕캬ᇢ 巧 〔見〕갸ᇢ 佼 〔幫〕바ᇢ 飽 〔並〕빠ᇢ 鮑 〔明〕마ᇢ 卯 〔審〕사ᇢ 稍
〔穿〕차ᇢ 煼 〔照〕자ᇢ 爪 〔泥〕나ᇢ 橈 〔影〕ᅙᅣᇢ 拗 〔疑〕야ᇢ 齩 〔匣〕ᅘᅣᇢ 骹
〔匣〕ᅘᅡᇢ 晧 〔曉〕하ᇢ 好 〔溪〕카ᇢ 考 〔見〕가ᇢ 杲 〔影〕ᅙᅡᇢ 媼 〔幫〕바ᇢ 寶
〔並〕빠ᇢ 抱 〔心〕사ᇢ 掃 〔淸〕차ᇢ 草 〔精〕자ᇢ 早 〔從〕짜ᇢ 皁 〔端〕다ᇢ 倒
〔透〕타ᇢ 討 〔定〕따ᇢ 道 〔來〕라ᇢ 老 〔泥〕나ᇢ 腦

十四哿

〔見〕거 哿 〔溪〕커 可 〔影〕ᅙᅥ 婀 〔疑〕어 我 〔匣〕ᅘᅥ 荷 〔精〕저 左
〔端〕더 癉 〔定〕떠 拕 〔泥〕너 娜 〔明〕뭐 麽 〔心〕서 娑 〔淸〕처 瑳
〔見〕궈 果 〔溪〕쿼 顆 〔曉〕훠 火 〔匣〕ᅘᅯ 禍 〔影〕ᅙᅯ 婐 〔幫〕붜 跛
〔滂〕풔 頗 〔心〕숴 鎖 〔從〕쭤 坐 〔端〕더 朶 〔透〕터 妥 〔來〕러 裸
〔疑〕워 姽

十五馬

〔明〕마 馬 〔幫〕바 把 〔照〕자 鮓 〔牀〕짜 槎 〔心〕사 灑 〔匣〕ᅘᅡ 下
〔見〕갸 賈 〔穿〕차 姹 〔曉〕햐 閜 〔影〕ᅙᅣ 啞 〔疑〕아 雅 〔匣〕ᅘᅪ 踝
〔溪〕콰 跨 〔見〕과 寡 〔疑〕와 瓦 〔端〕다 打 〔審〕솨 葰

十六者

〔照〕 져 者 〔禪〕 쎠 社 〔心〕 셔 寫 〔淸〕 쳐 且 〔審〕 셔 捨 〔從〕 쪄 苴
〔穿〕 쳐 奲 〔喩〕 여 野 〔日〕 ᅀᅧ 惹 〔精〕 져 姐

十七養

〔喩〕 양 養 〔影〕 ᅙᅣᆼ 鞅 〔邪〕 ᄴᅣᆼ 象 〔精〕 쟝 奬 〔來〕 량 兩 〔群〕 꺙 彊
〔疑〕 ᅌᅡᆼ 仰 〔心〕 샹 想 〔穿〕 챵 瓾 〔照〕 쟝 掌 〔審〕 상 爽 〔曉〕 향 響
〔見〕 강 襁 〔牀〕 쨩 丈 〔日〕 ᅀᅣᆼ 壤 〔審〕 샹 賞 〔禪〕 썅 上 〔非〕 ᄫᅡᆼ 髣
〔微〕 ᄝᅡᆼ 罔 〔影〕 ᅙᅪᆼ 枉 〔喩〕 왕 往 〔曉〕 황 怳 〔淸〕 챵 搶 〔群〕 꽝 迋
〔定〕 땅 蕩 〔端〕 당 黨 〔透〕 탕 儻 〔泥〕 낭 灢 〔幫〕 방 榜 〔明〕 망 莽
〔心〕 상 顙 〔淸〕 창 蒼 〔精〕 장 駔 〔從〕 짱 奘 〔匣〕 ᅘᅡᆼ 沆 〔溪〕 캉 忼
〔影〕 ᅙᅡᆼ 坱 〔見〕 강 甿 〔疑〕 ᅌᅡᆼ 駠 〔匣〕 ᅘᅪᆼ 晃 〔溪〕 쾅 廣 〔見〕 광 廣
〔見〕 걍 講 〔並〕 빵 棒 〔匣〕 ᅘᅣᆼ 項 〔來〕 랑 朗

十八梗

〔見〕 긩 梗 〔匣〕 ᅘᅵᆼ 杏 〔匣〕 ᅘᅬᆼ 丱 〔見〕 굉 礦 〔明〕 밍 猛 〔並〕 삥 蠯
〔來〕 링 冷 〔牀〕 찡 瑒 〔幫〕 빙 丙 〔並〕 삥 竝 〔溪〕 쾽 頃 〔匣〕 ᅘᅬᆼ 迥
〔曉〕 횡 詗 〔影〕 ᅙᅬᆼ 濴 〔匣〕 ᅘᅵᆼ 悻 〔溪〕 킹 謦 〔明〕 밍 皿 〔審〕 싱 省
〔影〕 ᅙᅵᆼ 影 〔喩〕 잉 潁 〔見〕 깅 景 〔喩〕 윙 永 〔見〕 깅 憬 〔見〕 깅 耿
〔匣〕 ᅘᅵᆼ 幸 〔明〕 밍 黽 〔從〕 찡 靜 〔心〕 싱 省 〔淸〕 칭 請 〔精〕 징 井
〔穿〕 칭 逞 〔來〕 링 領 〔端〕 딩 頂 〔溪〕 킝 肯 〔明〕 밍 茗 〔定〕 띵 挺
〔泥〕 닝 濘 〔照〕 징 拯 〔審〕 싱 殑 〔端〕 딩 等

十九有

〔喩〕 ᅌᅴᇢ 有 〔心〕 ᄉᆞᆸ 滫 〔精〕 ᄌᆞᆸ 酒 〔審〕 ᄉᆞᆸ 首 〔照〕 ᄌᆞᆸ 帚 〔穿〕 ᄎᆞᆸ 醜
〔禪〕 ᄊᆞᆸ 受 〔日〕 ᅀᆞᆸ 蹂 〔牀〕 ᄍᆞᆸ 紂 〔來〕 ᄅᆞᆸ 柳 〔泥〕 ᄂᆞᆸ 紐 〔影〕 ᅙᆞᆸ 黝
〔曉〕 ᄒᆞᆸ 朽 〔溪〕 ᄏᆞᆸ 糗 〔見〕 ᄀᆞᆸ 九 〔群〕 ᄁᆞᆸ 臼 〔透〕 틓 黈 〔定〕 뜰 鋀
〔來〕 를 塿 〔泥〕 늘 穀 〔非〕 블 缶 〔奉〕 뿔 阜 〔審〕 슬 溲 〔照〕 즐 掫
〔匣〕 ᅘᅳᆸ 厚 〔曉〕 흘 吼 〔溪〕 클 口 〔見〕 글 耇 〔疑〕 ᅌᅳᆸ 偶 〔滂〕 플 剖
〔明〕 믈 母 〔心〕 슬 叟 〔淸〕 츨 趣 〔精〕 즐 走 〔端〕 들 斗

二十寑

〔淸〕 침 寑 〔審〕 심 審 〔穿〕 침 瀋 〔照〕 짐 枕 〔禪〕 씸 甚 〔日〕 ᅀᅵᆷ 飪
〔審〕 심 痒 〔穿〕 츰 滲 〔心〕 심 糝 〔疑〕 ᅌᅵᆷ 吟 〔穿〕 침 踸 〔牀〕 찜 朕
〔來〕 림 廩 〔見〕 김 錦 〔群〕 낌 噤 〔影〕 ᅙᅵᆷ 飮

二十一感

[見] 감 感 [定] 땀 禫 [匣] ᅘᅡᆷ 頷 [溪] 캄 坎 [影] ᅙᅡᆷ 晻 [疑] ᅌᅡᆷ 頷
[心] 삼 糝 [清] 참 慘 [從] 짬 歜 [精] 잠 寁 [端] 담 紞 [透] 탐 禫
[匣] ᅘᅣᆷ 嗛 [曉] 햠 闞 [從] 짬 槧 [端] 담 膽 [定] 땀 啖 [來] 람 壈
[見] 감 敢 [來] 람 覽 [見] 걈 減 [影] ᅙᅣᆷ 黯 [審] 삼 摻 [照] 잠 斬
[牀] 짬 湛 [明] 맘 錽 [奉] ᄬᅡᆷ 范

二十二琰

[喩] 염 琰 [影] ᅙᅧᆷ 奄 [審] 셤 閃 [日] ᅀᅧᆷ 冉 [穿] 쳠 諂 [來] 렴 斂
[曉] 혐 險 [見] 겸 檢 [群] 꼄 儉 [疑] ᅌᅧᆷ 隒 [幫] 볌 貶 [照] 졈 颭
[透] 텸 忝 [端] 뎜 點 [定] 뗨 簟 [泥] 념 淰 [溪] 켬 歉 [從] 쪔 漸

【洪武正韻卷第十】

去聲

一送

[心] 숭 送 [奉] ᄬᅮᆼ 鳳 [清] 충 謥 [精] 중 糉 [精] 즁 縱 [端] 둥 凍
[透] 퉁 痛 [定] 뚱 洞 [來] 룽 弄 [匣] ᅘᅮᆼ 哄 [曉] 훙 烘 [溪] 쿵 控
[見] 궁 貢 [影] ᅙᅮᆼ 瓮 [明] 뭉 夢 [非] ᄫᅮᆼ 賵 [影] ᅙᅲᆼ 雍 [照] 즁 衆
[牀] 쯍 仲 [喩] 융 用 [邪] ᄽᅲᆼ 頌 [從] 쯍 從 [曉] 흉 匈 [群] 뀽 共
[溪] 큥 恐 [見] 귱 供 [穿] 츙 惷 [泥] 늉 齈

二寘

[照] 지 寘 [精] 즈 恣 [穿] 츠 翅 [禪] 씨 侍 [日] ᅀᅵ 二 [心] 스 四
[從] 쯔 自 [照] 지 智 [牀] 찌 治 [穿] 치 眙 [喩] 이 異 [審] 시 試
[群] 끼 芰 [滂] 피 譬 [幫] 비 祕 [並] 삐 避 [禪] 씨 誓 [微] ᄝᅵ 未
[穿] 츠 廁 [清] 츠 次 [曉] 히 戲 [影] ᅙᅵ 意 [非] ᄫᅵ 費 [審] 시 世
[穿] 치 掣 [曉] 히 侐 [幫] 비 閉

三霽

[精] 졔 霽 [從] 쪠 劑 [心] 셰 細 [清] 쳬 切 [端] 뎨 帝 [透] 톄 替
[定] 뗴 第 [來] 례 利 [溪] 켸 器 [見] 계 計 [泥] 녜 泥 [匣] ᅘᅨ 系
[明] 몌 寐 [牀] 쪠 滯

【洪武正韻卷第十一】

四御

[疑] ᅌᅲ 御 [影] ᅙᅲ 飫 [喩] 유 豫 [日] ᅀᅲ 孺 [溪] 큐 去 [見] 규 據
[群] 뀨 瞿 [心] 슈 絮 [淸] 츄 覰 [精] 쥬 怚 [從] 쮸 聚 [審] 슈 恕
[禪] 쓔 樹 [穿] 츄 處 [照] 쥬 著 [牀] 쮸 筯 [曉] 휴 嘘 [來] 류 慮
[泥] 뉴 女

五暮

[明] 무 暮 [滂] 푸 鋪 [幫] 부 布 [並] 뿌 步 [心] 수 素 [淸] 추 措
[從] 쭈 祚 [精] 주 作 [牀] 쭈 助 [端] 두 妒 [定] 뚜 度 [透] 투 兎
[來] 루 路 [泥] 누 怒 [匣] ᅘᅮ 護 [曉] 후 謼 [溪] 쿠 庫 [見] 구 顧
[影] ᅙᅮ 汙 [疑] ᅌᅮ 誤 [審] 수 疏 [穿] 추 楚 [非] ᄫᅮ 赴 [奉] ᄬᅮ 附
[微] ᄝᅮ 務

六泰

[透] 태 泰 [定] 때 代 [端] 대 帶 [定] 때 大 [來] 래 賴 [泥] 내 柰
[淸] 채 菜 [見] 개 蓋 [影] ᅙᅢ 愛 [疑] ᅌᅢ 艾 [匣] ᅘᅢ 害 [疑] ᅌᅫ 外
[影] ᅙᅢ 嗄 [溪] 캐 慨 [精] 재 再 [從] 째 在 [穿] 채 嘬 [見] 걔 戒
[影] ᅙᅤ 隘 [疑] ᅌᅤ 睚 [滂] 패 派 [幫] 배 拜 [並] 빼 敗 [明] 매 賣
[審] 새 曬 [心] 새 塞 [見] 괘 怪 [牀] 째 呰 [照] 재 債 [溪] 쾌 快
[匣] ᅘᅤ 械 [匣] ᅘᅫ 壞

七隊

[定] 뛰 隊 [端] 뒤 對 [透] 튀 退 [來] 뤼 類 [滂] 퓌 配 [並] 쀠 旆
[幫] 뷔 背 [明] 뮈 妹 [心] 쉬 歲 [邪] 쒸 遂 [淸] 취 翠 [從] 쮜 萃
[匣] ᅘᅱ 潰 [曉] 휘 誨 [匣] ᅘᅱ 慧 [喩] 위 叡 [日] ᅀᅱ 汭 [見] 귀 儈
[見] 귀 貴 [群] 뀌 匱 [牀] 쮜 墜 [影] ᅙᅱ 穢 [喩] 위 胃 [疑] ᅌᅱ 魏
[照] 쥐 惴 [穿] 취 吹 [禪] 쒸 瑞 [審] 쉬 稅 [泥] 뉘 諉 [溪] 퀴 觖
[群] 뀌 悸 [溪] 퀴 喟 [精] 쥐 醉 [曉] 휘 睢

八震

[照] 진 震 [牀] 찐 陣 [照] 쥰 稕 [日] ᅀᅵᆫ 刃 [日] ᅀᅲᆫ 閏 [疑] ᅌᅵᆫ 憖
[喩] 인 孕 [禪] 씬 愼 [幫] 빈 儐 [幫] 분 奔 [心] 신 信 [心] 슌 峻
[邪] 쓘 殉 [心] 순 巽 [精] 진 晉 [從] 찐 盡 [精] 쥰 俊 [精] 준 焌
[邪] 씬 燼 [淸] 친 親 [穿] 츤 藽 [穿] 친 趂 [來] 린 吝 [來] 룬 論
[溪] 킨 菣 [曉] 힌 釁 [群] 낀 僅 [審] 슌 舜 [禪] 쓘 順 [微] ᄝᅮᆫ 問
[奉] ᄬᅮᆫ 分 [見] 균 捃 [群] 뀬 郡 [影] ᅙᅲᆫ 醞 [曉] 휸 訓 [喩] 윤 運

〔匣〕 ᅘᅮᆫ 慁 〔曉〕 훈 惛 〔溪〕 쿤 困 〔滂〕 푼 噴 〔明〕 문 悶 〔淸〕 춘 寸
〔精〕 준 鐏 〔端〕 둔 頓 〔定〕 뚠 鈍 〔透〕 툰 褪 〔匣〕 ᅘᅳᆫ 恨 〔見〕 근 艮
〔溪〕 큰 硍

【洪武正韻卷第十二】

九翰

〔匣〕 ᅘᅥᆫ 翰 〔見〕 건 幹 〔曉〕 헌 漢 〔溪〕 컨 看 〔影〕 ᅙᅥᆫ 按 〔疑〕 언 岸
〔匣〕 ᅘᅯᆫ 換 〔曉〕 훤 喚 〔見〕 권 貫 〔泥〕 눤 愞 〔疑〕 원 玩 〔幫〕 붠 半
〔滂〕 풘 判 〔並〕 뿬 畔 〔明〕 뭔 縵 〔心〕 숸 筭 〔淸〕 춴 竄 〔端〕 둰 鍛
〔定〕 뚼 彖 〔來〕 뤈 亂

十諫

〔見〕 갼 諫 〔影〕 ᅙᅣᆫ 晏 〔見〕 관 慣 〔匣〕 ᅘᅪᆫ 患 〔滂〕 퐌 襻 〔非〕 ᄫᅪᆫ 番
〔明〕 만 慢 〔審〕 산 訕 〔牀〕 짠 棧 〔穿〕 촨 篡 〔匣〕 ᅘᅪᆫ 骭 〔疑〕 완 薍
〔淸〕 찬 粲 〔精〕 잔 贊 〔從〕 짠 瓚 〔透〕 탄 炭 〔定〕 딴 憚 〔來〕 란 爛
〔端〕 단 旦 〔心〕 산 散 〔影〕 ᅙᅪᆫ 腕 〔疑〕 얀 鴈 〔泥〕 난 難 〔穿〕 찬 鏟
〔並〕 빤 瓣 〔滂〕 퐌 盼 〔牀〕 짠 綻 〔匣〕 ᅘᅣᆫ 莧 〔非〕 ᄫᅪᆫ 販 〔奉〕 ᄬᅪᆫ 飯
〔微〕 ᄝᅪᆫ 萬

十一霰

〔心〕 션 霰 〔淸〕 쳔 蒨 〔從〕 쪈 荐 〔邪〕 쎤 羨 〔從〕 쪈 賤 〔端〕 뎐 殿
〔透〕 텬 瑱 〔定〕 뗜 電 〔來〕 련 練 〔來〕 ᄅힵᆫ 戀 〔匣〕 ᅘᅧᆫ 現 〔喩〕 연 硯
〔見〕 견 建 〔匣〕 ᅘힵᆫ 眩 〔疑〕 ᄋힵᆫ 願 〔曉〕 현 獻 〔溪〕 ᄏힵᆫ 券 〔泥〕 년 碾
〔見〕 ᄀힵᆫ 絹 〔影〕 ᅙᅧᆫ 宴 〔曉〕 ᄒힵᆫ 絢 〔幫〕 변 徧 〔影〕 ᅙힵᆫ 怨 〔滂〕 편 片
〔明〕 면 麪 〔心〕 ᄉힵᆫ 選 〔淸〕 ᄎힵᆫ 縓 〔邪〕 ᄊힵᆫ 旋 〔審〕 션 扇 〔穿〕 쳔 繟
〔照〕 젼 戰 〔禪〕 쎤 繕 〔照〕 ᄌힵᆫ 囀 〔穿〕 ᄎힵᆫ 釧 〔牀〕 ᄍힵᆫ 饌 〔日〕 ᅀힵᆫ 䁂
〔牀〕 쪈 纏 〔牀〕 ᄍힵᆫ 傳 〔溪〕 켠 譴 〔群〕 ᄁힵᆫ 倦 〔群〕 껸 健 〔並〕 뼌 便
〔精〕 젼 薦

十二嘯

〔心〕 셔ᇦ 嘯 〔端〕 뎌ᇦ 弔 〔透〕 텨ᇦ 糶 〔定〕 뗘ᇦ 調 〔來〕 려ᇦ 料 〔疑〕 여ᇦ 澆
〔泥〕 녀ᇦ 溺 〔溪〕 켜ᇦ 竅 〔見〕 겨ᇦ 叫 〔影〕 ᅙᅧᇦ 要 〔淸〕 쳐ᇦ 陗 〔精〕 져ᇦ 醮
〔從〕 쪄ᇦ 嚼 〔審〕 셔ᇦ 少 〔照〕 져ᇦ 照 〔禪〕 쎠ᇦ 邵 〔牀〕 쪄ᇦ 召 〔喩〕 여ᇦ 燿
〔群〕 껴ᇦ 嶠 〔滂〕 펴ᇦ 勡 〔並〕 뼈ᇦ 驃 〔明〕 며ᇦ 妙 〔曉〕 혀ᇦ 歊 〔幫〕 벼ᇦ 俵

十三效

〔匣〕ᅘᅣᇢ 效 〔曉〕햐ᇢ 孝 〔溪〕캬ᇢ 敲 〔見〕갸ᇢ 敎 〔疑〕야ᇢ 樂 〔幫〕바ᇢ 豹
〔滂〕파ᇢ 砲 〔影〕ᅙᅣᇢ 拗 〔明〕마ᇢ 貌 〔審〕사ᇢ 稍 〔穿〕차ᇢ 鈔 〔照〕자ᇢ 罩
〔泥〕나ᇢ 鬧 〔照〕자ᇢ 抓 〔匣〕ᅘᅡᇢ 號 〔曉〕하ᇢ 耗 〔溪〕카ᇢ 犒 〔見〕가ᇢ 誥
〔影〕ᅙᅡᇢ 奧 〔疑〕아ᇢ 傲 〔並〕빠ᇢ 暴 〔心〕사ᇢ 噪 〔淸〕차ᇢ 操 〔精〕자ᇢ 竈
〔從〕짜ᇢ 漕 〔端〕다ᇢ 到 〔定〕따ᇢ 導 〔來〕라ᇢ 勞 〔泥〕나ᇢ 臑

十四箇

〔見〕거 箇 〔見〕궈 過 〔溪〕커 軻 〔溪〕쿼 課 〔匣〕ᅘᅥ 賀 〔疑〕어 餓
〔來〕러 邏 〔心〕서 些 〔精〕저 左 〔定〕떠 惰 〔泥〕너 奈 〔端〕더 癉
〔幫〕붜 播 〔滂〕풔 破 〔明〕뭐 磨 〔從〕쩌 剉 〔從〕쭤 坐 〔影〕ᅙᅯ 涴
〔曉〕훠 貨 〔透〕터 唾 〔奉〕ᄬᅯ 縛 〔曉〕허 呵

【洪武正韻卷第十三】

十五禡

〔明〕마 禡 〔滂〕파 怕 〔幫〕바 覇 〔審〕사 嗄 〔照〕자 詐 〔牀〕짜 乍
〔穿〕차 咤 〔匣〕ᅘᅣ 暇 〔曉〕하 罅 〔溪〕캬 髂 〔見〕갸 駕 〔並〕빠 罷
〔影〕ᅙᅣ 亞 〔疑〕아 訝 〔匣〕ᅘᅪ 畫 〔曉〕화 化 〔溪〕콰 跨 〔見〕과 卦
〔疑〕와 ■2)

十六蔗

〔照〕져 蔗 〔心〕셔 瀉 〔精〕져 借 〔邪〕쎠 謝 〔審〕셔 舍 〔禪〕쎠 射
〔喩〕여 夜

十七漾

〔喩〕양 漾 〔非〕ᄫᅡᆼ 訪 〔微〕ᄝᅡᆼ 妄 〔心〕샹 相 〔禪〕썅 尙 〔審〕샹 餉
〔穿〕챵 唱 〔照〕쟝 障 〔精〕쟝 將 〔照〕장 壯 〔群〕꽝 狂 〔淸〕챵 蹡
〔牀〕짱 狀 〔從〕쨩 匠 〔日〕ᅀᅣᆼ 讓 〔穿〕창 創 〔牀〕쨩 仗 〔來〕량 諒
〔曉〕향 向 〔群〕꺙 强 〔影〕ᅙᅣᆼ 怏 〔疑〕앙 仰 〔喩〕왕 王 〔曉〕황 況
〔見〕광 誑 〔定〕땅 宕 〔透〕탕 儻 〔端〕당 當 〔來〕랑 浪 〔並〕빵 傍
〔心〕상 喪 〔從〕짱 藏 〔精〕장 葬 〔匣〕ᅘᅡᆼ 吭 〔溪〕캉 亢 〔影〕ᅙᅡᆼ 盎
〔疑〕앙 枊 〔溪〕쾅 曠 〔幫〕방 謗 〔見〕광 廣 〔滂〕팡 滂 〔泥〕낭 儾
〔明〕망 漭 〔見〕걍 絳 〔匣〕ᅘᅣᆼ 巷 〔穿〕챵 𡐓 〔照〕장 撞 〔牀〕짱 漴

2) 宀 밑에 瓦

〔審〕상 淙 〔滂〕팡 胖 〔穿〕창 覩

十八敬

〔見〕깅 敬 〔影〕잉 映 〔群〕낑 競 〔審〕싱 生 〔溪〕킹 慶 〔見〕깅 更
〔匣〕핑 行 〔匣〕횡 橫 〔幫〕빙 榜 〔明〕밍 孟 〔幫〕빙 柄 〔並〕삥 病
〔明〕밍 命 〔疑〕잉 迎 〔喩〕윙 詠 〔曉〕휭 敻 〔照〕징 諍 〔疑〕잉 硬
〔穿〕칭 瞠 〔滂〕핑 聘 〔心〕싱 性 〔清〕칭 倩 〔從〕찡 淨 〔審〕싱 聖
〔禪〕씽 盛 〔穿〕칭 稱 〔牀〕찡 鄭 〔照〕징 正 〔來〕링 令 〔影〕휭 瑩
〔牀〕찡 鋥 〔端〕딩 釘 〔透〕팅 聽 〔定〕띵 定 〔泥〕닝 甯 〔精〕징 甑
〔喩〕잉 孕 〔匣〕핑 脛 〔曉〕힝 興 〔影〕잉 應 〔端〕딩 嶝 〔定〕띵 鄧
〔幫〕빙 堋 〔從〕찡 贈 〔見〕깅 亘 〔來〕링 稜 〔清〕칭 蹭 〔日〕싱 認
〔透〕팅 潧

十九宥

〔喩〕잉 宥 〔曉〕힝 齅 〔溪〕킹 糗 〔見〕깅 救 〔群〕낑 舊 〔非〕붕 副
〔奉〕뿡 復 〔心〕싱 秀 〔精〕징 僦 〔邪〕씽 岫 〔從〕찡 就 〔審〕싱 狩
〔穿〕칭 臭 〔照〕징 祝 〔禪〕씽 授 〔日〕싱 輮 〔非〕붕 不 〔審〕승 瘦
〔穿〕층 簉 〔照〕증 縐 〔牀〕쯩 驟 〔牀〕찡 胄 〔來〕링 溜 〔泥〕닝 狃
〔匣〕흥 候 〔曉〕흥 吼 〔溪〕킁 寇 〔影〕흥 漚 〔明〕믕 戊 〔心〕승 漱
〔清〕층 湊 〔精〕증 奏 〔端〕둥 鬥 〔透〕틍 透 〔定〕뜽 豆 〔來〕릉 漏
〔泥〕늘 耨 〔疑〕응 偶 〔見〕긍 冓 〔影〕힝 幼 〔明〕밍 謬

二十沁

〔清〕침 沁 〔精〕짐 浸 〔照〕짐 枕 〔禪〕씸 甚 〔日〕심 任 〔審〕슴 滲
〔穿〕츰 讖 〔照〕즘 譖 〔穿〕침 闖 〔來〕림 臨 〔群〕낌 紟 〔牀〕찜 鴆
〔泥〕님 賃 〔見〕김 禁 〔影〕힘 蔭 〔審〕심 深 〔疑〕임 吟

二十一勘

〔溪〕캄 勘 〔見〕감 紺 〔匣〕햠 憾 〔影〕암 暗 〔清〕참 參 〔透〕탐 探
〔溪〕캄 闞 〔從〕짬 暫 〔心〕삼 三 〔端〕담 擔 〔定〕땀 淡 〔透〕탐 賧
〔來〕람 濫 〔匣〕햠 陷 〔影〕햠 韽 〔照〕잠 蘸 〔牀〕짬 湛 〔見〕갬 鑑
〔匣〕햠 檻 〔牀〕짬 讒 〔審〕삼 摲 〔奉〕빰 梵

二十二豔

〔喩〕염 豔 〔影〕혐 厭 〔幫〕볌 窆 〔清〕쳠 塹 〔審〕셤 苫 〔穿〕쳠 襜
〔照〕졈 占 〔日〕셤 染 〔來〕렴 斂 〔透〕텸 㮇 〔端〕뎜 店 〔泥〕념 念

〔溪〕켬 歉 〔精〕ᅎᅧᆷ 僭 〔疑〕ᅌᅧᆷ 釅 〔泥〕념 黏 〔曉〕혐 脅 〔溪〕켬 欠
〔見〕겸 劒

【洪武正韻卷第十四】

入聲

一屋

〔影〕ᅙᅮᆨ 屋 〔見〕국 穀 〔溪〕쿡 酷 〔曉〕훅 熇 〔匣〕ᅘᅮᆨ 縠 〔幫〕북 卜
〔滂〕푹 撲 〔並〕뿍 僕 〔明〕묵 木 〔心〕ᄼᅮᆨ 速 〔心〕ᄼᅲᆨ 夙 〔淸〕ᅔᅮᆨ 蔟
〔從〕ᅍᅮᆨ 族 〔透〕툭 禿 〔定〕뚝 牘 〔來〕룩 祿 〔非〕ᄫᅮᆨ 福 〔奉〕ᄬᅮᆨ 伏
〔精〕ᅎᅲᆨ 蹙 〔審〕ᄾᅲᆨ 叔 〔穿〕ᅕᅲᆨ 祝 〔曉〕휵 畜 〔照〕ᅐᅲᆨ 祝 〔見〕귝 匊
〔禪〕ᄿᅲᆨ 孰 〔日〕ᅀᅲᆨ 肉 〔喩〕육 育 〔影〕ᅙᅲᆨ 郁 〔疑〕ᅌᅲᆨ 玉 〔審〕ᄾᅮᆨ 縮
〔牀〕ᅑᅲᆨ 逐 〔泥〕뉵 朒 〔溪〕큑 麴 〔群〕뀩 局 〔精〕ᅎᅲᆨ 足 〔邪〕ᄽᅲᆨ 續
〔端〕둑 篤

二質

〔照〕ᅐᅵᆯ 質 〔審〕ᄾᅵᆯ 失 〔穿〕ᅕᅵᆯ 叱 〔日〕ᅀᅵᆯ 日 〔審〕ᄾᅲᆯ 率 〔心〕ᄼᅵᆯ 悉
〔淸〕ᅔᅵᆯ 七 〔精〕ᅎᅵᆯ 堲 〔從〕ᅏᅵᆯ 疾 〔幫〕빌 必 〔並〕삘 弼 〔明〕밀 密
〔滂〕필 匹 〔牀〕ᅑᅵᆯ 秩 〔來〕릴 栗 〔泥〕닐 暱 〔疑〕ᅌᅵᆯ 仡 〔喩〕일 逸
〔影〕ᅙᅵᆯ 一 〔溪〕킬 乞 〔見〕길 吉 〔曉〕힐 肹 〔見〕귤 橘 〔端〕듈 祋
〔曉〕휼 矞 〔禪〕ᄿᅲᆯ 術 〔穿〕ᅕᅲᆯ 出 〔心〕ᄼᅲᆯ 恤 〔淸〕ᅔᅲᆯ 焌 〔精〕ᅎᅲᆯ 卒
〔從〕ᅏᅲᆯ 崒 〔照〕ᅐᅲᆯ 窋 〔來〕률 律 〔喩〕율 聿 〔照〕ᅐᅳᆯ 櫛 〔審〕ᄾᅳᆯ 瑟
〔微〕ᄝᅮᆯ 勿 〔非〕ᄫᅮᆯ 拂 〔奉〕ᄬᅮᆯ 佛 〔匣〕ᅘᅲᆯ 欻 〔喩〕율 ⿰風矞 〔溪〕큘 屈
〔見〕귤 屈 〔群〕뀰 倔 〔影〕ᅙᅲᆯ 鬱 〔明〕물 沒 〔並〕뿔 孛 〔幫〕불 不
〔心〕ᄼᅮᆯ 窣 〔淸〕ᅔᅮᆯ 卒 〔精〕ᅎᅮᆯ 卒 〔端〕둘 咄 〔來〕룰 硉 〔滂〕풀 朏
〔定〕뚤 突 〔泥〕눌 訥 〔匣〕ᅘᅳᆯ 覈 〔匣〕ᅘᅮᆯ 鶻 〔曉〕훌 忽 〔溪〕쿨 窟
〔見〕굴 骨 〔疑〕ᅌᅮᆯ 兀 〔影〕ᅙᅮᆯ 媼

三曷

〔匣〕ᅘᅥᆯ 曷 〔曉〕헐 喝 〔溪〕컬 渴 〔見〕걸 葛 〔影〕ᅙᅥᆯ 遏 〔明〕뭘 末
〔匣〕ᅘᅯᆯ 活 〔曉〕훨 豁 〔溪〕퀄 闊 〔見〕궐 括 〔影〕ᅙᅯᆯ 斡 〔幫〕붤 撥
〔滂〕풜 潑 〔並〕뿰 跋 〔淸〕ᅔᅯᆯ 撮 〔精〕ᅎᅯᆯ 繓 〔端〕둴 掇 〔透〕퉐 脫
〔定〕뛀 奪 〔來〕뤌 捋

四轄

〔匣〕 ᅘᅣᆫ 轄 〔疑〕 얀 蘖 〔心〕 샨 薩 〔從〕 쨘 巀 〔端〕 단 笪 〔定〕 딴 達
〔透〕 탄 闥 〔來〕 란 剌 〔泥〕 난 捺 〔淸〕 찬 攃 〔見〕 갼 戛 〔影〕 ᅙᅣᆫ 軋
〔匣〕 ᅘᅪᆫ 猾 〔幫〕 반 八 〔審〕 산 殺 〔穿〕 찬 察 〔照〕 잔 札 〔泥〕 놘 豽
〔溪〕 캰 楬 〔見〕 관 刮 〔審〕 솬 刷 〔照〕 잔 哳 〔明〕 만 帓 〔透〕 탄 獺
〔曉〕 햔 瞎 〔牀〕 짠 鐁 〔精〕 잔 拶 〔奉〕 ᄬᅪᆫ 伐 〔微〕 ᄝᅪᆫ 韈 〔非〕 ᄫᅪᆫ 髮

【洪武正韻卷第十五】

五屑

〔心〕 션 屑 〔疑〕 연 孽 〔見〕 견 結 〔溪〕 ᄏᆑᆫ 闕 〔群〕 껸 揭 〔並〕 뼌 別
〔幫〕 변 鼈 〔來〕 련 列 〔疑〕 ᄋᆑᆫ 月 〔影〕 ᅙᅧᆫ 謁 〔匣〕 ᅘᆑᆫ 穴 〔曉〕 ᄒᆑᆫ 威
〔照〕 ᄌᆑᆫ 拙 〔明〕 면 滅 〔群〕 껸 傑 〔日〕 ᅀᅧᆫ 熱 〔滂〕 편 撇 〔心〕 ᄉᆑᆫ 雪
〔溪〕 켠 挈 〔照〕 ᄌᆑᆫ 茁 〔從〕 ᄍᆑᆫ 絶 〔審〕 ᄉᆑᆫ 說 〔精〕 젼 節 〔從〕 쪈 截
〔透〕 텬 鐵 〔影〕 ᅙᆑᆫ 抉 〔穿〕 ᄎᆑᆫ 歠 〔來〕 ᄅᆑᆫ 劣 〔日〕 ᅀᆑᆫ 爇 〔見〕 ᄀᆑᆫ 厥
〔穿〕 쳔 徹 〔牀〕 쪈 轍 〔群〕 ᄁᆑᆫ 橜 〔照〕 젼 浙 〔匣〕 ᅘᅧᆫ 纈 〔喩〕 연 曳
〔審〕 션 設 〔泥〕 년 涅 〔禪〕 쎤 舌 〔定〕 뗜 耊 〔曉〕 현 歇 〔淸〕 쳔 切
〔審〕 ᄉᆑᆫ 刷

六藥

〔喩〕 약 藥 〔影〕 ᅙᅣᆨ 渥 〔曉〕 햑 謔 〔奉〕 ᄬᅣᆨ 縛 〔心〕 샥 削 〔心〕 삭 索
〔淸〕 착 錯 〔淸〕 챡 鵲 〔從〕 쨕 嚼 〔精〕 쟉 爵 〔精〕 작 作 〔從〕 짝 昨
〔審〕 샥 鑠 〔禪〕 쌱 浞 〔審〕 삭 朔 〔照〕 쟉 灼 〔牀〕 쨕 箸 〔穿〕 챡 綽
〔禪〕 쌱 杓 〔日〕 ᅀᅣᆨ 若 〔來〕 략 略 〔溪〕 캭 却 〔溪〕 캭 躩 〔溪〕 칵 恪
〔見〕 갹 覺 〔群〕 꺅 噱 〔見〕 갹 矍 〔見〕 각 各 〔影〕 ᅙᅪᆨ 臒 〔曉〕 확 霍
〔匣〕 ᅘᅪᆨ 穫 〔曉〕 확 戄 〔透〕 탁 託 〔來〕 락 洛 〔泥〕 낙 諾 〔幫〕 박 博
〔並〕 빡 雹 〔定〕 딱 鐸 〔滂〕 팍 朴 〔明〕 막 莫 〔匣〕 ᅘᅡᆨ 鶴 〔曉〕 학 臛
〔匣〕 ᅘᅡᆨ 學 〔溪〕 콱 廓 〔見〕 곽 郭 〔影〕 ᅙᅡᆨ 惡 〔喩〕 악 諤 〔穿〕 착 娖
〔照〕 작 捉 〔牀〕 짝 濁

【洪武正韻卷第十六】

七陌

〔明〕 믹 陌 〔滂〕 픽 拍 〔幫〕 빅 百 〔並〕 삑 白 〔牀〕 찍 宅 〔穿〕 칙 坼
〔幫〕 빅 檗 〔曉〕 힉 赫 〔溪〕 킥 客 〔見〕 긱 格 〔喩〕 읙 額 〔曉〕 획 畫

〔見〕 귁 虢 〔審〕 싁 索 〔照〕 즥 窄 〔影〕 ᅙᅴᆨ 厄 〔禪〕 씍 賾 〔心〕 식 昔
〔清〕 칙 刺 〔邪〕 씩 席 〔從〕 찍 寂 〔精〕 직 積 〔審〕 식 釋 〔穿〕 칙 尺
〔照〕 직 隻 〔禪〕 씩 石 〔牀〕 찍 擲 〔影〕 ᅙᅵᆨ 益 〔喩〕 익 繹 〔幫〕 빅 壁
〔滂〕 픽 僻 〔泥〕 닉 匿 〔並〕 삑 闢 〔見〕 긱 玃 〔溪〕 킥 躩 〔曉〕 힉 虩
〔見〕 긱 戟 〔群〕 끽 劇 〔喩〕 익 逆 〔溪〕 킥 隙 〔明〕 믹 覓 〔端〕 딕 的
〔透〕 틱 逖 〔定〕 띡 狄 〔來〕 릭 歷 〔匣〕 ᅘᅵᆨ 檄 〔溪〕 킥 喫 〔溪〕 퀵 闃
〔見〕 귁 狊 〔曉〕 휙 殈 〔禪〕 씩 寔 〔穿〕 츽 測 〔從〕 쯱 崱 〔精〕 즥 即
〔疑〕 ᅌᅱᆨ 域 〔端〕 듹 德 〔透〕 틕 忒 〔定〕 띅 特 〔來〕 릑 勒 〔幫〕 븩 北
〔並〕 쁵 匐 〔明〕 믝 墨 〔心〕 싁 塞 〔精〕 즥 則 〔匣〕 ᅘᅴᆨ 劾 〔匣〕 ᅘᅱᆨ 或

八緝

〔清〕 칩 緝 〔照〕 집 戢 〔心〕 십 霫 〔邪〕 씹 習 〔從〕 찝 集 〔照〕 집 執
〔牀〕 찝 蟄 〔穿〕 칩 蟄 〔禪〕 씹 十 〔日〕 ᅀᅵᆸ 入 〔審〕 습 澀 〔來〕 립 立
〔影〕 ᅙᅵᆸ 揖 〔曉〕 힙 吸 〔溪〕 킵 泣 〔見〕 깁 急 〔群〕 낍 及 〔精〕 집 湒

九合

〔匣〕 ᅘᅡᆸ 合 〔溪〕 캅 榼 〔見〕 갑 閤 〔影〕 ᅙᅡᆸ 始 〔心〕 삽 趿 〔精〕 잡 帀
〔從〕 짭 雜 〔端〕 답 答 〔清〕 찹 雜 〔透〕 탑 錔 〔定〕 땁 沓 〔來〕 랍 蠟
〔泥〕 납 納 〔透〕 탑 榻 〔匣〕 ᅘᅣᆸ 洽 〔溪〕 캽 恰 〔見〕 갸 夾 〔審〕 삽 歃
〔穿〕 찹 臿 〔照〕 잡 箚 〔泥〕 냡 ■[3] 〔影〕 ᅙᅣᆸ 押 〔曉〕 햡 呷 〔牀〕 짭 霅
〔奉〕 ᄬᅡᆸ 乏 〔非〕 ᄫᅡᆸ 法

十葉

〔喩〕 엽 葉 〔群〕 꼅 笈 〔清〕 쳡 妾 〔精〕 졉 接 〔從〕 쪕 捷 〔審〕 셥 攝
〔照〕 졉 讋 〔泥〕 녑 聶 〔牀〕 쪕 牒 〔來〕 렵 獵 〔透〕 텹 帖 〔端〕 뎝 喋
〔匣〕 ᅘᅧᆸ 協 〔見〕 겹 頰 〔透〕 켭 篋 〔曉〕 혭 偞 〔心〕 셥 燮 〔疑〕 ᅌᅧᆸ 業

3) ■는 广 안에 図.

▶부록 2

용어 해설

【가2등/假二等, 가4등/假四等】 설음에서 舌頭音은 1등과 4등에 배열되고, 舌上音은 2등과 3등에 배열된다. 치음에서 齒頭音은 1등과 4등에, 齒上音은 2등에, 正齒音은 3등에 배열된다. 이 경우 2등과 4등에 놓이는 韻이 3등에 귀속되는 가2등, 가4등이다. 아울러 重紐로 불리는 운에서 4등에 놓이는 것도 가4등이라 할 수 있으며, 直韻으로 재구되는 순4등도 개음이 포함되지 않으므로 가4등이라 할 수 있다.

【개구호/開口呼】 사호(四呼)의 하나로서, 개모가 없고 핵모가 'i, u, y'가 아닌 운모를 말한다.

【개모/介母】 한자의 음절 구조는 'S(syllable, 음절)=I(initial, 성모)+M(medial, 운두, 개모, 개음)+V(vowel, 운복, 핵모)+E(ending, 운미)/T(tone, 성조)'의 등식으로 나타낼 수 있는데, 여기에서 운복 앞에 오는 반모음이 개모(또는 개음, 운두)이다. 개모에는 j와 w, 또는 이 둘이 합쳐진 jw 등이 있다.

【개음/介音】 ☞ 【개모/介母】

【고금운회거요/古今韻會擧要】 원(元)의 초기인 1297년에 웅충(熊忠)이 『고금운회/古今韻會』를 간략하게 하여 편찬한 운서이다. 형식적인 운목의 체제는 『예부운략/禮部韻略』(壬子新刊, 1252)을 좇아 107운으로 되어 있으나, 원대의 실제 북방음을 자모운(字母韻)에 의거하여 밝혀 놓았으므로 중고음에서 근대음에 이르는 과도기적 음운 체계를 살필 수 있다. 특히 이 책은 세종대에 편찬된 『동국정운/東國正韻』(1449)의 저본이 되었다는 점에서도 중요하다.

【광운/廣韻】 전체 이름은 『대송중수광운/大宋重修廣韻』이며, 1008년에 진팽년(陳彭年), 구옹(邱雍) 등이 칙명을 받아 편찬하였다. 『광운』은 『절운』계 운서를 집대성한 것으로서, 총 26,194자를 수록한 5권 체제이며, 각 권은 제1권 상평(28운), 제2권 하평(29운), 제3권 상성(55운), 제4권 거성(60운), 제5권 입성(34운) 운목을 수록하고 있다. 상평과 하평은 분량에 따라 두 권으로 나눈 것일 뿐이며, 성조치가 다른 것은 아니다. 『절운』계 운서로서는 가장 완비되어 있으므로 한어 중고음 연구에 가장 중요한 자료이다. 『광운』의 운목과 재구음을 섭에 따라 열거하여 보이면 다음과 같다. 재구음은 文璇奎(1987)을 이

용하였다.

<通攝>東董送屋 wəŋ/wək, ïwəŋ/ïwək, jwəŋ/jwək

冬○宋沃 woŋ/wok

鍾腫用燭 ïwoŋ/ïwok, jwoŋ/jwok

<江攝>江講絳覺 Aŋ/Ak

<止攝>支紙寘 ïe, ïwe, je, jwe

脂旨至 ïei, ïwei, jei, jwei

之止志 ïi, ji

微尾未, ïəi, ïwəi

<遇攝>魚語御 ïə, jə

虞麌遇 ïu, ju

模姥暮 wo

<蟹攝>齊薺霽 Ei, wEi

○○祭 ïEi, ïwEi, jEi, jwEi

○○泰 ɑi, wɑi

佳蟹卦 ai, wai

皆駭怪 ɐi, wɐi

○○夬 æi, wæi

灰賄隊 wAi

咍海代 Ai

○○廢 ïAi, ïwAi

<臻攝>眞軫震質 ïen/ïet, ïwen(평성의 ï개음에서만), jen/jet

諄準稕術 ïwen/ïwet, jwen/jwet

臻○○櫛 ïen/ïet

文吻問物 ïwən/ïwət

欣隱焮迄 ïən/ïət

魂混慁沒 wən/wət

痕很恨(沒) ən/ət

<山攝>元阮願月 ïɜn/ïɜt, ïwɜn/ïwɜt

寒旱翰曷 ɑn/ɑt

桓緩換末 wɑn/wɑt

刪潸諫鎋 an/at, wan/wat

山産襉黠 An/At, wAn/wAt

先銑霰屑 En/Et, wEn/wEt

仙獮線薛 ïEn/ïEt, ïwEn/ïwEt, jEn/jEt, jwEn/jwEt

<效攝>蕭篠嘯 Eu

宵小笑 ïEu, jEu

肴巧效 au

豪晧號 ɑu

<果攝>歌哿箇 ɑ

戈果過 wɑ(jɑ, jwɑ)

<假攝>痲馬禡 a, wa, ïa, ja

<宕攝>陽養漾藥 ïaŋ/ïak, ïwaŋ/ïwak, jaŋ/jak

唐蕩宕鐸 ɑŋ/ɑk, wɑŋ/wɑk

<梗攝>庚梗映陌 ɐŋ/ɐk, wɐŋ/wɐk, ïɐŋ/ïɐk, ïwɐŋ/ïwɐk

耕耿諍麥 eŋ/ek, weŋ/wek

淸靜勁昔 ïEŋ/ïEk, jEŋ/jEk, jwEŋ/jwEk

靑迥徑錫 Eŋ/Ek, wEŋ/wEk

<曾攝>蒸拯證職 ïəŋ/ïək, ïwək, jəŋ/jək

登等嶝德 əŋ/ək, wəŋ/wək

<流攝>尤有宥 ïəu, jəu

侯厚候 əu

幽黝幼 eu

<深攝>侵寑沁緝 ïəm/ïəp, jəm/jəp

<咸攝>覃感勘合 ɑm/ɑp

談敢闞盍 ɒm/ɒp

鹽琰豔葉 ïEm/ïEp, jEm/jEp

添忝木忝帖 Em/Ep

咸豏陷洽 am/ap

銜檻鑑狎 Am/Ap

嚴儼釅業 əm/əp(ïəm/ïəp)

凡范梵乏 wəm/wəp(ïwəm/ïwəp)

【근고음/近古音】 송대(宋代, 북송 960~1126, 남송 1127~1279)의 한자음으로, 『고금운회거요/古今韻會擧要』(1297)가 중요한 고증 자료이다. 한어 음운사에서 근고음을 세우지 않을 경우 중고음에 포함시키게 된다.

【근대음/近代音】 북방 『중원음운/中原音韻』(1324)의 음계가 기준이 되는 원대(元代, 1279~1367)의 조기관화(早期官話)의 한자음이다. 넓은 의미의 근대음은 현대음을 포함하기도 한다.

【동국정운/東國正韻】 『동국정운』(1447)은 훈민정음과 밀접한 관계를 갖는 세종조의 역점 사업이었으며, 전승 한자음을 인위적으로 교정하기 위한 표준 칙찬 운서라는 점에서 명(明)의 『홍무정운』과 그 성격을 같이 한다. 나아가 세종의 의도와는 달리 동국정운식 한자음은 성종대를 넘기지 못하고 폐용되고 말았는데, 이러한 운명은 『홍무정운』도 마찬가지였다. 그러나 『동국정운』의 한자음의 성격은 『홍무정운』과는 그 계통을 달리하는 것이며, 오히려 『고금운회거요/古今韻會擧要』와 실질적 관계에 있음이 연구 보고되어 있다(兪昌均 1966, 李東林 1970). 『동국정운』의 편찬에는 다음과 같은 영향 관계가 성립된다고 할 수 있다.

○ 편찬의 취지: 『홍무정운』

○ 편찬의 내용: 『고금운회거요』

○ 한자음의 설정: 전승한자음 + 한어음(漢語音)

○ 『동국정운』의 23자모(배열은 우측에서 좌측으로)

半齒	半舌	喉	齒	脣	舌	牙
穰	閭	欲洪虛挹	邪戌慈侵卽	彌步漂彆	那覃呑斗	業虯快君
ㅿ	ㄹ	ㅇㆅㅎㆆ	ㅆㅅㅉㅊㅈ	ㅁㅃㅍㅂ	ㄴㄸㅌㄷ	ㆁㄲㅋㄱ

『동국정운』의 운목은 모두 91운목으로 『광운』의 206운, 『예부운략』이나 『고금운회거요』의 107운보다 삭감된 체계이나, 『홍무정운』의 76운보다는 세분된 체계이다. 운모 전개를 보이면 다음과 같다.

	운목	개	제	합	촬	종성
1.	揯	ㅡ	ㅣ	ø	ø	ㆁ(ㄱ)
	(庚)	·ㅣ	ø	ø	ø	〃
2.	觥	ㅢ	ø	ø	ø	〃
3.	肱	ㅟ	ø	ø	ø	〃
4.	公	ㅗ	ㅛ	ø	ø	〃
5.	江	ㅏ	ㅑ	ㅘ	ø	〃

6.	弓	ㅜ	ㅠ	ø	ø	〃
7.	京	ø	ㅕ	ø	ㆌ	〃
8.	根	·	ㅣ	ø	ø	ㄴ(ㄷ)
	(巾)	ㅡ	ø	ø	ø	〃
9.	昆	ㅗ	ø	ø	ø	〃
10.	干	ㅏ	ø	ㅘ	ø	〃
11.	君	ㅜ	ㅠ	ø	ø	〃
12.	鞬	ㅓ	ㅕ	ㅝ	ㆌ	〃
13.	簪	·	ㅣ	ø	ø	ㅁ(ㅂ)
	(金)	ㅡ	ø	ø	ø	〃
14.	甘	ㅏ	ø	ø	ø	〃
15.	箝	ㅓ	ㅕ	ø	ø	〃
16.	高	ㅗ	ㅛ	ø	ø	없음
17.	鳩	ㅜ	ㅠ	ø	ø	〃
18.	貲	·	ㅣ	ø	ø	〃
	(胎)	ㆎ	ø	ø	ø	〃
	(鸝)	ㅢ	ø	ø	ø	〃
19.	傀	ㅚ	ø	ø	ø	〃
20.	佳	ㅐ	ø	ㅙ	ø	〃
21.	嬀	ㅟ	ㆌ	ø	ø	〃
22.	鷄	ø	ㅖ	ø	ᆒ	〃
23.	孤	ㅗ	ø	ø	ø	〃
24.	歌	ㅏ	ㅑ	ㅘ	ø	〃
25.	拘	ㅜ	ㅠ	ø	ø	〃
26.	居	ㅓ	ㅕ	ø	ø	〃

※ 운목은 평성자, ( )는 소운목자이다.

『동국정운』의 운목 설정은 『고금운회거요』의 자모운의 설정과 그 계통을 같이하는 것이지만 『동국정운』의 운목은 국어 음운 체계와 전승 한자음의 체계를 기준으로 재분류된 것이다. 운모가 사호에 의해 전개되는 것은 『홍무정운역훈』과 다름이 없지만 'ㅗ, ㅜ'를 '·, ㅡ'의 합구로 전개시키지 않고 독립 운목으로 삼아 전개시킨 것은 큰 차이점이며, 국어 모음체계를 근본으로 하였기 때문에 '·'가 쓰인 것도 『홍무정운역훈』과 다른 점이다. 『동국정운』의 운목 설정과 운모 전개의 요점을 들면 다음과 같다.

○ 몽고운(蒙古韻略, 蒙古字韻, 韻會 등) 계통의 자모운의 영향

○ 중세 국어 모음체계에 의한 분운
○ 고운의 반영: 이것은 전승 한자음의 영향
○ 'ㅗ, ㅜ'가 독립 핵모가 됨
○ 한어에서의 모음운미를 종성으로 처리하지 않고 핵모와 함께 중성으로 처리

【등운/等韻】 한자음을 칠음(아, 설, 순, 치, 후, 반설, 반치음)과 청탁(전청, 차청, 전탁, 불청불탁)에 따라 성모를 분석하고, 개모 여부와 핵모의 차이로써 운모를 분석하여 1, 2, 3, 4등의 등분으로 나누며, 성조에 따라 다시 취합 분류하는 과학적 어음 분석 방법이다. 등운의 요점은 운모에 대한 4등의 구분에 있으므로, 4등의 등분에 대한 기준의 파악에 후대의 연구가 집중되었다. 등운에 의한 분석 결과는 음절표와 같은 도표에 대표 글자(주로 소운목)을 배열함으로써 나타내게 된다. 등운의 결과를 도표에 나타낸 것이 운도이다. 운도는 소운을 성모와 운모의 차이로 세분하여 도표화한 것인데, 대표적 운도인 『운경/韻鏡』을 예로 들면 개합(開合, 開口와 合口)에 따른 하나의 도표에 23단위에 의한 성모의 분류가 횡렬에 놓이고, 종렬에는 운목에 따른 분류가 평, 상, 거, 입의 4단으로 크게 나뉘며, 다시 각 성조의 운목은 4단으로 세분되어 위로부터 1등, 2등, 3등, 4등이 된다. 한자음에 대한 이러한 분석 방법이 나오게 된 것은 반절법이 갖는 음표로서의 역할에 한계가 있었기 때문이다. 즉 운서에서 운목과 소운목의 배열은 하나의 운이 다른 운과 다르다는 것을 말할 뿐이며, 구체적으로 어떠한 음인가 하는 것은 알기 어렵기 때문이다. 한자음 분석을 위한 이러한 등운학은 훈민정음의 창제에 이론적 기반을 제공하였다. ☞ 【등호/等呼】

【등호/等呼】 운도는 운모를 개구호(開口呼)와 합구호(合口呼)의 양호(兩呼)로 나누고, 다시 이것을 1, 2, 3, 4등으로 나누었다. 이러한 분류 방법을 함께 지칭하여 등호라고 한다. 그러나 이후의 어음 분석에 있어서는 하나의 운을 개구호(開口呼), 제치호(齊齒呼), 합구호(合口呼), 촬구호(撮口呼)의 사호(四呼)로 분류하는 것이 일반화되었으므로, 호(呼)의 개념에 변화가 생겼다. 1, 2, 3, 4등과 사호(四呼)의 관계를 알기 쉽게 제시하면 다음과 같다.

<개구> <합구>
<개구호> 1등- 모음이 후설적 -1등 <합구호>
<개구호> 2등- 모음이 전설적 -2등 <합구호>

<제치호> 3등-요음 요소가 약함-3등 <촬구호>

<제치호> 4등-요음 요소가 강함-4등 <촬구호>

【무표음/無標音】 어떤 언어 안에서 탈락과 삽입이 가장 쉽게 일어나는 음운을 말한다. 자음일 경우 무표자음, 모음일 경우 무표모음이라고 한다. 현대 국어에서 무표자음은 'ㄷ(ㅅ)'이고 무표모음은 'ㅡ'이다.

【반절/反切】 두 글자로써 한 글자의 음을 나타내는 전통적인 주음법이다. 주음 대상이 되는 글자와의 관계에 있어서 반절상자는 성모가 같고, 반절하자는 운모가 같으므로, 반절상자에서 성모를 취하고, 반절하자에서 성조를 포함한 운모를 취하여 하나의 음을 표시하는 방법이다.

【반절계련/反切系連】 반절상자와 반절하자를 귀납하여 동뉴(同紐), 동운(同韻) 관계를 찾아 밝히는 방법이다. 반절계련에 대한 구체적인 방법은 진례(陳澧, 1810~1882)가 『절운고/切韻考』에서 정리한 것으로서, 다음과 같은 세 조례가 널리 알려져 있다.

○ 기본조례(基本條例): 동용(同用), 호용(互用), 체용(遞用)

同用 冬: 都宗切	互用 當: 都郎切	遞用 冬: 都宗切
當: 都郎切	都: 當孤切	都: 當孤切

○ 분석조례(分析條例): 反切上字가 동류이면 下字는 동류가 아니며,
反切下字가 동류이면 上字는 동류가 아니다.

○ 보충조례(補充條例): 『광운』에 일자양음(一字兩音)인 것은 호주(互注)되어 있는데 다음과 같은 것이다. 이렇게 되면 '都'와 '多'는 동류로 분류되는 것이다.

一東, 凍: 德紅切 又都貢切

一送, 凍: 多貢切 又音東

【불청불탁/不淸不濁】 비음(m, n, ŋ)과 설측음(l, r) 등의 공명자음(共鳴子音, sonorant)을 말하며 차탁(次濁)과 같은 용어이다. 훈민정음의 반치음 'ㅿ'는 불청불탁으로 분류되지만, 이것은 성운학의 반치음인 일모(日母)와 체계적 일치 관계에 있기 때문이다. 일모(日母)는 원래 비음성(鼻音性)을 내포하여 공명음의 성격을 지니는 음이었지만, 북방 근대 한어에서는 구강음이 되어 공명성을 잃었으며, 훈민정음의 반치음 'ㅿ'는 그 음가가 [z]이므로 음성적으로는 전탁음에 해당한다.

【사등전속운/四等專屬韻】 ☞ 【순4등/純四等, 사등전속운/四等專屬韻】

【사성/四聲】 ☞ 【성조/聲調】

【사성통고/四聲通攷】『홍무정운역훈』을 간략히 하여 편찬한 운서로서, 세종의 명에 의하여 신숙주(申叔舟, 1417～1475)가 편찬하였다. 이 책은 전하지 않으나 『사성통해』에 실린 '사성통고 범례'에 의하면 한자를 자모순(字母順)으로 먼저 배열하고, 이것을 다시 성조에 따라 분류하였던 것으로 보이므로, 『홍무정운역훈』에서 자석(字釋)을 없애고, 배열 체제를 달리하여 열람하기에 편리하도록 편찬한 것이라 하겠다.

【사성통해/四聲通解】 유음무석(有音無釋)인 『사성통고』를 보완하여 최세진(崔世珍, ?～1542)이 중종 12년(1517)에 편찬한 한어 학습용 운서이다. 여기에는 『홍무정운역훈』의 표음이 정음과 속음으로 거의 그대로 옮겨져 있지만(정음의 입성운미는 반영시키지 않았다), 당시 최세진이 파악한 16세기의 북방 현실음을 금속음(今俗音)이라 하여 덧붙여 놓은 것이 큰 특징이다.

【삼십육자모/36字母】 ☞ 【자모/字母】

【상고음/上古音】 형성자(形聲字)와 『시경/詩經』 등의 압운 등이 고증 자료가 되는 주(周), 진(秦)대의 한자음으로, B.C. 3세기 이전이다. 이 시기에는 운서(韻書)가 없었으므로, 심음(審音)에 있어서는 『시경/詩經』이나 『초사/楚辭』 등과 같은 운문의 용운(用韻), 또는 형성자의 자음(字音)과 성부음(聲符音)을 비교하는 방법에 의존하게 된다.

【섭/攝】 운목은 달라도 운미와 핵모가 유사한 운들을 한데 모은 것이 섭이다. 『절운』계 운서의 운목은 16섭으로 묶는 것이 일반적이다. 성조의 차이를 제외하면 『광운』의 운목은 61운류가 된다. 이들 61운류를 16섭으로 묶으면 다음과 같다. 평성 운목으로 대표자를 삼지만, 해섭(蟹攝)의 '祭, 泰, 夬, 廢'는 거성으로만 구성된 운이므로 거성 운목자이다.

○ 『광운』의 61운에 대한 16섭

通攝-東, 冬, 鍾
江攝-江
止攝-支, 脂, 之, 微
遇攝-魚, 虞, 模
蟹攝-齊, 祭, 泰, 佳, 皆, 夬, 灰, 咍, 廢
臻攝-眞, 諄, 臻, 文, 欣, 魂, 痕
山攝-元, 寒, 桓, 刪, 山, 先, 仙

效攝-蕭, 宵, 肴, 豪
果攝-歌, 戈
假攝-麻
宕攝-陽, 唐
梗攝-庚, 耕, 淸, 靑
曾攝-蒸, 登
流攝-尤, 侯, 幽
深攝-侵
咸攝-覃, 談, 鹽, 添, 咸, 銜, 嚴, 凡

【성/聲】 하나의 한자음을 성(聲, initial)과 운(韻, rhyme)으로 나누는 방법에 따라 음절 초성을 성(聲)이라 하게 되지만, 흔히 성모(聲母)라고 하는 것이 일반적이다.

【성류/聲類】 성모를 집합적으로 분류하여 일컫는 말로서, 성모의 모든 종류란 뜻이다.

【성모/聲母】 하나의 한자음에서 초두에 위치한 자음을 말한다. 자음(子音)이라 하면 종성에 올 수도 있으므로 성모와 자음의 개념은 다르다. 성운학(聲韻學)에서는 음절 초두에 자음이 없는 경우에도 영성모(零聲母), 또는 무성모(無聲母)라고 하여 성모의 자리를 개념적으로 지칭하고 있다. 훈민정음의 창제에 있어서 무음자 'ㅇ'을 만들어 음가 없는 음절초나 음절말에 표기한 것은 이러한 개념적 처리와 관계가 있다. 성모는 뉴(紐) 또는 성뉴(聲紐)라고도 하지만, 성뉴라고 할 때는 같은 계열에 속하는 성모의 무리를 뜻하는 것이 보통이다.

【성운학/聲韻學】 한자음은 성(聲, initial)과 운(韻, rhyme)으로 나누는 이분법이 우선이다. 따라서 한자음을 연구하는 방법은 바로 성과 운을 자세히 고찰하는 것이므로, 한자음(漢字音)에 대한 연구를 전통적으로 성운학이라고 한다. 그러므로 한어(漢語)만을 대상으로 한다면 성운학은 음운학(音韻學)이나 음운론(音韻論, phonology)과 그 개념이 같다.

【성조/聲調】 음성의 고저(高低)가 의미 변별 기능을 할 때, 이것을 성조라고 한다. 성조(聲調, tone), 강약(强弱, accent), 장단(長短, length) 등이 의미 변별 기능을 하게 되면 이들은 해당 언어의 음운이 되지만, 자음이나 모음과 같

은 분절 음운(分節音韻, segmental phoneme)이 아니므로 초분절 음운(初分節音韻, autosegmental phoneme)이라고 하거나, 또는 음소(音素)에 상대하여 운소(韻素)라고 하기도 한다. 한어(漢語)에서는 전통적으로 평성, 상성, 거성, 입성의 사성(四聲)에 의해 운(韻)을 분류하였으나, 현대 한어의 관화에서는 입성(入聲)이 소실되면서, 음평(陰平), 양평(陽平), 상성(上聲), 거성(去聲) 등으로 성조를 분류하고 있다.

【세음/細音】 'i' 개모(또는 운복)를 포함한 운모를 말한다.

【쌍성/雙聲】 한자 둘로 이루어진 어휘에서, 두 한자의 성모가 같을 때 쌍성을 이룬다고 한다. 반절법에서 피절자(被切字)와 반절상자는 쌍성 관계에 있고, 반절하자와는 첩운 관계에있다. ☞ 【첩운/疊韻】

【순4등/純四等, 사등전속운/四等專屬韻】 齊, 先屑, 蕭, 靑錫, 添帖韻 들은 운도의 4등에 배치되어 있으나 직음의 반절상자를 취하고 있으므로, 중고음의 음가는 개음이 없는 직음으로 재구된다. 이들 운은 『절운』 이후의 조기 운도 시대(후기 중고음, 唐代 長安音)에 개음이 생겼을 것이므로, 운도에서 4등에 배열된 것으로 추정된다. 조선 한자음에서는 개음이 나타난다. 육조 시대를 기준으로 한다면 4등 전속운은 齊/ej/, 先/en/, 蕭/ew/, 靑/eŋ/, 添/em/ 등으로 재구될 것이며, 당대(唐代)에 이르러 齊/jej/, 先/jen/, 蕭/jew/, 靑/jeŋ/, 添/jem/ 등과 같이 구개적 개음이 덧생긴 것이다. 이러한 구개적 개음이 생긴 것은 핵모의 전설성에 의한 것으로 추정된다. 이러한 개음의 덧생김으로 인하여, 당말(唐末)에 있어서는 齊~祭(4), 先~仙(4), 蕭~宵(4), 靑~淸(4), 添~鹽(4) 등의 중화가 이루어진 것이다.

【양성운/陽聲韻】 ☞ 【운미/韻尾】

【오음/五音】 조음 위치에 따른 성모의 분류를 함에 있어서, 아음, 설음, 순음, 치음, 후음의 다섯 계열로 분류할 때, 이것을 오음이라 한다. 여기에 반설음과 반치음을 독립시키면 칠음(七音)이 되므로 오음과 칠음이 서로 다른 것이 아니다. 이 외에도 설음은 설두음과 설상음 등으로, 순음은 순중음과 순경음 등으로, 치음은 치두음, 정치음 등으로 다시 하위 분류된다. 이들을 좀 더 자세히 부연하여 현대 음성학적으로 설명하면 다음과 같다.

<아음> 연구개 파열음/비음

<설음> 설두음: 설단치조 파열음/비음
설상음: 설면경구개 파열음/비음

<순음> 순중음: 양순 파열음/비음
순경음: 순치 마찰음/비음
<치음> 치두음: 설단 치조 마찰음/파찰음
정치음: 조2계(照二系, 齒上音): 권설 마찰음/파찰음
조3계(照三系, 正齒音): 설면 경구개 마찰음/파찰음
<후음> 성문 파열음/마찰음
<반치음> 설면마찰비음
<설측음> 설측음

【운/韻】 한자음을 성(聲, initial)과 운(韻, rhyme)으로 나누는 방법에 따라 성(聲)을 제외한 나머지를 운(韻)이라 하게 되는데, 여기에는 성조(聲調)도 포함된다. 흔히 운(韻)이라 하게 되면 집합적 개념으로 쓰는 경우가 많고, 이에 비하여 단수적으로는 운모(韻母)라는 용어를 쓰는 것이 일반적이다. 압운(押韻)에서는 같은 운(韻)에 속하는 자를 배치하게 되는데, 이런 경우의 동운(同韻)의 범위는 운모에 있어서의 개모(介母)의 차이는 무시된다.

【운경/韻鏡】 작자 연대 미상의 이른 시기의 운도이다. 원본의 편찬은 9세기 이후 당말(唐末)에 이루어진 것으로 보이며, 지금 전하는 것은 남송(南宋)의 장인지(張麟之)에 의한 재각본(再刻本)이다. 모두 43도(圖)로 이루어져 있으며, 운목의 차례는 『광운』과 대체로 같다. 각 도(圖)는 가로로 사성에 따른 4등을 나누고, 세로로 성모의 계열에 따라 23행을 배열하였다. 『운경』이 나타내는 음계는 당대(唐代) 장안음(長安音)인 것으로 추정되고 있으므로, 『절운』계 운서보다는 시기적으로 후대의 음을 반영하고 있다고 할 수 있다.

【운도/韻圖】 등운(等韻)의 결과를 도표에 표시한 것을 말한다. 좌우로는 성모의 계열에 따라 배열하고, 상하로는 운모에 있어서 개모의 여부, 그리고 핵모의 차이에 따라 1, 2, 3, 4등으로 나누어 배열하며, 여기에 성조의 분류가 첨가되는 일종의 음절 구성표이다. 등운도(等韻圖)와 같은 말이다. 유명한 운도로는 『七音略』, 『韻鏡』, 『切韻指掌圖』, 『四聲等子』, 『經史正音切韻指南』 등이 있다. ☞ 【등운/等韻】

【운두/韻頭】 ☞ 【개모/介母】

【운류/韻類】 운(韻)을 집합적으로 분류하여 일컫는 말로서, 운의 모든 종류란 뜻이다.

【운모/韻母】 한자의 음절 구조는 'S(syllable, 음절) = I(initial, 성모) + M(medial,

운두) + V(vowel, 운복) + E(ending, 운미)/T(tone, 성조)'의 등식으로 나타낼 수 있는데, 성모를 제외하고 성조(聲調)를 포함한 나머지 요소가 운모이다. 여기에서 운두와 운미는 운모를 구성하는 필수 성분은 아니므로, 운모의 항구적 요소는 운복과 성조이다.

【운목/韻目】 운의 제목으로서, 운을 배열하는 목록이 된다. 운의 제목은 해당 운에 소속된 첫 글자로서 이름을 삼는 것이 보통이다. 하나의 운목 안에는 다시 소운목(小韻目)이 있다. 소운목은 성모나 개모의 차이에 의하여 운목에 속한 글자를 다시 세분한 것이다. 『광운/廣韻』은 206개의 운목으로 구성되어 있으며, 이후의 운서는 운목의 수가 감소된다.

【운미/韻尾】 한자의 음절 구조는 'S(syllable, 음절) = I(initial,성모) + M(medial, 운두, 개모) + V(vowel, 운복, 핵모) + E(ending, 운미)/T(tone, 성조)'의 등식으로 나타낼 수 있는데, 운복 다음에 오는 분절음 요소를 운미라고 한다. 운미의 종류에는 무운미, 반모음, 비음, 구강폐쇄음 등이 있다. 운미가 없거나(즉 무운미) 반모음(-j, -w) 운미를 가진 운을 음성운(陰聲韻), 비음(-m, -n, -ŋ) 운미를 가진 운을 양성운(陽聲韻), 구강폐쇄음(-p, -t, -k) 운미를 가진 운을 입성운(入聲韻)이라고 한다. 또한 운미의 성격에 따라 개음절에 속하는 음성운을 개미운(開尾韻)이라 하고, 양성운과 입성운을 폐미운(閉尾韻)이라 하여 구분하기도 한다.

【운별등운/韻別等韻】 『광운』의 운이 운도에서 차지하는 등운은 다음과 같다.

○ 1등: 東1, 冬, 模, 咍, 灰, 泰, 痕, 魂, 寒, 桓, 豪, 歌, 戈1, 唐, 登, 侯, 覃, 談韻, 그리고 이들 운과 짝이 되는 운.

○ 2등: 江, 皆, 佳, 夬, 臻, 刪, 山, 肴, 麻2, 庚2, 耕, 咸, 銜韻, 그리고 이들 운과 짝이 되는 운.

○ 3등: 東3, 鍾, 支, 脂, 之, 微, 魚, 虞, 祭, 廢, 眞, 諄, 欣, 文, 仙, 元, 宵, 戈3, 麻3, 陽, 庚3, 清, 蒸, 尤, 幽, 侵, 鹽, 嚴, 凡韻, 그리고 이들 운과 짝이 되는 운.

○ 4등: 齊, 先, 蕭, 靑, 添韻, 그리고 이들 운과 짝이 되는 운.

【운복/韻腹】 한자의 음절 구조는 'S(syllable, 음절) = I(initial,성모) + M(medial, 운두, 개모) + V(vowel, 운복, 핵모) + E(ending, 운미)/T(tone, 성조)'의 등식으로 나타낼 수 있는데, 한자의 1음절 구조에서 단모음은 당연히 하나이다. 단모음은 운모의 핵심을 이루므로 운복, 또는 핵모(核母)라고 한다.

【운부/韻部】 운의 단위를 일컫는 용어로서, 같은 운에 소속된 자를 한 곳에 귀속시켜 하나의 부(部)를 이룬다. 상고음의 운을 지칭할 때 흔히 운부라는 용어를 쓰지만, 일반적으로 운(韻)이라는 집합적 개념과 다르지 않으므로 일반적인 용법으로도 많이 쓰인다.

【운서/韻書】 운을 나누어 운의 같고 다름에 따라 한자를 배열한 책이다. 운서의 용도는 일차적으로 압운자를 찾는 데에 있지만, 한자의 심음(審音)을 위한 표준적인 용도로도 이용된다. 현존하는 운서는 대부분 먼저 사성(四聲)을 나누고, 해당 성조 안에서 운부를 나눈 것이다. 『절운/切韻』을 수정하여 보충한 『광운/廣韻』이 206운(평성 57운, 상성 55운, 거성 60운, 입성 34운) 체계이다. 이후 이른바 평수운(平水韻)이라고 하는 『평수신간운략/平水新刊韻略』(1229)에서는 106운(평성 30운, 상성 29운, 거성 30운, 입성 17운) 체계이며, 『홍무정운/洪武正韻』(1375)은 76운(평성 22운, 상성 22운, 거성 22운, 입성 10운) 체계이다. 운서의 체계에서 가장 혁신적인 것이 『중원음운/中原音韻』(1324)이다. 『중원음운』의 분운은 먼저 19운부로 나누고, 각 운부 속에서 성조(음평, 양평, 상성, 거성)에 따라 다시 나누었는데, 당시의 현실음을 반영하고 있어서 한어 음운사 연구에 귀중한 자료가 된다.

【음성운/陰聲韻】 ☞ 【운미/韻尾】

【입성운/入聲韻】 ☞ 【운미/韻尾】

【자모/字母】 성모가 동일한 여러 한자 중에서 한 글자를 골라 해당 성모의 대표자로 삼은 것을 말한다. 아음(牙音, velar)을 예로 들면 '見母, 群母, 溪母, 疑母'는 각각 국제음성기호 'k-, g-, kʰ-, ŋ-'에 해당하므로, 자모 하나하나가 음표의 역할을 하는 것이다. 한글이나 로마자에서 자모(字母)라고 하게 되면 문자의 기본 단위를 일컫는 것이므로, 'ㄱ, ㄴ, ㄷ, k, n, t' 등과 같은 자음자나 'ㅏ, ㅓ, ㅜ, a, o, u' 등과 같은 모음자도 각각 자모(字母, alphabet)에 속하지만, 성운학의 자모는 성모(聲母)에만 한정된다는 점에서 일반 언어학적인 자모와 차이가 있다. 자모 체계는 수온(守溫, 唐末의 僧)의 30자모로부터 비롯된 다음과 같은 규범적인 36자모가 널리 쓰였다.

淸濁	牙	舌頭	舌上	脣重	脣輕	齒頭	正齒	喉	半舌	半齒
全淸	見 k	端 t	知 ʈ	幫 p	非 f	精 ʦ	照 ʨ	影 ʔ		
次淸	溪 kʰ	透 tʰ	徹 ʈʰ	滂 pʰ	敷 fʰ	淸 ʦʰ	穿 ʨʰ	曉 h		
全濁	群 g	定 d	澄 ɖ	並 b	奉 v	從 dz	牀 ʥ	匣 ɦ		

次濁	疑 ŋ	泥 n	娘 ɳ	明 m	微 ɱ			喩 ø	來 l	日 ɲʑ
全清						心 s	審 ɕ			
全濁						邪 z	禪 ʑ			

(次濁 = 不淸不濁)

【전청/全淸】 성모의 분류에서 무성무기음(無聲無氣音)을 말한다. 국어의 평음에 해당한다.

【전탁/全濁】 비공명(非共鳴) 유성음(有聲音)을 말한다. 훈민정음에서는 'ㄲ, ㄸ, ㅃ, ㅉ, ㅆ, ㆅ' 등의 병서자(竝書字)로 표기한 경음을 전탁음으로 분류하였지만, 한어 성운학의 전탁음의 개념과는 맞지 않는다. 이것은 15세기 국어 음운 체계에 있어서 무성(無聲)과 유성(有聲)의 변별적 대립이 없었던 데서 생긴 체계적 대응의 결과이다.

【절운/切韻】 수(隋) 인수(仁壽) 원년(601)에 육법언(六法言) 등이 편찬한 운서이다.『절운』은 지금 전하지는 않지만, 몇몇 필사본에 의하면 193운(평성 54운, 상성 51운, 거성 56운, 입성 32운) 체계인 것으로 파악되고 있다.『절운』은 중고음을 나타내는 대표적 자료로 이해되고 있으며, 이후『절운』계 운서의 모태가 되었다.『절운』이 반영하는 음계는 시기적으로 중고음으로 통칭되지만, 좀 더 자세히 말하면 남북조(南北朝) 시대의 낙양음(洛陽音)이라고 할 수 있다.

【절운지장도/切韻指掌圖】 남송(南宋) 시대에 이루어진 것으로 추정되는 운도이다. 중고음보다는 후대의 음을 보여주는 자료이므로 송대(宋代) 이후의 한자음 연구에 이용할 수 있다.

【정치음/正齒音】 치두음과 조음 위치로 구분된다. 치두음은 설단치조음이며 정치음은 경구개음이므로, 치두음보다 조음 위치가 구강의 안쪽이다. 정치음은 운도에서 2등에 놓이는 것과 3등에 놓이는 것이 있어서 두 종류가 있다. 2등에 놓이는 것을 조2계(照二系)라 하고, 3등에 놓이는 것은 조3계(照三系)라고 한다. 조2계를 치상음, 조3계를 정치음이라고 하기도 한다. 두 계열의 음의 차이는 확실하지는 않지만, 조2계는 권설음으로, 조3계는 설면음으로 구분하는 것이 일반적이다(崔玲愛 2000: 225~231). 조2계(치상음)와 조3계의 변별은 중고음에서는 아직 유지되었지만 근대음에서는 변별성을 잃었다.

【제치호/齊齒呼】 사호(四呼)의 하나로서, 운두 혹은 운복이 'i'인 운모를 말한다.

【조류/調類】 성조의 분류이다. 성조의 명칭은 같더라도 방언에 따라 조치(調值, 즉 성조값)가 반드시 같은 것은 아니다. ☞ 【성조/聲調】

【조3계/照三系】 ☞ 【정치음/正齒音】

【조2계/照二系】 ☞ 【정치음/正齒音】

【조치/調值】 성조의 고저값. 성조의 명칭은 같더라도 방언에 따라 조치(調值, 즉 성조값)가 같지 않은 경우가 많다. 예를 들어 같은 음평조(陰平調)라도 북경 관화에서는 5-5조이지만, 서안(西安) 방언에서는 2-1조, 제남(齊南) 방언에서는 2-1-3조로서 그 성조치가 각각 다르다. 숫자에 의한 조치(調值)는 '(낮음)1-2-3-4-5(높음)'에 의하여 표시된다.

【중뉴/重紐, 34등복운/三四等複韻】 支, 脂, 祭, 眞質(개34, 합3)/諄術(합4), 仙薛, 宵, 侵緝, 鹽葉, 庚陌(3)/淸昔(4), 尤(3)/幽(4) 韻의 牙音, 脣音, 喉音(匣, 喩, 于母는 제외) 성모의 자는 3등에 배열된 것과 4등에 배열된 것이 있다. 이들의 반절상자는 같은 성모에 속하고, 반절하자도 같은 운에 속하지만, 반절계련이 되지 않고, 운경에서는 3등과 4등에 나누어 배열하였다. 중뉴의 존재는 『절운』 이전의 운 체계를 반영한 것이라 볼 수 있으나, 전기 중고음 시기까지는 이들의 차이가 유지되어 있었던 것으로 보인다. 상고의 압운이나 조기 운도의 배열, 그리고 『고금운회거요/古今韻會擧要』(1297)의 운의 병합 등에 나타난 여러 측면에서 중뉴 3등(B류)는 순3등운과 가깝고, 중뉴 4등(A류)는 순4등운과 가깝다. 아마도 당말(唐末)의 조기 운도 시대에는 중뉴 4등은 순4등과 구별되지 않았기 때문에 운도의 4등에 배열된 것으로 보인다. 중뉴에 대한 정설은 아직 없으나, 중뉴 3등은 비구개적 개음을, 중뉴 4등은 구개적 개음을 가진 것으로 해석하는 것이 우세한 양상이다. 조선 한자음에서 j 개음을 갖는 중뉴 4등은 j 개음이 없는 중뉴 3등과 구분되지만, j 개음을 갖는 순4등과는 구분되지 않는다.

【종성/終聲】 훈민정음에서 사용안 용어로서, 하나의 음절을 삼분할 경우 받침이 되는 음절의 끝소리를 말한다. '비(舟), 박(瓢), 넋(魂)' 등의 어휘에서 종성은 각각 '없음, ㄱ, ㄳ'이므로, 하나의 음절에서 종성은 없을 수도 있고 자음이 둘인 경우도 있다.

【중고음/中古音】 『절운/切韻』계 운서가 고증 자료가 되는 위(魏, 220~264), 진(晉, 265~419), 남북조(南北朝, 420~589), 수(隋, 581~617), 당(唐, 618~907)대의 한자음으로, 3세기에서 10세기에 이르는 시대이다. 수대(隋代, 581~

617)를 기준으로 중고 전기와 후기로 나누기도 하며, 중고음과 근대음의 사이에 송대(宋代, 960~1279)를 근고음(近古音)으로 처리하지 않을 경우 중고음에 송대를 포함시키기도 한다.

【중성/中聲】 훈민정음에서 사용안 용어로서, 하나의 음절을 삼분할 경우 음절의 가운뎃소리를 말한다. 음절의 중성으로는 'ㅏ, ㅓ, ㅗ, ㅜ' 등의 단모음 외에도 'ㅑ, ㅛ, ㅐ, ㅖ, ㅢ' 등의 중모음이 오기도 한다. 받침, 즉 음절말의 자음이 없는 경우에도 중성을 종성이라 하지 않는다.

【중운/重韻】 1등운과 2등운 중에서 같은 섭이면서 개합과 등이 같은 경우를 중운이라 한다. 중운에는 東冬, 咍(灰)泰, 皆佳夬, 刪山, 庚耕, 覃談, 咸銜의 일곱 조가 있다. 『절운』 이후에 생긴 운의 변화에 의해 등운 시대에 같은 섭이 되어 중운이라는 것이 생겼기 때문에, 중고음의 재구에 있어서는 핵모의 차이로 재구하게 된다. 조선 한자음에서는 咍韻(開기, 怠틱, 海히, 代딕, 來릭)과 泰韻(蓋개, 泰태, 害해, 大대, 奈내)의 차이, 그리고 皆韻(皆기, 楷히, 排빈)과 佳韻(街개, 賣매), 夬韻(敗패, 快쾌)의 차이가 나타나지만, 여타의 중운에서는 음의 차이가 나타나지 않는다.

【중원음운/中原音韻】 원대의 주덕청(周德淸, 1277~1365)이 1324년에 편찬한 사곡(詞曲)의 용운(用韻)을 위한 운서이다. 사곡은 일종의 통속 문학으로서 규범적인 독서음보다는 실제 어음의 반영이 요구되었던 까닭으로 전래의 보수적인 운서와는 체제와 내용 면에서 매우 혁신적이었다. 아울러 사곡에는 남곡과 북곡이 있었는데, 『중원음운』은 북곡의 용운을 위한 것이다. 『중원음운』은 운류를 19운부로 먼저 분류한 다음에, 다시 사성(음평, 양평, 상성, 거성)에 따른 하위 분류를 하였다. 『중원음운』이 나타내는 음계는 입성이 소실된 북방의 조기관화를 반영하고 있다. 19운부는 東鐘, 江陽, 支思, 齊微, 魚模, 皆來, 眞文, 寒山, 桓歡, 先天, 蕭豪, 歌戈, 家麻, 車遮, 庚靑, 尤侯, 侵尋, 監咸, 廉纖으로서 운목의 이름이 두 자로 되어 있다.

【차청/次淸】 성모의 분류에서 무성유기음(無聲有氣音)을 말한다. 국어의 격음에 해당한다. 그러나 'ㅎ/h'은 훈민정음에서 차청음으로 분류되지만, 현대국어의 음운 체계에서는 평음으로 분류된다. 성운학의 자모 체계에서는 'ㅎ/h'에 해당하는 효모(曉母)는 일반적으로 차청음으로 분류되지만, 때로는 전청음으로 분류되기도 한다. 『운경/韻鏡』의 36자모표에서는 후음 효모(曉母)를 전청음으로 분류해 놓은 것이 특기할 만하다.

【차탁/次濁】 ☞ 【불청불탁/不淸不濁】

【청탁/淸濁】 한자음의 성모(聲母)에 대한 분류는 청(淸)과 탁(濁)이라는 두 개념이 기준이다. 본질적으로 청(淸)은 무성음을, 탁(濁)은 유성음을 가리키는 개념이다. 여기에 하위 분류의 기준이 되는 '전(全)-, 차(次)-, 불(不)-' 등을 덧붙여 전청, 차청, 전탁, 불청불탁(차탁) 등의 세분이 이루어진다.

【첩운/疊韻】 한자 둘로 이루어진 어휘에서, 두 한자의 운이 같을 때 첩운이라고 한다. 예를 들어 '荒唐(황당), 窈窕(요조)' 등이 첩운을 이루고 있다. 반절법에서 피절자(被切字)와 반절상자는 쌍성 관계에 있고, 반절하자와는 첩운 관계에 있다. ☞ 【쌍성/雙聲】

【초성/初聲】 훈민정음에서 사용안 용어로서, 하나의 음절을 삼분할 경우 음절의 첫소리를 말한다. '발(足), 쌀(米), 께(時)' 등과 같은 경우는 각각 그 초성이 'ㅂ, ㅄ, ㅴ'이므로 자음이 둘이거나 셋이 되는 경우도 있다.

【촬구호/撮口呼】 사호(四呼)의 하나로서, 운두가 'iu(jw)'이거나, 운복이 'y'인 운모를 말한다.

【치상음/齒上音】 ☞ 【정치음/正齒音】

【칠음/七音】 ☞ 【오음/五音】

【칠음략/七音略】 남송(南宋)의 정초(鄭樵)가 지은 운도로서 『통지/通志』 안에 들어 있다. 『운경』과 거의 같은 성격이다.

【평측/平仄】 평성, 상성, 거성, 입성의 사성에서 평성을 제외한 나머지를 측성(仄聲)이라 한다. 평측의 배합은 한시(漢詩)의 작법에서 억양미를 위해 필요하다.

【합구호/合口呼】 사호(四呼)의 하나로서, 운두 혹은 운복이 'w(u)'인 운모를 말한다.

【핵모/核母】 ☞ 【운복/韻腹】

【현대음/現代音】 20세기 이후 현대 표준어와 현대 방언음이다.

【홍무정운/洪武正韻】 명(明) 태조는 악소봉(樂韶鳳) 등에게 명하여 전국의 어음을 규범화할 수 있는 운서를 편찬케 하였는데, 이것이 『홍무정운』(1375)이다. 『홍무정운』은 한자음 규범화를 꾀한 것이므로 근본적으로 인위적인 체제가 되지 않을 수 없었지만, 성모는 북방음을 반영하고 운모는 남방음을 반영하여 부분적으로 현실적인 측면이 없는 것도 아니다. 『홍무정운』을 편찬한 언어적 동기를 세종은 높이 평가하여 조선 한자음의 규범화를 위한 『동국정

운』을 편찬하게 되었고, 아울러 『홍무정운역훈』을 편찬토록 하여 한어(漢語) 규범음에 대한 학습도 장려하였다. 『홍무정운』의 분운은 평성 22운, 상성 22운, 거성 22운, 입성 10운의 도합 76운 체계로서, 입성운이 있는 것만을 보더라도 운목 설정의 보수성을 짐작할 수 있다.

【홍세/洪細】 홍음과 세음

【홍음/洪音】 'i' 개모를 포함하지 않은 운모를 말한다.

【훈민정음/訓民正音】 훈민정음(1443) 창제의 이론적 배경이 된 것으로 중국의 성운학을 들 수 있지만, 하나의 음절을 성과 운으로 나누지 않고 초중종성(初中終聲)의 삼분법을 택한 것은 국어의 현실에 입각한 창조적 수용의 결과로 평가된다.

○ 漢語의 음절구조

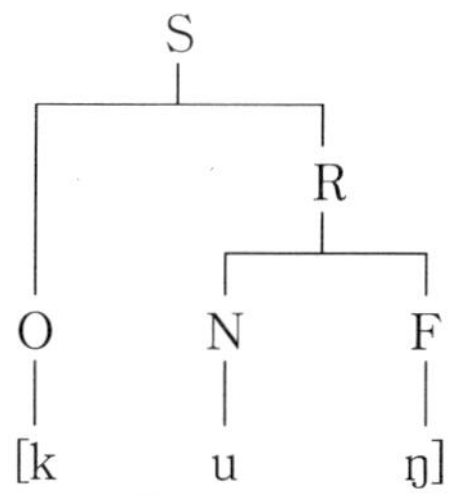

<公: 『홍무정운』음>

○ 국어의 음절구조

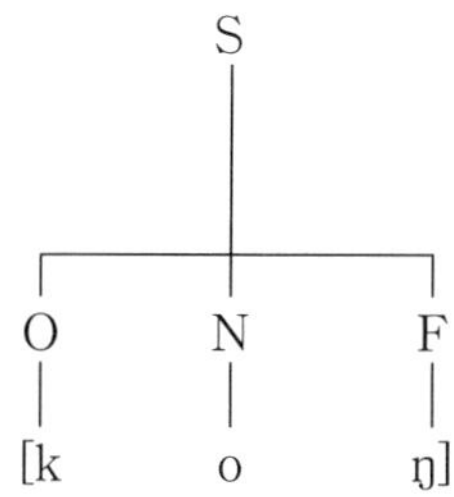

<公: 『동국정운』음>

초성의 규정은 오음과 청탁으로부터 시작되고, 훈민정음 해례 초성해는 '正音初聲卽韻書之字母也'로 시작되는데, 바로 이러한 것이 중국 성운학과의 관계를 말해주는 것이다. 훈민정음 예의에 나타나는 초성 17자는 중세국어의 공시적인 음운 체계라기보다는 문자의 운용에 필요한 '최소한의 字'라는 성격을 갖는 것이다.

○ 훈민정음의 문자의 운용

基本字: ㄱ ㄴ ㅁ ㅅ ㅇ

基本+α =加劃字: ㅋ ㄷ ㅌ ㅂ ㅍ ㅈ ㅊ ㆆ ㅎ

基本+基本=竝書字(좌우), 連書字(상하): ㄲ ㅄ ㅸ 등등

異體字: ㆁ ㄹ ㅿ

이러한 이유에서 가획자, 병서자, 연서자는 자형에 있어서는 파생 형태이지만 음소적 위치에서는 얼마든지 독립 항목이 될 수 있다. 23자모 체계는 다음

과 같다. 괄호에 넣은 전탁자는 단독 문자가 아님을 나타낸 것이다.

	牙	舌	脣	齒	喉	半舌	半齒
全淸	ㄱ	ㄷ	ㅂ	ㅈ ㅅ	ㆆ		
次淸	ㅋ	ㅌ	ㅍ	ㅊ	ㅎ		
全濁	(ㄲ)	(ㄸ)	(ㅃ)	(ㅉ)(ㅆ)	(ㆅ)		
不淸不濁	(ㄲ)	ㄴ	ㅁ		ㅇ	ㄹ	△

이와 같은 23자모 체계는 음표시의 필요가 요구되면 얼마든지 가감할 수 있는 체계이다. 즉 연서, 각자병서, 합용병서에 의해 여러 자가 생산될 수 있기 때문이다. 실제로 15세기 훈민정음으로 표기된 문헌에 쓰인 초성자에서 위에 들지 못한 것을 들면 다음과 같다.

○ 各自竝書: ㆀ ㅥ

○ 合用竝書: ㅺ ㅻ ㅼ ㅽ

ㅳ ㅄ ㅶ ㅷ

ㅴ ㅵ

○ 連書: ㅱ ㅸ ㆄ ㅹ

이러한 문자의 다양한 운용에도 불구하고『홍무정운』31성모의 전면적인 표기에 부족함이 생기자『홍무정운역훈』의 범례 제5조에는 다시 다음과 같이 글자를 변형시켜 사용함을 밝히고 있다. 여기에 다시 각자병서자를 합하면 다음과 같다.

○ 凡齒音齒頭則擧舌點齒故其聲淺整齒則卷舌點腭故其聲深我國齒聲ㅅㅈㅊ在齒頭整齒之間於訓民正音無齒頭整齒之別今以齒頭爲ᄼᅎᅔ 以整齒爲ᄾᅐᅕ以別之

○ 치두음자: ᄼ ᅎ ᅔ ᄽ ᅏ

○ 정치음자: ᄾ ᅐ ᅕ ᄿ ᅑ

이렇게 되어『홍무정운역훈』은 위의 23자모 체계에서 치음을 제외하면 18자가 되고 다시 치두음자와 정치음자의 10자를 보태면 28자가 되는데 여기에 순경음자 'ㅸ ㅹ ㅱ'을 합하면 모두 31자가 된다. 훈민정음의 중성 체계는 기본자, 초출자, 재출자를 합하여 다음과 같은 11자 체계이다.

○ 基本字 · 舌縮而聲深

ㅡ 舌小縮而聲不深不淺

ㅣ 舌不縮而聲淺

○ 初出字　ㅗ 與·同而口蹙
　　　　　ㅏ 與·同而口張
　　　　　ㅜ 與ㅡ同而口蹙
　　　　　ㅓ 與ㅡ同而口張
○ 再出字　ㅛ 與ㅗ同而起於ㅣ
　　　　　ㅑ 與ㅏ同而起於ㅣ
　　　　　ㅠ 與ㅜ同而起於ㅣ
　　　　　ㅕ 與ㅓ同而起於ㅣ

위의 단독 자모는 초성자의 운용(병서, 또는 연서)과 마찬가지로 서로 합하여 중성을 이룰 수 있다. 중세 국어에 쓰인 상합자(相合字)의 용례는 다음과 같다.

○ 相合字 (2자) ㅘ ᆦ ㅝ ᆑ
　　　　　　ㆎ ㅢ ㅚ ㅐ ㅟ ㅔ ㆉ ㅒ ㆌ ㅖ
　　　　(3자) ㅙ ㅞ ᆤ ᆒ

『홍무정운역훈』 역주
Interpretation of *Hongmujeongunyeokhun*

Hongmujeongunyeokhun(洪武正韻譯訓) was compiled to deal with the pronunciation of chinese characters by the order of King Sejong(世宗). The purpose of compilation of *Hongmujeongunyeokhun* was the same as that of *Donggukjeongun*(東國正韻), but the former dealt with Chinese-chinese characters in the 15th, the latter dealt with traditional Korean-chinese characters in the same period. So *Donggukjeongun* has a internal value, while *Hongmujeongunyeokhun* has a external value.

During the period of King Sejong *Hongmujeongun*(洪武正韻) was regarded as the most authoritative rhyme-dictionary for learning the pronunciation of Chinese-chinese characters, because *Hongmujeongun* was a standard rhyme-dictionary which was compiled by the order of Emperor Taejo(太祖) in Myeong(明) dynasty. Therefore King Sejong ordered a group of scholars to translate *Hongmujeongun* into *Hunminjeongeum*(訓民正音) which was a Korean alphabet system invented by King Sejong in 1443. The group of scholars finished the translation of *Hongmujeongun* after 10 years, which was published with the title of *Hongmujeongunyeokhun* at the 3rd year of King Danjong(端宗).

Externally *Hongmujeongun* and *Hongmujeongunyeokhun* are the same in the formal system, but internally these two books are not equal in the phonological and syllable structures, because *Hongmujeongun* was based on Chinese sound system while *Hongmujeongunyeokhun* was based on Korean sound system.

This interpretation of *Hongmujeongunyeokhun* has two parts in the main subject. First, the classification and the phonemic structure of the 31 initials(聲類) of *Hongmujeongunyeokhun* are examined in connection with the initials of *Hongmujeongun*. Second, the distinctive structure of rhyme-groups (韻類) in *Hongmujeongun* and *Hongmujeongunyeokhun* is examined with regard to the underlying vowel system.

Specially, the essential factor of a rhyme dictionary is laid on the underlying vowel system. The underlying vowel systems of Korean and Chinese were different in 15th, so the structure of rhyme in *Hongmujeongunyeokhun* was different from that of *Hongmujeongun*. For instance the underlying vowel system of *Hongmujeongun* consists of four orders(high, mid-high, mid-low, low), while that of *Hongmujeongunyeokhun* consists of three orders(high, mid, low).

As a result of phonological translation in the rhyme system, phonetic similarities were somewhat disregarded in many points. Therefore popular phone-note(俗音注釋) and pronunciation-note(發音注釋) could be used to supplement the gaps of phonemic and phonetic matters, of course the use of the popular phone-note was to clarify the colloquial sound in connections with standard sound also.

Through this interpretation, comparative review on the Korean and Chinese sound system could be obtained, and contrastive difference could be found also. It is a really amazing that *Hongmujeongunyeokhun* was compiled in the 15th of Joseon dynasty. I consecrate this work to King Sejong who invented Korean alphabet system *Hunminjeongeum*.

찾아보기

지은이 김무림
전남 보성 출생
고려대학교 사범대학 국어교육과
고려대학교 대학원 국어국문학과 석사·박사
중국 중앙민족대학 객좌교수
현재 강릉대학교 국어국문학과 교수

감 수 정경일(건양대 교수)

100대 한글 문화유산 3
홍무정운역훈

초판 1쇄 발행 2006년 4월 5일

지은이 김무림
펴낸이 이재선
펴낸곳 신구문화사
출판등록 1968년 6월 10일

주소 서울시 종로구 청진동 229-1
전화 02-735-4461~5
팩스 02-732-4838
e-mail kkk33@korea.com

ISBN 89-7668-128-2 93710
ISBN 89-7668-120-7(세트)

값 16,000원
*지은이와의 협의에 따라 인지는 생략합니다.
*잘못된 책은 바꾸어 드립니다.
*이 책은 국립국어원으로부터 국고보조금을 지원 받은
'100대 한글 문화유산 정비 사업'의 결과물로 이루어졌습니다.